法律与人生

陈新开　等著

電子工業出版社
Publishing House of Electronics Industry
北京·BEIJING

未经许可，不得以任何方式复制或抄袭本书之部分或全部内容。
版权所有，侵权必究。

图书在版编目（CIP）数据

法律与人生/陈新开等著. —北京：电子工业出版社，2017.6

ISBN 978-7-121-32397-3

Ⅰ.①法… Ⅱ.①陈… Ⅲ.①社会主义法制－法制教育－高等学校－教材 Ⅳ.①G641.5

中国版本图书馆CIP数据核字（2017）第185472号

策划编辑：贺志洪（hzh@phei.com.cn）
责任编辑：贺志洪
特约编辑：杨　丽　薛　阳
印　　刷：三河市鑫金马印装有限公司
装　　订：三河市鑫金马印装有限公司
出版发行：电子工业出版社
　　　　　北京市海淀区万寿路173信箱　邮编100036
开　　本：720×1000　1/16　印张：16.25　字数：416千字
版　　次：2017年6月第1版
印　　次：2017年6月第1次印刷
定　　价：39.00元

凡所购买电子工业出版社图书有缺损问题，请向购买书店调换。若书店售缺，请与本社发行部联系，联系及邮购电话：（010）88254888。

质量投诉请发邮件至zlts@phei.com.cn，盗版侵权举报请发邮件至dbqq@phei.com.cn。

本书咨询联系方式：（010）88254609，hzh@phei.com.cn

通识教育系列教材编辑委员会

主　任： 贺星岳

副主任： 张俊平

*

总　编： 邱开金

*

编委（以姓氏笔画为序）

叶　锋　邱开金　张俊平　汪　焰

贺星岳　郭培俊　曹　明　程有娥

本册作者：陈新开等

总　序

贺星岳

经过不懈努力和精心准备，浙江工贸职业技术学院的第一批通识教育系列教材终于出版了。我们认为，这是一件值得高兴的事情。

“通识教育”不是一个新词，而是一个舶来品。早在 1829 年，美国博德学院的帕卡德教授就提出了“通识教育”的说法。1945 年，哈佛大学发表《民主社会中的通识教育》，通称《哈佛通识教育红皮书》，通识教育改革在美国大学渐成风潮，并在 20 世纪 80 年代之后影响到我国内地。复旦大学、中山大学、浙江大学等内地知名高校结合中国实际和本校特色，在通识教育改革的道路上都进行了不尽相同的有益探索。

对于高校来说，通识教育要求大学生拥有宽阔的视野，了解并掌握与个人发展和社会需求密切相关的知识，这些知识与其专业和将来从事的职业看上去没有直接的联系，但却在其综合素质甚至人格、态度、价值观等方面的全面发展中起着至关重要的作用。高职教育以技术性、应用型人才的培养为使命，兼有高等教育和职业教育的双重属性。其培养的人才应兼具基于国民素质准则下与专科学生层次相匹配的公民素质以及基于职业准则下与高等技能人才相匹配的职业素质。我们认为，高职院校并不是许多功利性人士所认为的“职业技能培训中心”，通识教育应在高职教育中占有重要的一席之地。

在高等教育体系中，将通识教育与专业技能教育相结合，进行研究实践，我国绝大多数高职院校的相关改革才刚起步。近年来，浙江工贸职业技术学院占有先机，进行了许多卓有成效的探索。首先，我们成立了高职通识教育研究院，以学院资深教授领衔，引进人才，内部挖潜，统筹规划本校的通识教育研究与教学实践。其次，我们进行了多层次的通识教育改革研究。学院多次召开通识教育改革的相关研讨会，鼓励教师进行通识教育实验课程研究，将获得立项的通识教育实验课程开发项目纳入校级课题。同时，我院在省、市一级的通识教育研究中也屡有建树。此外，在研究的基础上，学院还积极进行丰富的融通通识教育与职业技能教育的教学实践。我们在通识教育课程体系之下建设了“人与人文”、“科学与生活”以及“专业与素养”的三大系列课程，力争全面提升高职学生的人文素质、科学素养和职业能力。

可以说，这批通识教育系列教材就是浙江工贸职业技术学院一系列相关研究和教学实践的阶段性成果。对于教材，我们的主要设想有两点。一方面，这些通识教材都必须经过全新的规划和设计，要适应于全面提升高职学生素养的需要。它们既不是原有专业课的“简化版”，也不应是对读者学识起点要求很低的《十万个为什么》之类的常识推介，更绝对不允许出现东拼西凑的水平低下之作。另一方面，为了增加学生的兴趣，高职通识教育教材还应在通俗性、趣味性上下功夫，不是一味地说教，而是“润物细无声”，在和谐的氛围中实现通识教育改革的初衷。正如我院通识教育研究院院长邱开金教授说的：“高等教育与高技能人才的定性，高职通识教育的定位决不是唯一传授知识，也不是简单的说教一种方法，它所关注和告诫的是哲理，触发的是觉悟，留下的是切身受用的”。当然，对于具有一定文化基础的读者来说，选择我们的通识教育教材在茶余饭后阅读，进而提升自己某一方面或几方面的素养，应该也是一个不错的选择。

通识教育改革在内地的高职院校起步不久。我们对于通识课程教改的信心坚定，也深知探索过程中的曲折。对于这批教材，虽已殚精竭虑，但难免存在不周全之处，其中存在的疏失甚至错误，恳请专家学者、普通读者批评指正，以便再版时改进。

前言

素质教育正在成为各大学教育和社会公民教育的普通趋势。不少高校基于优化学生的知识结构，培养复合型的人才，增加学生的竞争性潜质，培养学生的健全人格的考虑，一改以往的单纯着力于专业培养的模式，在课程体系中增加了有利于学生素质提高的通识课程。

对我国来说，自从 20 世纪 80 年代改革开放以来，伴随着经济改革的开展和深入，个人的身份从较大程度上的从属于集体或单位演变为了自我负责的主体。社会从“熟人社会”向“陌生人”社会转变。法律成了调整人们行为的主要手段。通过法律创设相互间的权利与义务，也通过法律加强了人们行为的可预测性，同时，也把法律作为解决矛盾纠纷的最后的依据。党的十八大把以法治国作为主要的治国方略，法律在国家、社会、公民个人生活中的地位不断提升，法治成了社会主义核心价值观的主要内容之一，成了政府行为正当性的尺度，而公民的守法成了合格公民的重要指标。中国正从原有的人际型社会向法治型社会转变。法律在社会政治、经济、生活中的重要性不言而喻。

法律作用的发挥，乃至法治的最终实现仰赖政府的依法行政，仰赖法官的公正地执行法律，仰赖公民的自觉守法。可以肯定地说，没有公民的普遍地遵守法律，就不可能有真正的法律统治的实现。法律是作为规范人们行为的普遍的尺度，而不是对具体情境中的个人发出特定的指令，从而难以避免地使法律具有类型化特点，是对典型的生活情境的概括与提炼，具有抽象性的特征；法律在对其所调整对象的规制中承载了立法者的价值导向。同时，法律用语言加以表达，而语言本身存在“核心区”与“灰色区”，当法律面对具体情境时可能存在不同的解释。尤其是当社会的价值观发生变迁的时候，法律可能会有不同的理解。上述种种情况都告诉我们，若非进行普法性的教育，对法律的认知也存在一定的难度。若公民对法律缺少应有的认知，那么，法治就会大打折扣。

对法律认知的缺乏会在一定程度上影响公民对法律的遵守和信任。可以说，若非从事法律专业学习的学生基本上难以对法律有深刻的理解，甚至可能处于法盲的边缘。本书旨在对学生进行法律认知的教育，在内容的安排上尽量地照顾到现行的法律体系，对刑法、行政法、民法、经济法、程序法的内容都有涉及，并着力于各法律部门中有统领作用的内容，对其进行分析与讲解。鉴于非法律专业学生的特点，从典型的案例入手，尽量地创设形象性的教学环境。但案例本身作为个案所涉及的法律知识是相对有限的，不可能覆盖各章的主要内容。因此，本书也围绕案例适当地拓展了所需掌握的相关法律知识的内容。与此同时，值得一提的是，为了使学生真正地对法律知识有所了解，安排了法官如何使用法律的相关内容，真正地实现“做中学”，从法官对裁判事实的形成及法官在使用法律过程中的目光在“事实”与“规范”之间构建裁判规范的分析，加深学生对法律的认知。最后一讲则安排了如何撰写各种法律文书，从而真正地使学生在其权益受到侵害时能维护自身的合法权益。

本书系由不同的作者撰写，在写作过程中，通过课题组成员的反复讨论，先形成总体性的框架，后根据各作者的知识背景认领较熟悉的部分。尽管如此，各撰写者的写作风格上可能有所不同，但不影响读者的学习。本书共分 15 讲，陈新开老师承担了第 4、13、14、15 讲的撰写任务；廖耀华老师承担了第 1、3、10 讲的撰写任务；赵会铃老师承担了第 6、7 讲的撰写任务；林瑞老师承担了第 5、11、12 讲的撰写任务；朱余洁老师承担了第 8、9 讲的撰写任务；叶雪莲老师承担了第 2 讲的撰写任务。

本书采用案例取向的写作风格，并在各讲中安排了相关的参考答案，能较好地适用于非法律专业的大学生和社会一般读者作为提高法律素质的普法性读物。也可用做大学通识课的教材，当然，教师在上课时可以参照其框架和基本内容针对不同专业的学生而有所取舍，发挥其优势。或者预先指定学生阅读相关的章节，并可组织学生进行讨论。

本书为浙江工贸职业技术学院通识教育课题项目《法律与人生——以案说法十五讲》和浙江省 2013 年高等教育教学改革项目《基于高职生法律素质养成的思想道德修养与法律基础课程改革实践与研究（jg2013343）》的成果，得到了浙江工贸职业技术学院的项目资金的支持，在写作过程中得到了电子工业出版社各位编辑的耐心指导与帮助，在此一并表示感谢。

著 者

2017 年 4 月

目 录

第一讲　法律与生活的关系

在我们大家的生活中，“法律”这个词离我们并不远，但是，真正了解法律的人又有多少呢？大多数人只是大概地了解一小部分，甚至还存在一些不知道法律是什么的人，法律并未渗透人心。不然，又怎么会有这么多人犯罪呢？正是因为一些人的法律知识不足、法律意识淡薄，才酿成了许多不可挽回的惨剧。大学生正处于世界观、人生观、价值观形成和发展的重要时期。这一时期，大学生亟需在学校的正确教育和引导下，不断学习，努力提高和完善自己。因此，只有深化对法律知识的认识，培养法律意识，才能逐步理解以法治国方略的重要性与必要性，才能懂得法律与生活密不可分，进而做知法、守法与护法的好学生，好公民。

1.1　如何理解法律与生活的关系？

（一）案例导读

一名可敬的消费者，在书店买了一本《走向法庭》的书。买书者离开书店后，发现这本书中间少装订了十几页，于是重返书店要求换书，同时要求该书店支付一元钱的往返乘车费用。书店店员只同意换书，双方对这一元钱的乘车费用彼此互不相让，发生争执。这位消费者遂向法院起诉，要求书店支付一元费用。请问：“一元钱”官司说明了什么？

（二）相关法理

法律与生活有密切关系。当我们周末去逛街而乘坐公交车时，我们已与公交车公司订立并履行了一份旅客运输合同；当我们中午去食堂去用餐的时候，其实已与食堂订立并履行了一份买卖合同；当我们在开学初购买人身意外伤害保险的时候，其实是与保险公司订立了一份保险合同；而当我们到复印店里去复印哪怕是几张纸时，事实上已订立了一份劳务合同；而当大学生毕业后到用人单位上班就得订立劳动合同。由此可见，法律与我们的生活息息相关，可以说，我们每天都在与法律打交道。只是大家都按法律规定办事，觉得法律像是与我们无关。法是一种规范，一种规则。知道规则的人，才会按规则生活，达到预期的目的。知道法律，就知道哪些事可以做，哪些事不能做，不允许做的事，做了会有什么后果；知道法律，就知道允许做的事怎么做，如怎么继承、怎样结婚、怎么离婚、怎样买卖、怎样租赁、怎样赠予，等等。按照法律做事，就能受到法律的保护；不按法律办事，就得不到法律保护，甚至要受到法律的制裁。具体来说，法与生活主要有以下几种关系：

（1）法律指导生活。法律是国家设立的人们生活的行为准则，指导人们如何处理生活中的各种社会关系。当然，法律并不是对所有的社会关系都进行规范，而只是对重大的社会关系进行调整，而那些不是很重要、与他人的关系不大的社会关系则留给道德进行调整。

（2）法律保护生活。法律是最有权威的国家意志的体现，调整社会、单位、家庭、个人等复杂关系。凡是按照法律去生活的人，会得到法律的保护。法是保护人们生活的最有威力的手段。凡是得到法律保护的人，也就是得到了国家的保护、政府的保护、警察的保护。这是一种国家强制保护，是最有效的保护。

（3）法律调整生活。依法生活，会获得美满的生活。法调整夫妻关系、父母子女关系、邻里关系、继承关系等社会关系。按照法律调整的社会关系，符合全体人民的愿望，体现全体人民的意志，有利于国家、社会、家庭、个人的关系的协调、和睦、稳定。

（4）保护守法，制裁违法。违法要承担责任，受到制裁；守法会受到保护，法是不许违背的。要依法生活，不违背法律，就要懂得法律。

对上述案例而言，“一元钱”案例说明人们的法律意识大大提高。“一元钱”也代表着自己的权益。当自己的权益受到了损害，自然要讨个公道。类似“一元钱”的官司，向全社会宣布了这类权利的存在及其神圣不可侵犯。“一元钱”官司的经济利益也许是得不偿失的，然而，公正的判决，能够增强公民对法律的信仰，有利于社会主义法治国家建设。正是有了这些爱较真的人，权利意识才会被逐步唤醒。否则，法律永远只能是书面上的法，而不可能成为生活中的法。法也不能在现实中得到有效的贯彻，法所内含的价值也无法在生活中实现。

1.2 什么叫法律？

（一）案例导读

山东和江苏的两名 80 后女平面模特唱双簧，其中一名冒充某原中央领导人之女，声称刚与比尔·盖茨离婚，想找个真心相爱的男人结婚，诱使富豪林老板上钩。两个模特通过购物、美容等消费方式套现，半年时间骗取了这名富豪千万元钱财。请思考：她们违反了哪些法律规定？

（二）相关法理

"灋"怎么读？是什么意思？

中文法字，在西周金文中写做"灋"，与其他汉字一样，是一个绝妙的意象丰富的象形文字。东汉许慎在《说文解字》"廌"部说："灋，刑也。平之如水，从水。廌所以触不直者去之，从廌、去。如果法与律连用，法强调平、正、直。律强调"人人必须遵守"。

基于不同的视角，法律的概念存在多种多样不同的解读。从实证法的视角来说，法律是指体现掌握国家政权的阶级意志、由国家制定或认可并由国家强制力保证实施的具有普遍约束力的社会规范的总和。

1. 法律是由国家创制并保证实施的行为规范

法律区别于道德规范、宗教规范、风俗习惯、社会礼仪、职业规范等其他社会规范的首要之处在于，它是由国家创制并保证实施的社会规范。

国家创制法律规范的方式主要有两种：一是制定。国家制定的法律一般以一定的规范性文件形式表现出来，所以被称为制定法。二是认可。即国家机关赋予某些既存社会规范以法律效力，或者赋予先前的判例以法律效力。

在我国，"认可"通常有两种情况：第一，赋予社会上早已存在的某些一般社会规范，如习惯、经验、道德、宗教、习俗、礼仪以法律效力。第二，通过加入国际组织，承认或签订国际条约等方式，认可国际法规范。

2. 法律是统治阶级意志的体现

在阶级对立的社会中，法律是统治阶级意志的体现。首先，法律所体现的是统治阶级的阶级意志，即统治阶级的整体意志，而不是个别统治者的意志。统治阶级不仅迫使被统治阶级服从和遵守法律，而且要求统治阶级的成员也遵守法律。其次，法律所体现的统治阶级意志，并不是统治阶级意志的全部，而仅仅是上升为国家意志的那部分意志。统治阶级的意志还体现在国家政策、统治阶级的道德、最高统治者的言论等形式之中。

3. 法律的内容由社会物质生活条件决定

法律不是凭空出现的，而是产生于特定时代的物质生活条件基础之上。社会物质生活条件指与人类生存相关的地理环境、人口和物质资料的生产方式等。其中，物质资料的生产方式决定法律本质、内容和发展方向的根本因素。不能设想，在生产力水平较低的奴隶社会，会制定出保护科技发明创造的知识产权法；同样道理，在大工业时代之前的社会，会制定出保护自然环境的环境法。比如：中美两国的养老制度不同，既与文化传统有关，也和生产力发展水平密切相关。

我国《婚姻法》规定：子女对丧失劳动能力没有生活来源的父母有赡养扶助的义务。但在美国，法律规定父母抚养子女是必尽的义务，但没有规定子女必须赡养父母。很多美国老人在年轻时就未雨绸缪，通过个人积蓄和投资收益、退休金以及社会保险收入等为自己的养老做了准备。尤其是美国自 20 世纪 30 年代以来实施的社会福利制度使养老问题更加社会化。不过，美国的子女大都对父母很孝顺。对父母来说，子女能"常回家看看"就是他们莫大的精神安慰。美国的子女也的确是这么做的。在孝敬父母方面，有些人选择每天通电话、经常写信问候等方式与父母联络感情，一周或半个月回去陪父母吃顿饭等。由于与父母分开居住，美国的婆媳之间吵架的事不多，这一点与中国家庭非常不同。

此外，历史传统、国家形式、道德、宗教（例如在伊斯兰教国家，伊斯兰法占有重要地位，但伊斯兰法实际上就是伊斯兰教义）、政治观念、风俗习惯以致国际环境也都能对法产生重大影响。应当指出，法律所体现的统治阶级意志的内容是由其物质生活条件决定的，这是从最终意义上来说的，这并不意味着法律不受其他因素影响。事实上，法律是物质因素、宗教因素、社会团体力量等因素平衡的产物。

综上所述，可以将法律定义为：法律是由国家创制并保证实施的、反映由社会物质生活条件决定的统治阶级意志的行为规范。法律不但由国家创制，而且由国家保证实施。也就是说，法律具有国家强制性。法律的国家强制性，既表现为国家对违法行为的否定和制裁，也表现为国家对合法行为的肯定和保护。结合上述案例，大学生只有认真领会社会主义法律精神，树立社会主义法治观念，提高社会主义法律修养，才能在社会主义法治国家和民主政治建设中做一个懂法守法的合格公民和避免上述案例中出现的形形色色的骗局。

1.3 如何理解法律与风俗习惯的关系?

(一)案例导读

重庆市铜梁山区 74 岁的李全银老人独自抚养 4 个女儿,2 个儿子长大,因为李全银老人的土地补偿款,两个儿子和儿媳与老人闹翻了,老人独自居住在山上的小屋,只有老人的四女儿经常去看望老人。老人的两个儿子在广州打工,儿媳拒绝赡养老人,并且要争得老人的土地补偿款,老人伤心至极,萌生了下山与四女儿一起住的想法。但是,在铜梁山区有个风俗习惯,女儿出嫁就是外人,有儿子的老人必须和儿子过,否则儿子就会被视为不孝,且女儿无继承权。由于两个儿子碍于当地的风俗习惯和自己的面子,坚持不让老人跟女儿住,但是又拒绝赡养老人。司法机关多次介入调解无果,因此老人还是一个人住在山上的小屋。请思考:当风俗习惯和法律发生冲突后怎么办?

(二)相关法理

按民法的一般性的规定,民事活动,法律有规定的,依照法律;没有规定的,依照习惯;没有习惯的,依照法理。这一规定,使得习惯在法律实践中的适用具有了可能性。

一方面,民俗习惯能够自发地规范人们的社会行为,能够有效地督促人们遵守当地的约定俗成,满足当地社会群体中大部分人们的心理需求或者价值取向。人们之所以遵守民俗习惯,其根本点是以民俗习惯能有效地应付社会生活为基本的前提。民俗习惯根植于当地生活的合理性,是建立在人们对它有着基本的认同和认可,并且它有能为人们所利用的好处。

另一方面,现代社会是一个复杂而多变的社会,我们在解决社会的民事纠纷上并不能够单单只依靠法律来解决,而且任何法律都不可能对社会上所发生的民事纠纷作“一刀切”,再精密细致的国家法也无法对社会上的事务进行完全的涵盖,无法应对千变万化的人类行为和社会活动,无法应付人们日新月异的情形。因此,就需要社会自发地产生一种习惯来约束人们的行为。民俗习惯需要国家法作为后盾的支持以显示其权威性,而法律难以到达的地方,又需要借助民俗习惯帮助其规范秩序，形成扩展。两者相辅相成，相得益彰。

当然，民俗习惯对司法也有不可估量的消极作用。由于我国的历史悠久，长期处于一种人治社会，导致很多时候民众判断一个事情的对或错会根据自己的主观意识，根据所在地的风俗民俗衡量案件的判决结果，却忽视了很多的民俗习惯与法律条文是相悖的。例如，“欠债还钱，天经地义”这种思想长期盘踞于人们的思想中，可谓生活之真理。但当其上升到法院审理的民事纠纷层面时，就存在一个诉讼时效的问题。当欠款过了诉讼时效，债权人就丧失了胜诉权，除非债务人自愿还款。可见，法律与民俗习惯相悖时，案件的判决结果就会与人们的社会观念相冲突，而导致难以执行，也就很难兼顾法律效果与社会效果的统一。民俗习惯在内容上的落后、形式上的弥散、适用上的狭窄、处置上的乏力等会凸显出来，运用于司法中，将会产生与国家法的不契合。

我国疆域辽阔，民族众多，不同地域、不同民族的风俗习惯可能也就不尽相同。如果要使风俗习惯上升到法律层面，就必须对风俗习惯进行严格的筛选，在遇到法律与风俗习惯相冲突时，应进行具体且严格的判断，做到具体情况具体分析。但是，不论如何，都只有善良的风俗习惯才能够进入司法实践领域，对于不符合社会基本的道德精神、与社会基本价值观相违背的风俗习惯，我们应将其排除在法律层次之外。例如在上述例子中，当地的风俗习惯过于绝对化，即使在儿子不赡养老人的情况下，女儿也不能赡养老人，老人不能和女儿住，女儿没有继承权，使得李全银老人的生活面临着极大的困难。对于此类风俗，就不应进入法律范围。

1.4 法律与道德有何不同？

（一）案例导读

2012 年 5 月 29 日，杭州司机吴斌生命中的最后一个职业行为震撼、感动了无数人。他驾驶的客车在途中遭到对向车道突然飞来的铁块的袭击，之后，他强忍疼痛让车缓缓减速，稳稳地停车，打起双闪灯，拉好手刹，最后解开安全带挣扎着站起来，打开车门，保全了车上 24 名乘客的安全。安全停车、疏散乘客，吴斌忍住剧痛，完成生命中最后一次履职。请思考：这种珍贵的精神道德是从何而来？

（二）相关法理

1. 道德与法律的联系

道德与法律是相互联系的。它们都属于上层建筑，都是为一定的经济基础服务的。它们是两种重要的社会调控手段，两者相辅相成、相互促益。其关系具体表现在：

（1）道德是法律的评价标准和推动力量，是法律的有益补充。按照自然法的观点，没有道德基础的法律，是一种“恶法”，是无法获得人们的尊重和自觉遵守的。所谓“恶法非法”指的就是这个意思。执法者的职业道德的提高，守法者的法律意识、道德观念的加强，都对法的实施起着积极的作用。

（2）法律是传播道德的有效手段。法律的实施，本身就是一个惩恶扬善的过程，不但有助于人们法律意识的形成，还有助于人们道德观念的培养，法的实施对社会道德的形成和普及起了重大作用。

（3）道德和法律在某些情况下会相互转化。一些道德规范随社会的发展会逐渐凸显出来，被认为对社会是非常重要的。但却存在被经常违反的危险，立法者就有可能将之纳入法律的范畴，运用法的手段加以推行或禁止。反之，某些过去曾被视为需用法律加以禁止的行为，则有可能退出法律领域而转为道德调整。

2. 道德与法律的区别

（1）调整的对象不同。法调整的是人们的外部行为，即意志的外在表现，因为法律首要任务是要建立一种外在生活的秩序。道德则不同，它同时要求人们的外部行为和内在动机都符合道德准则。它给人们提出并要求解决的不仅是举止行动，还包括动机和世界观问题，而且更注重后者。

（2）表现形式不同。法是以“国家意志”形式出现的，表现在国家机关所制定的宪法、法律、法规、决议、条例、指示等规范性文件中。道德则是以“社会意志”形式出现的，作为“社会意志”，它有多种多样的表现形式，如医务道德、政治道德、商业道德、社会舆论、社会公约等。

（3）调节人们行为的方式不同。法是通过为人们确定在社会生活中的权利和义务，通过建立法律关系来调节人们之间的关系。而道德则主要是通过为人们指出在社会生活中的义务，在人们之间建立起以义务为纽带的道德关系而调整人们之间的关系。

对上述案例而言，吴斌只是一个平凡的司机，但是看看现场送别的市民的沉痛表情，看看网络、微博等平台上网民们的深情告白，人们对吴斌的怀念和感动，就可知道，如此履职高于一切的精神又是多么的弥足珍贵。对这样一个平凡英雄的赞美，其实也是对自己的鞭策，也是对这个社会道义的呼喊。大学生作为千万个普通个体中的一员，如果在未来的工作岗位上，在点点滴滴中干好自己的工作，履行好自己的职责，哪怕是最简单的不断重复的动作，整个社会就能少一些意外，多一些正向的力量。

1.5 法律在社会生活中起什么作用？

（一）案例导读

2010 年 12 月 19 日上午 10 点左右，北京出租车司机高海军开着空车行驶，看见一名年轻男子很着急地向他招手。男子身边的女子，肚子挺得很高。原来，该男子的妻子马上要生产了，急着去医院。高海军载着两人迅速赶往医院。孕妇在车上不停喊疼，越喊声越大。高海军非常着急。一路上，他连闯了六次红灯。请问：这种情况下该年轻人是否应受到交通法规的约束？

（二）相关法理

法的作用是指法对人的行为以及对社会最终产生的影响，主要是指法的规范作用和社会作用。

1. 法的规范作用

法的规范作用是法律自身表现出来的、对人们的行为或社会关系的可能影响。故此，在法理学上，也有人把法律的规范作用称为“法律的功能”。法律的规范作用根据其作用的具体对象、主体范围和方式的不同，可以分为：指引作用、评价作用、预测作用、教育作用和强制作用。

指引作用。法的指引作用表现为法律作为一种行为规范，为人们提供某种行为模式，指引人们可以这样行为、必须这样行为或不得这样行为，从而对行为者本人的行为产生影响。

评价作用。法的评价作用表现在法律对人们的行为是否合法或违法及其程度，具有判断、衡量的作用。

预测作用。法的预测作用表现在依靠作为社会规范的法律，人们可以预先估计到他们相互之间将如何行为。预测的对象是人们相互的行为，包括国家机关的行为。

教育作用。指通过法的实施对一般人今后的行为所发生的积极影响。作用对象是一般人的未来的行为。

强制作用。法的强制作用表现在法律为保障权利得以充分实现，运用国家强制力制裁、惩罚违法行为。这种作用的对象是违法犯罪者的行为。

2. 法的社会作用

法的社会作用主要涉及了三个领域和两个方面。三个领域即社会经济生活、政治生活、思想文化生活领域；两个方面即政治职能（通常说的阶级统治的职能）和社会职能（执行社会公共事务的职能，如为了维护人类基本生活条件，保护自然资源、医疗卫生、环境保护、交通通信以及基本社会秩序的法律；发展生产力和科学技术；管理文化事务等）。

3. 法律的局限性

法律不是万能的。尽管法在社会生活中具有重要作用，但是法律不是万能的，原因在于：首先，法律是以社会为基础的，因此，法律不可能超出社会发展需要“创造”或改变社会；其次，法律是社会规范之一，必然受到其他社会规范以及社会条件和环境的制约；再次，法律规制和调整社会关系的范围和深度是有限的，有些社会关系（如人们的情感关系，友谊关系）不适宜由法律来调整，法律就不应涉足其间，此所谓的“法外空间”；最后，法律自身条件的制约，如语言表达力的局限。

对上述案例而言，对以上这些违反道路交通安全法的行为该不该罚，众说纷纭。有些人认为，的哥连续闯红灯急送临产的孕妇到医院，实属好事，但交通不是一两个人的事，是广大民众的，因此司机此时同样不能不顾后果，要根据当时情况，酌情处罚。另一些人则持相反观点，认为在救孕妇这种极为特殊情况下一定要罚这位的哥的话，于情于理都是行不通的。对这个基本问题的认识直接影响到对上述行为的处理态度，我们只有深刻地理解我国社会主义法律的本质特征，才能找到正确的答案。

1.6 如何理解我国社会主义法律体系？

（一）案例导读

2010 年 6 月 26 日夜，原告在卢氏县东门开办的“工艺礼花渔具门市部”被盗。小偷行窃时惊动了门市部对面“劳动就业培训中心招待所”的店主和旅客。他们即向卢氏县公安局“110指挥中心”报案，但接到报警的值班人员拒不处理。20多分钟后，小偷将所盗物品装上摩托车拉走。被盗货物价值24546.5元，被毁坏物品折价455元，共计25001.5元。被告卢氏县公安局接到报警后不出警，违反了职责，是行政不作为。请思考：行政不作为属于什么部门法？

（二）相关法理

1. 我国立法体制的基本结构

立法体制是指国家关于立法主体的组织系统、立法权限的划分和行使制度。我国的立法体制就是“一元两级多层次”,“一元”即中华人民共和国全国人民代表大会是最高国家权力机关，行使国家立法权的主体是全国人民代表大会和它的常务委员会。“两级”包括中央一级立法和地方一级立法。立法体制的多层次表现是制定规范性法律文件的主体从中央到地方宝塔式的设置，层次清楚，权限明确，相应它们制定的规范性法律文件的效力地位也是成为梯级的。

我国《立法法》的颁布标志着我国立法制度的进一步完善。它是新中国成立以来特别是党的十一届三中全会以来，我国第一次以专门立法的形式规定的立法制度。我国《立法法》的如下规定，构成了当代中国立法体制的基本结构：

第一，全国人民代表大会和全国人民代表大会常务委员会行使国家立法权。全国人民代表大会制定和修改刑事、民事、国家机构和其他的基本法律；全国人民代表大会常务委员会制定和修改除应当由全国人民代表大会制定的法律以外的其他法律。在全国人民代表大会闭会期间，对全国人民代表大会制定的法律进行补充和修改，但是不得同该法律的基本原则相抵触。

第二，国务院根据宪法和法律以及全国人大及其常委会的授权制定行政法规，并报全国人大常务委员会备案。

第三，省、自治区、直辖市的人大及常委会根据本行政区域的具体情况和实际需要，在不同宪法、法律、行政法规相抵触的前提下，可以制定地方性法规；较大的市的人大及其常委会根据本市的具体情况和实际需要，在不与宪法、法律、行政法规和本省、自治区的地方性法规相抵触的前提下，可以制定地方性法规，并报省、自治区的人大常委会批准后施行。地方性法规报全国人大常委会备案。

第四，民族自治地方的人民代表大会有权依照当地民族的政治、经济和文化的特点，制定自治条例和单行条例。自治区的自治条例和单行条例报全国人大常委会批准后生效。自治州、自治县的自治条例和单行条例，报省、自治区、直辖市的人大常委会批准后生效，并报全国人大常委会备案。

第五，国务院各部、委、中国人民银行、审计署和具有行政管理职能的直属机构，可以根据法律和国务院的行政法规、决定、命令，在本部门的权限范围内，制定规章。部门规章报国务院备案；地方政府规章应当同时报本级人大常委会备案；较大的市的人民政府制定的规章应当同时报省、自治区的人大常委会和人民政府备案。

2. 部门法体系

部门法体系又称法律部门体系，是指一国的全部现行法律规范按照一定的标准和原则划分的本国同类法律规范即部门法形成的有机联系的统一整体。一般而言，部门法包括实体法和程序法两大部门。在实体法内部又有公法与私法之分。在程序法领域又分为刑事诉讼法、民事诉讼法和行政诉讼法。我们主张不能把部门法体系等同于法律体系，这样从概念上到内涵上都会给人们造成思想混乱。因为人们对法律概念的认识不统一，多元复杂，法律的分门别类流派众多，于是把一国部门法体系等同于含义广泛复杂的法律体系，或是用难以统一的法律体系概念取代部门法体系，都是不合适的。当然部门法体系是法律体系基本的构成部分。

作为大学生，必须懂得学法、懂法、守法的重要性和必要性。在中国依法治国的道路上，大学生法律意识的高低起着重要的作用。目前我国法律体系已经初步形成了一个以宪法为核心、具有中国特色的、相对比较完备的由行政法、民商法、经济法、社会法、刑法、诉讼与非诉讼程序法等法律部门组成的社会主义法律体系。这些立法对于指导我国建设社会主义法制时代具有重要的引领作用。法律基本理论知识的掌握，对每一个大学生素质修养的必要条件，是能够懂法运用法律的前提。

思考题：

1. 如何理解法律的概念和本质？
2. 我国社会主义法律的本质与特征是怎样的？
3. 联系实际，谈谈如何理解法律和人生的关系。

第二讲 公司的创办及责任的承担

随着社会主义市场经济的确立与发展，市场主体的法律地位也通过立法得到了完善，尤其是通过近年来对公司法上设立公司的门槛的降低，公司如雨后春笋般地在中国大地开花，但公众普遍地对公司设立的条件、公司股东的权利与义务、公司章程的法律属性缺乏了解，其实，公司法的功能是肩负起平衡股东、债权人与公司三者利益的责任。公司法上的各种规定其实都是在权衡到底该保护哪一方的利益，使利益的保护与社会的发展能处于和谐之中。

2.1 个人独资企业对外承担责任的法则是如何规定的？

（一）案例导读

王某在和妻子张某结婚后用自己婚前的积蓄10万元注册了个人独资企业，从事服装经营，生意较好。但企业在成立一年后，王某因决策失误，导致经营陷入困境，资金链断裂，负债100万元。法院在受理该案之后，在对企业资产进行清算时，发现企业资产不足以偿还全部债务，要求王某以自己的财产对企业的债务承担无限连带责任。王某很困惑，因为据他的了解，公司是以公司的财产对外承担责任的，如果仍存在不能偿还的债务，投资人也不需要以自己的个人财产承担责任。为什么法院在执行完该个人独资企业的全部资产后仍要求王某以自己的财产承担个人独资企业的债务呢？

（二）相关法律知识

1. 如何理解个人独资企业对外债务承担法则？

个人独资企业，是指依法在中国境内设立，由一个自然人投资，财产为投资人个人所有，投资人以其个人财产对企业债务承担无限责任的经营实体。个人独资企业的特征主要包括以下内容：

（1）个人独资企业的出资人是一个自然人。只有自然人才能设立个人独资企业，其他法律拟制的人包括公司、合伙等均不具备设立个人独资企业的资格。当然，设立个人独资企业的自然人也有一定的条件要求，即该自然人应当具有完全民事行为能力，并且不能是法律、行政法规禁止从事营利性活动的人。

所谓民事行为能力，概况来说是一种抽象资格，只有具备该类民事行为资格，行为人才能以自己的名义享受民事权利和承担民事义务。自然人的民事行为能力包括完全民事行为能力、限制民事行为能力和无民事行为能力三类。

完全民事行为能力要求行为人必须年满 18 周岁，且无精神疾病。之所以这么要求，是确保行为人能够拥有发展成熟的智力对事务形成独立判断和准确认知。除了智力正常的年满 18 周岁的人具备完全民事行为能力以外，对于不满 18 周岁的人来说，只要年龄在 16 周岁到 18 周岁之间，能够以自己的劳动收入支撑正常生活支出，就可以被视为具备完全民事行为能力，能够独立以自己的名义进行民事活动，承担民事责任。

限制民事行为能力，对比于完全民事行为能力，条件区别主要集中在年龄和精神状态。18 周岁以上的未成年人可以进行与自身年龄、智力相适应的民事行为，例如小学生购买铅笔等小件文具类生活小事是可以认定行为成立的，否则，对于 18 周岁以上的未成年人所进行的其他民事行为要由监护人代理或是取得监护人同意的情况下才是有效的，诸如 12 周岁的中学生将自己全部压岁钱共 1 万元购买股票进行投资，因为投资理财行为超出了未成年人的智力范畴，所以需要在监护人的代理或是取得监护人的同意之后该类行为才会发生效力。也就是说 18 周岁以上的未成年人在进行超出自身年龄、智力范围内所进行的活动效力是需要依据具体情况进行认定的。

限制行为能力人的民事行为资格除了受年龄限制以外，精神状况也是一大制约因素。对于不能完全辨认自己行为的间歇性精神病人所为的行为，如果与该病人的精神状况相适应，则可以认定行为有效，否则，成为限制民事行为能力人，其自身行为需要由代理人代理或是取得代理人同意方能有效。

无民事行为能力，指自然人完全不具备法律上行为人的资格，也即其不能以自己的名义享受权利，同样不需要以自己的名义承担义务。无民事行为能力人主要包括两类：一是 18 周岁以下的未成年人。考虑到 18 周岁以下的未成年人基本上智力发育不足，无法清楚识别判断是非曲直，因此，法律将该类人定为无民事行为能力，他们所有的民事行为需要由法定代理人代理才能生效，如 18 周岁以下的童星索取劳动报酬需要由父母或其他近亲属等监护人代理才能取得；二是完全不能辨认自己行为的精神病人属于无民事行为能力人，他们的权利维护、义务履行同样需要由代理人代理。

有权成立个人独资企业的自然人，必须是年满18周岁且精神正常的完全民事行为能力人，这样的要求是因为只有完全民事行为能力人才能以自己的名义对外承担责任。这也是为了满足个人独资企业所要求的责任承担要件。

（2）个人独资企业的财产归投资人个人所有。这里的企业财产不仅包括企业成立时投资人投入的初始财产，而且包括企业存续期间积累的财产。投资人是个人独资企业财产的唯一合法所有者。

个人独资企业的财产要求包括两部分：首先，投资者对用以投资设立个人独资企业的财产必须具备完全的所有权，不能存在所有权不明的设立资本；其次，个人独资企业的财产归个人所有，意味着企业存续期间所有运营收入均归投资人本人所有，不存在第二个权利主体。

（3）投资人以其个人财产对企业债务承担无限责任。这是个人独资企业的重要特征。也就是说，当投资人申报登记的出资不足以清偿个人独资企业经营所负的债务时，投资人就必须以其个人财产来清偿债务。

对于个人独资企业来说，在企业运营不当对外负债需要清偿时，投资人需要以其全部财产对个人独资企业的债务承担无限连带责任，所谓个人全部财产包括个人全部劳动收入及其他合法收入，除此以外，还包括家庭财产中个人所有的部分。本案中，王某以婚前个人财产成立的企业，该企业属于王某个人所有（如果运营收入没有作为家庭生活费用），在企业资不抵债时，需要王某以自己的个人全部财产进行清偿，这部分财产包括其在夫妻共同财产中王某所有的部分。

（4）个人独资企业不具有法人资格。尽管个人独资企业可以起字号，并可对外以企业名义进行业务活动，但仍属于自然人企业范畴。

个人独资企业并不具备法人资格，因为独资企业的投资人需要以自己的财产对企业的债务承担连带责任，个人独资企业不具备独立承担责任的能力，因此，不能成为公司法意义上的独立法人。

总之，设立个人独资企业，需要综合考量该类型组织性质的利弊，虽说相较于公司来说，成立限制较少，但个人独资企业在债务承担上与投资人的个人财产不相互独立，在个人独资企业资不抵债时，投资人需要以自己的财产对企业的债务承担无限连带责任，这个对投资人来说，是需要在成立个人独资企业之前慎重考虑的。就本案而言，也就是为什么法院在执行完该个人独资企业的全部资产后仍要求王某以自己的财产承担个人独资企业的债务的原因所在。

2.2 合伙企业对外债务的承担法则是如何规定的?

(一)案例导读

2001年年底，张某、常某和李某共同设立了合伙企业，但企业成立后，经营效果很差，对外欠款较多，截至2002年年中，合伙企业对外欠款20万元。债务到期后，债权人某商业银行找到合伙企业，要求偿还欠款，合伙企业并不拒绝偿还债务。由于合伙企业账面上没有现金，于是银行找到合伙人张某，要求他偿还合伙企业的债务，张某考虑到合伙企业的存续问题，因此偿还了银行的20万元，但实际上张某出资只占合伙企业资本的10%，合伙协议中也约定张某只承担10%的债务，于是张某请求常某与李某偿还其超额偿还的部分。请问，张某的请求是否有法律上的依据?

(二)相关法律知识

1. 合伙企业是按照合伙协议组成的联合体。和公司设立需要公司章程一样，合伙企业的设立也需要内部规制章程，即合伙协议。合伙协议需要以书面形式订立，涵盖包括合伙企业设立目的、合伙人信息以及合伙人的出资方式、数额和期限等内容，合伙协议的订立是为了设立合伙企业保驾护航的。

2. 合伙企业是独立从事经营活动的联合体。所谓独立从事经营活动，指的是合伙企业拥有自身独立人格，并且有自己的财产(即合伙人的出资)，且合伙企业经营所得归合伙企业所有，合伙人不得对合伙企业财产进行任意分割。

3. 合伙企业是合伙人共同出资、共享收益、共担风险的联合体。合伙企业区别于公司的一个重要特点就在于此。合伙企业的各个合伙人对外承担责任不以其出资额为限，每个合伙人均需对合伙企业的债务承担无限连带责任。因此在本案例中，银行才有权要求张某偿还合伙企业的债务。至于张某在偿还了超出自己投资份额的债务的追偿，则可以根据《合伙企业法》第32条规定:“合伙企业的利润和亏损，由合伙人依照合伙协议约定的比例分配和分担;合伙协议未约定利润分配和亏损分担比例的，由各合伙人平均分配和分担。”本案中，合伙企业的财产不足以偿还合伙企业债务时，应由各个合伙人偿还，张某不应该只承担其中的

10%，即2万元，而实际上张某承担了20万元，那么张某当然可以根据合伙协议就已偿还的18万元债务对其他合伙人享有请求权。

2.3 公司有哪些不同于合伙企业的特征？

（一）案例导读

张某大学毕业后一直找不到理想工作，就想要自己创业。但因为对《公司法》一知半解，只听说如果创办公司，承担的责任比较少，但是成立的条件更为严格，如果成立合伙企业的话，就会简单很多，但要承担的责任更多。张某一时陷入困境，无法抉择，遂想要向律师咨询公司和合伙企业的区别。

（二）相关法律知识

纵观《公司法》所有规定，对公司成立的法律特征规制主要集中在以下几点：

（1）公司是具备民事行为能力和民事权利能力的社会组织。要求公司必须具备民事行为能力和权利能力，只有这样才能成为民法中拟制主体，才能独立享受权利、承担责任。

（2）公司必须依法设立。不满足法律规定的实体要件和程序要件的要求是不能成立公司的。

（3）公司必须具备独立于发起人的运作财产和经费。公司设立之后，出资人认缴的出资份额需在一期限内以一定的方式将财产所有权转移给公司，该出资归公司所有，独立于出资人的其他财产。

（4）公司必须具备自己的名称、组织机构和场所。就像每个人都有自己的名字一样，公司作为法律上拟制的人，也需要自己独立的名称，这样才能在市场经济交往中明确交易双方具体指向。公司作为一种本身不具备独立意识的特殊组织，必须依托一定的组织机构才能有效运作下去，对公司而言，其必需的组织机构包括股东大会、董事会以及监事会。除了组织机构以外，公司还必须具备一定的场所，这也是为了便于诉讼。

（5）公司要能够独立承担民事责任。公司的责任负担独立于出资人，也就是说当公司需要对外进行民事赔偿时，是由公司的资本进行赔付的，而不需要出资人额外负担。例如A公司全部资本仅10万元，对外负债20万元时，在将全部资产按照法律规定的赔偿顺序进行赔付之后，仍有部分债务无法偿还，债务人请求公司的董事长也是股东之一的B以自己的财产进行赔偿时，B无须对此进行赔付。

对比本讲第一部分合伙企业债务承担中有关合伙企业特征的介绍，可以得出公司区别于合伙企业的主要特征在于：

第一，设立依据不同。合伙企业依据合伙人直接的合伙协议设立，公司设立则需要依据公司章程。

第二，责任承担不同。合伙企业不能对外独立承担责任，合伙人需要对合伙企业的债务承担无限连带责任。而公司能够对外独立承担责任，公司的发起人或股东除了足额缴纳出资份额以外，不需要支出额外费用对公司的责任进行负担。这个也是公司与合伙企业最主要的区别。

2.4 有限责任公司的设立条件是什么？

（一）案例导读

魏某有心自主创业，在拟定公司名称，确定了公司住所并由70个股东共同制定了公司的章程，且全体股东认购了公司注册资本之后向工商部门申请登记注册。魏某在提交了全部材料之后，工商局以不符合有限责任公司成立条件为由不予登记注册。魏某在被驳回申请时百思不得其解，遂向律师咨询，律师在审核了魏某的所有申请注册材料之后，指出魏某之所以不被批准申请，是因为股东人数超出了法律规定的有限责任公司股东限制。魏某在调整公司股东人数为45人之后获得了工商部门的批准设立。请问：这是为什么？

（二）相关法律知识

根据《公司法》相关规定，设立有限责任公司必须符合以下要件：

1. 股东符合法定人数。依据2014年新修订的《公司法》的规定，有限责任公司的股东人数必须为2人以上50人以下，本案中，魏某申请设立的有限责任公司有70名股东，远远超出了法律规定的50人的最高上限，因此，不能被批准设立。

2. 股东共同制定公司章程。在向工商部门申请设立有限责任公司时，申请人必须提交的书面材料包括公司章程，对于有限责任公司来说，它的章程由全部股东共同制定通过。

3. 有符合公司章程规定的全体股东认缴的出资额。公司对外承担责任需要财产支撑，因此公司需要有自己独立的财产也就是注册资本。在申请设立公司之前，股东必须认缴全部注册资本。具体到某个公司而言，可能公司注册资本 20 万元，在申请设立时公司的实收注册资本只有 10 万元，但只要剩余的 10 万元注册资本已经被相关股东认购，并且在公司章程中明确规定未实收资本的认缴方式及时间期限，工商部门就可以对申请注册的公司进行注册登记。

4. 有公司名称，建立符合有限责任公司要求的组织机构和公司住所。和法人设立条件一样，有限责任公司设立也必须符合一般性要求，也就是要有自己的名称、组织机构及住所。

就本案而言，工商局以不符合有限责任公司成立条件为由不予登记注册就在于其股东超过了 50 人。因为有限责任公司是人合公司（具有人合性、资合性的特点），股东相互间较为了解，故人数不宜过多。魏某在重新调整公司股东人数为 45 人之后获得了工商部门的批准设立，因为此时已符合了设立有限责任公司的股东人数的要求。

2.5 公司章程有什么用处?

（一）案例导读

张某等 49 个自然人欲投资设立一家有限责任公司，公司注册资本拟定 500 万元。2006 年 7 月，49 个自然人举行公司创立大会，确立了拟成立公司的名称、住所，并初步确立了公司的组织机构，经过两次创立大会，最终确定了所有股东认缴的出资份额。在公司实缴注册资本达到 300 万元时，向工商部门申请公司设立。工商部门在审核公司代理人提交的设立材料时，发现《公司章程》中仅涉及了公司名称和住所、公司经营范围、公司注册资本、股东的姓名或者名称、股东的出资方式、出资额和出资时间，而没有公司相关的机构及其产生办法、职权、议事规则等内容。遂要求公司在相应时间内对有关材料给予补全，否则不予批准设立。张某等人很是不解，不是说公司章程是公司内部的规则吗？那么还有必要向工商部门提交那么详细的章程内容吗?

（二）相关法律知识

纵观《公司法》的规定，无论是设立有限责任公司或是股份有限公司，公司在正式提交设立申请之前，都必须有全部设立发起人合议形成的公司章程，这个是公司设立必经的程序。那么，对于公司而言，公司章程究竟有何作用呢？

1. 公司章程是公司经营的基本准则

公司章程从定义上表述为公司设立人依法订立的规定公司组织及活动原则的文件，是公司活动的行为准则，也是确定股东权利义务的依据。其实质是记载公司组织及行动的基本自治规则的书面文件。由此可知，公司章程是关于公司组织与经营中最根本的事项的规定。根据我国《公司法》第 25 条之规定，公司章程应当包括：公司名称和住所、公司经营范围、公司注册资本、股东的姓名或者名称、股东的出资方式、出资额和出资时间、公司的机构及其产生办法、职权、议事规则等内容。

公司章程的效力有内部效力与外部效力之分。内部效力是指公司章程在公司股东之间是创造价值、分配财富的依据，对公司的董事、监事等高级管理人员来说，公司章程是规范其经营行为的行为准则，因此对公司内部成员具有约束力。外部效力则是指公司章程的公示力。一般来说，公司章程应当向社会公开，公司的交易对象通过查阅公司章程能对公司股东资信状况、偿债能力等基本交易信息有一定的了解，基于该类了解，交易对方可以作出是否与公司进行合作的判断，保障交易顺利进行。

2. 公司章程是契约性的自治规范

公司章程具有契约性的特点。从公司章程的制定方式上看，公司章程由发起人的共同意思表示而设立，即公司发起人对公司设立的相关事项进行了协商并形成了合意。根据契约法的一般原理，当事人的意思表示及合意就构成了契约成立的要件，公司章程的制定方式符合契约的成立要件，因而带有契约的属性。

公司章程是自治性规则。公司章程的自治性包含了两个层面的意思：第一层意思是自治性首先体现为公司章程制定者的意思自治。正是由于意思自治精神的存在，商事主体才得以充分发挥其创造力，积极参加商事活动，积累更多的财富。第二层意思是“自治性”也意味着公司章程的效力仅在公司成员的范围内有效，不具备约束公司成员以外第三人的效力，因为第三人既非公司章程的制定者，也不是公司内部人，公司章程对其当然没有约束力。

公司章程的效力更多的是对内效力，也就是通过公司章程明确公司内部运营管理规则，但明确公开的公司章程，对于交易相对方来说，也是确保知情权的一项有效措施，因此公司法才会要求公司在设立之初明确公司章程内容并予以公开。

2.6 法律对股东转让出资作了哪些规定？

（一）案例导读

2008 年，王某、赵某、孙某 3 人共同出资设立有限责任公司 A。三人股份分配分别为王某 20%、赵某 30%、孙某 50%。公司成立 3 年后，王某因生活变故，个人经济不支，不得以需要将 A 公司中的股份转让变现以维持生活所需。在没有通知赵某和孙某的情况下，王某私自将该 20% 的股份低价转让给自己的朋友吴某，并签订了转让协议。吴某依转让协议向赵某与孙某主张享有股东权利，要求参与公司运营管理。赵某、孙某以股份转让协议没有经过二人同意为由，不认可该转让协议的效力，不承认吴某为该公司股东。吴某遂向法院起诉，要求法院确认其股东身份。法院经过审理，认定该股份转让协议不具备法律效力，要求王某退还吴某支付的股份转让对价。请问：为什么法院会作出如此认定？

（二）相关法律知识

我国的公司种类主要包括有限责任公司与股份有限公司。基于《公司法》的规定，两种类型的公司均允许股份转让，但具体内容有所差别。

1. 有限责任公司股份转让要求包括：

第一，股东向股东以外的人转让股权，应当经其他股东过半数同意。股东应就其股权转让事项书面通知其他股东征求同意，其他股东自接到书面通知之日起满三十日未答复的，视为同意转让。其他股东半数以上不同意转让的，不同意的股东应当购买该转让的股权；不购买的，视为同意转让。

经股东同意转让的股权，在同等条件下，其他股东有优先购买权。两个以上股东主张行使优先购买权的，协商确定各自的购买比例；协商不成的，按照转让时各自的出资比例行使优先购买权。公司章程对股权转让另有规定的，从其规定。

第二，人民法院依照法律规定的强制执行程序转让股东的股权时，应当通知公司及全体股东，其他股东在同等条件下有优先购买权。其他股东自人民法院通知之日起满二十日不行使优先购买权的，视为放弃优先购买权。

2. 股份有限公司股权转让要求

第一，股东转让其股份，应当在依法设立的证券交易场所进行或者按照国务院规定的其他方式进行。

第二，记名股票，由股东以背书方式或者法律、行政法规规定的其他方式转让；转让后由公司将受让人的姓名或者名称及住所记载于股东名册。

股东大会召开前 20 日内或者公司决定分配股利的基准日前 5 日内，不得进行前款规定的股东名册的变更登记。但是，法律对上市公司股东名册变更登记另有规定的，从其规定。

第三，无记名股票的转让，由股东将该股票交付给受让人后即发生转让的效力。

第四，发起人持有的本公司股份，自公司成立之日起一年内不得转让。公司公开发行股份前已发行的股份，自公司股票在证券交易所上市交易之日起一年内不得转让。

公司董事、监事、高级管理人员应当向公司申报所持有的本公司的股份及其变动情况，在任职期间每年转让的股份不得超过其所持有本公司股份总数的百分之二十五；所持本公司股份自公司股票上市交易之日起一年内不得转让。上述人员离职后半年内，不得转让其所持有的本公司股份。公司章程可以对公司董事、监事、高级管理人员转让其所持有的本公司股份作出其他限制性规定。

本案中，王某转让公司股份没有提前告知另外两位股东已属于程序不合法行为。正确的做法应该是王某首先将欲转让股份的想法告知另外两位股东，如果半数以上股东同意王某转让公司股份，则王某才可以进行转让。同时，其他股东在同等条件下有优先购买权，这样的规定也是为了维护公司的内部稳定；如果其他股东半数以上不同意转让的，不同意的股东应当购买该转让的股权；不购买的，视为同意转让。总之，股东转让公司股份是不受法律禁止的，只要遵照相关程序，股东就可以将所有股份自由转让。

2.7 股东有什么权利和义务？

（一）案例导读

卫某经营一家服装公司，同时也是B外贸公司的股东之一，B公司设立时间已经超过3年，3年期间从未有过分红。卫某对公司的经营状况产生怀疑，遂向公司提出书面申请，要求查阅公司3年内的会计账簿，公司以会计账簿涉及公司经营机密，不便查阅为由不受理卫某的查阅申请，卫某不服，遂委托代理律师向B公司提出诉讼。请思考：本案如何处理？

（二）相关法律知识

1. 股东的权利

《公司法》第4条规定，公司股东依法享有资产收益、参与重大决策和选择管理者等权利。据此，作为公司的股东，应当享有以下权利。

（1）确认股东身份权。《公司法》第32条规定，有限责任公司成立后，应当向股东签发出资证明书，并应当置备股东名册，股东名册需详细记载股东的姓名或者名称及住所、股东的出资额和出资证明书编号。记载于股东名册的股东，可以依股东名册主张行使股东权利。由此，股东可通过查阅股东名册确认自己的股东身份。

（2）参与公司经营管理。股东有权参与公司经营管理，其权利行使形式主要依靠股东会。《公司法》规定，有限责任公司股东会由全体股东组成，股东会有权决定公司的经营方针和投资计划，审议批准公司的年度财务预算方案、决算方案、利润分配方案和弥补亏损方案，对公司增加或者减少注册资本作出决议，对发行公司债券作出决议，对公司合并、分立、变更公司形式、解散和清算等事项作出决议，修改公司章程等。由此，股东通过股东会的权利对公司的经营管理活动进行决策。

（3）收益权。公司作为盈利性机构，股东出资设立公司的目的也是为了追求利益，股东可以按照实缴的出资比例或者章程规定的其他方式分取红利，在公司解散清算后，公司财产在分别支付清算费用、职工的工资、社会保险费用和法定补偿金，缴纳所欠税款，清偿公司债务后的剩余财产后，如果还有盈余，股东有权按照出资比例或者按照公司章程的规定予以分配。

（4）知情权。根据现代公司经营理念，所有权与经营权相分离，股东虽然拥有对公司的所有权，但不能实际参与公司经营管理，而是需要将公司事务委托给董事会及高级管理人员进行行使，虽说股东不能直接参与公司经营管理，但是，股东依然享有了解公司基本经营状况的权利，即知情权。公司法为使股东知情权落到实处，特作出规定：股东有权查阅、复制公司章程、股东会会议记录、董事会会议决议、监事会会议决议和财务会计报告。股东可以要求查阅公司会计账簿。股东要求查阅公司会计账簿的，应当向公司提出书面请求，说明目的。公司有合理根据认为股东查阅会计账簿有不正当目的，可能损害公司合法利益的，可以拒绝提供查阅，并应当自股东提出书面请求之日起十五日内书面答复股东并说明理由。公司拒绝提供查阅的，股东可以请求人民法院要求公司提供查阅。

2. 股东的权利

股东除享有相关权利以外，仍需承担相应义务：

（1）在公司章程规定范围内行使权利。公司章程是股东制定的，用以规范股东及公司行为的内部章程，因此，股东需要在章程范围内活动，不得违反。

（2）足额缴纳所认缴的出资。对于公司的资本交付方式，除了实际缴纳出资的情形外，股东可以认缴出资，之后再在一定的时间内将认缴的出资额交付完成也算是足额交付。

（3）资本维持义务。《公司法》规定，在公司核准登记后，股东不得擅自抽回出资。

（4）其他依法应当履行的义务。

就本案而言，法院受理案件之后，组织卫某与 B 公司进行调解，达成合议，B 公司将 3 年内会计账簿交由卫某查看，卫某撤销诉讼请求。

2.8 法律对一人公司作了哪些规定？

（一）案例导读

高某于 2008 年出资 10 万元设立一人公司，主要经营快递业务。公司成立之后，经营业绩一般，到2012年时，公司出现资不抵债的情形，对外负债30万元。形势所迫，高某向法院提出破产申请，在对公司全部资产进行清算偿债后，仍有 18 万元的债务无法得到偿还。债权人吴某遂提出要求高某以自己的个人资产对公司债务承担无限连带责任，并向法院提出财产保全，冻结了高某个人账户上的15万元存款，高某不服，坚持认为公司的财产与他个人的财产是互相独立的，在公司无法偿还自己的债务的时候，不能要求其以自己的财产对公司的债务承担责任，那么，究竟高某的抗辩是否成立呢？《公司法》对于一人公司的债务承担原则有什么特殊规定呢？

（二）相关法律知识

《公司法》有关一人公司的规定主要有以下内容：

1.《公司法》规定一人有限责任公司的投资主体是一个自然人或者一个法人。自然人股东应当是完全民事行为能力人。至于法人股东，《公司法》并没有特别限制，可以包括企业法人、事业单位法人和社会团体法人，而个人独资企业、合伙企业及不具备法人资格的中外合作企业和外商独资企业被排除在外。

2.《公司法》明确规定一个自然人只能投资设立一个一人有限责任公司，并且该一人有限责任公司不能投资设立新的一人有限责任公司。如此规定，为了保证公司拥有稳定的责任能力，可以对外承担责任。

3. 一人有限责任公司应当在公司登记中注明该公司为自然人独资或者法人独资，并在公司营业执照中载明。通过明示公司属性，便于交易相对人了解公司的实际情形，保障交易安全。

4.《公司法》明确规定了一人有限责任公司不设股东会，排除了其适用有关股东会的召集程序、股东表决程序等规定。一人股东在行使股东会职权作出相应决定时，应当采用书面形式，由股东签名后置备于公司，这是《公司法》为了防止一人股东独断专行，滥用公司法人人格而为其设置的要式义务。

5.《公司法》规定，一人有限责任公司的股东不能证明公司财产独立于股东自己的财产的，应当对公司债务承担连带责任。正如案例中所述的，如果高某无法证明自己的财产与公司的财产是相互独立的，那么在公司无法偿还全部债务的时候，高某就需要以自己的财产偿还公司的剩余债务。

2.9 什么叫法人人格否认制度？

（一）案例导读

卢某是A投资经营公司的股东之一，同时担任该公司执行日常事务的总经理。2012 年 8 月，卢某通过朋友了解到一个投资资讯，随后卢某在没有经过公司董事会同意的前提下，以公司名义向银行贷款 200 万元，并私自将该 200 万元全部用以投资，1 个月后，该 200 万元投资全部亏损。在银行的贷款到期之后，卢某无法偿还到期债务，遂推脱到该 200 万元贷款是以公司的名义取得的，因此应该由公司进行偿还。公司董事会则以该贷款并非公司行为为由拒绝为该贷款负责。银行在调查了解所有情形之后，向法院申请了法人人格否定，将该 200 万元债务归于卢某，公司不需要对此承担责任。试思考：为什么？

（二）理论分析

公司人格否认制度，又称揭开公司面纱、刺破公司面纱。意思是在承认公司具有法人人格的前提下，在特定的法律关系中对公司人格及股东有限责任加以否定，以规制股东滥用公司人格及有限责任，保护公司债权人及社会公共利益的一项法律制度。

1. 公司人格否认制度的特征

公司的人格否认并不是对公司法人制度的否认，而是对这一制度的严格恪守。公司人格否认制度是在承认整个法人制度实在性的基础上，在个案中对公司人格予以相对的否定，但公司的法人地位不受影响。其特征包括：

第一，公司已合法地取得了法人资格。只有这种合法公司的法人才能成为法人人格否认制度的作用对象，也是法人人格否认制度与法人瑕疵设立的责任制度相区别的基本依据。也只有这样的公司，股东才享有公司的独立人格，其人格才有滥用的可能，才有适用公司人格否认的必要。

第二，公司的股东滥用了公司人格。股东滥用了公司制度的一些特权，如利用公司制度规避法律或债务、损害公司的独立性等，致使法律承认公司法人制度的实效性受到损害。法律赋予了公司独立的人格，股东享有有限责任的优惠。但股东享有权利的同时，必须维护公司的独立人格，保证其行为的合法性。如果股东无视公司的行为规范，危害公司及债权人利益，则可能导致公司人格否认的适用。

第三，公司人格的滥用侵害了债权人的合法权益或者社会公共利益。法律在承认公司的独立性尤其是承认公司有限责任的同时，也对股东与公司的关系作了一系列限制，以维护交易安全、债权人利益和社会公共利益。倘若股东滥用了债权人的合法权益或社会公共利益，客观上已实施有悖债权人利益或社会公共利益的行为，背离了公司制度的社会性和公共性，则必然有悖于设计公司制度的初衷，此时没有必要承认其人格。

第四，公司人格否认是一种对公司法人人格的个案否定。在这种情况下，对法人人格的否定不是对公司人格彻底的、终极性的否定，不是对公司人格全面的永久的剥夺，而是在特定的法律关系中对公司人格暂时的否定。公司的独立人格在某些方面被否认，并不影响承认公司在其他方面还是独立的法人。这种法律关系如果没有法律规定的取消公司人格的情形出现，公司人格将继续存在。

2. 法人人格否认制度存在情形

（1）利用公司规避法律义务。所谓利用公司规避法律义务，该类义务特指法律强制性义务，因为规避该类义务有损社会公共利益，缺乏存在的合法性和正当性，因而也成为适用法人人格否认的情形之一。如公司的控股股东为了分散经营风险和责任财产，可能将公司分割成多个性质相同的小公司，每一公司资产只达到法定的最低标准，承担责任时以公司独立人格、有限责任规定为抗辩理由，最大限度地回避责任。

（2）公司法人人格的形骸化。公司法人人格形骸化实质是公司与股东完全混同。在公司实际运作中股东滥用公司人格的情形：一种是人格混同，即此公司与彼公司或股东个人之间在财产、业务、责任等方面没有严格的区分。当公司财产被逐步转换为股东个人所有后，公司将逐步失去履行义务的能力；另一种混同形式则是不当控制，即股东因出资或持股较多而控制一家公司，并且利用对公司的绝对控制优势，实施了某种不正当的行为，公司在股东的操纵下，实际丧失了独立的法人人格。如以公司名义承担其并未受益的债务，随意挪用公司的财产，或让公司为其贷款提供担保，使其负担与经营无关的巨大风险，甚至以公司名义从事非法活动。

本案中卢某所为属于公司法人人格形骸化的典型案例，即卢某利用自己的控股股东身份，将自己的行为混同成公司的行为，妄想让公司为自己的行为承担责任。法律规定，在出现此种混同情形时，法律暂时否认公司的独立人格，由实施了该行为的具体股东自己承担责任。

思考题：

1. 在企业破产时，合伙企业的合伙人与公司股东对企业的对外债务的承担有何不同？
2. 公司法对一人公司作了哪些规定？
3. 如何理解法人人格否认制度？

第三讲　劳动合同法律制度

劳动合同，是大学生与用人单位建立劳动关系，维护自身权利的法律依据。但在当今的就业市场上，大学生因为缺乏《劳动合同法》相关的法律知识，与用人单位签订不合法或不平等的劳动合同，从而时常引发劳动纠纷。那么，如何通过本讲的学习减少这些因签合同而引起的纠纷问题，从而维护自身的合法权益对那些即将走向工作岗位的大学生来说是十分必要的。

3.1 如何界定《劳动合同法》所适用的用人单位与劳动者？

（一）案例导读

2012 年 12 月初，家住南京市清凉门大街的出租车司机陈师傅遇到这样一件事：他所在的出租车公司准备和他们当中部分的哥签订新一年的工作合同。他问了以后才知道，要签的不是劳动合同，是承租合同。请问：他们这种性质的劳动者要不要按《劳动合同法》来办？

（二）相关法律知识

《劳动合同法》的适用范围，直接关系到我国劳动人事管理体制改革的大局，关系到劳动力市场的有序运行，关系到不同主体的利益及其保护。《劳动合同法》第 2 条规定：中华人民共和国境内的企业、个体经济组织、民办非企业单位等组织（以下称用人单位），与劳动者建立劳动关系，订立、履行、变更、解除或者终止劳动合同，适用本法。国家机关、事业单位、社会团体和与其建立劳动关系的劳动者，订立、履行、变更、解除或者终止劳动合同，依照本法执行。

1. 企业、个体经济组织、民办非企业单位等组织

本条第一款采取列举加概括的方式明确了用人单位的范围，就是说除列举的三类用人单位外，本款还规定“等组织”。需要注意的是，这里的“等”，属于

“等外”，也就是说除列举的企业、个体经济组织、民办非企业单位三类组织外，其他组织与劳动者建立劳动关系，也适用本法。这三类组织以外的组织如会计师事务所、律师事务所等，它们的组织形式比较复杂，有的采取合伙制，有的采取合作制，它们不属于本条列举的任何一种组织形式，但他们招用助手、工勤人员等，也要签订劳动合同。因此，也需要适用本法。

2. 国家机关、事业单位和社会团体

根据本条的规定，国家机关、事业单位、社会团体和与其建立劳动合同关系的劳动者，订立、履行、变更、解除或者终止劳动合同，依照本法执行。

（1）国家机关。国家机关录用公务员和聘任制公务员，适用公务员法，不适用本法。但国家机关招用工勤人员，需要签订劳动合同，就要适用《劳动合同法》。

（2）事业单位。事业单位适用本法，一种是实行企业化管理的事业单位，这类事业单位与职工签订的是劳动合同，适用本条的规定。还有一种事业单位如医院、学校、科研机构等。有的劳动者与单位签订的是劳动合同，签订劳动合同的，就要按照本条的规定执行；有的劳动者与单位签订的是聘用合同，签订聘用合同的，就要按照本法第九十六条的规定，即法律、行政法规和国务院规定另有规定的，就按照法律、行政法规和国务院的规定执行；法律、行政法规和国务院没有特别规定的，也要按照本法执行。

（3）社会团体。社会团体的情况也比较复杂，有的社会团体如党派团体，除工勤人员外，其工作人员是公务员，按照公务员法管理；有的社会团体如工会、共青团、妇联、工商联等人民团体和群众团体，文学艺术联合会、足球协会等文化艺术体育团体，法学会、医学会等学术研究团体，各种行业协会等社会经济团体。这些社会团体虽然公务员法没有明确规定参照，但实践中对列入国家编制序列的社会团体，除工勤人员外，其工作人员是比照公务员法进行管理的。除此以外的多数社会团体，如果作为用人单位与劳动者订立的是劳动合同，就按照本法进行调整。

3. 非全日制用工和劳务派遣工

考虑到《劳动合同法》是规范用人单位与劳动者之间订立劳动合同的法律规范，对一些不规范的用工，本法不宜调整。所以对家庭雇工、兼职人员、返聘的离退休人员等未作规定。

虽然劳动部《关于贯彻执行〈中华人民共和国劳动法〉若干问题的意见》第

12条规定，在校生利用业余时间勤工助学，不视为就业，未建立劳动关系，可以不签订劳动合同。但是即将毕业的大学生与用人单位订立合同的目的是毕业后确立劳动关系的。应当区别于大学生利用学习之余空闲时间打工补贴学费、生活费的劳动行为。

就本案来说，出租车司机陈师傅与出租车公司所签订的合同是劳动合同还是租赁合同取决于陈师傅是以出租车公司内部职工的身份还是作为自由职业者的身份。如果陈师傅一直是出租车公司的内部职工，其与出租车公司所签订的就是劳动合同；但若陈师傅是以司机的身份与出租车公司签订一份租用出租车公司的车辆的合同的话，就是租赁合同。

3.2　劳动合同的主要内容有哪些？

（一）案例导读

来自广东省高要市的陈某等8名打工仔，从2006年初起受聘于深圳市宝安区某模型厂（以下简称“模型厂”），任职于模具部操作员、工程师等职位。但是，他们入职以后，单位从未与他们签订劳动合同。2008年1月始，因为《劳动合同法》颁布实施，模型厂曾要求全体员工签订劳动合同，但由于模型厂提供的格式合同约定的内容、条款不清等原因，全体员工要求修改后再签订，模型厂从此不再提签订劳动合同的事宜。

2008年5月底，陈某等8人因模型厂一直未依法计算其加班工资、未办理社会养老保险等理由向模型厂提出辞职，并以单位未与他们签订劳动合同为由，要求支付双倍工资。在遭到了模型厂的拒绝后，陈某等8人到深圳宝安区劳动行政部门提起劳动仲裁。

经审理后，仲裁庭认为：依据2008年1月1日实施的《中华人民共和国劳动合同法》第82条：用人单位自用工之日起，超过一个月不满一年未与劳动者订立书面劳动合同的，应向劳动者每月支付双倍的工资。模型厂明显违反了上述规定，仲裁庭据此裁决模型厂支付陈某等8人的加班工资、解除劳动合同经济补偿金和因未签订劳动合同而支付的双倍工资总计人民币27万元。请思考：劳动合同的格式条款包括哪些？

（二）相关法律知识

1. 劳动合同的内容

根据《劳动合同法》第 17 条，劳动合同的具体内容包括必备条款和约定条款两大类。

（1）必备条款。必备条款也称法定条款，是法律规定的劳动合同必须具备的内容，包括以下几点。

①用人单位的名称、住所、法定代表人或者主要负责人。

②劳动者的姓名、住址和居民身份证或者其他有效身份证件号码。

③劳动合同期限。劳动合同期限是指当事人双方所订立的劳动合同起止的时间，即用人单位招用劳动者的期限或者劳动者为用人单位服务的期限。劳动合同当事人可选择签订的劳动合同有固定期限、无固定期限和以完成一定工作为期限的劳动合同。

④工作内容和工作地点。工作内容是指用人单位安排劳动者从事什么工作，包括劳动者从事劳动的岗位、工作性质、工作范围以及劳动生产任务所要达到的效果、质量指标等。工作地点是指用人单位安排劳动者在何处从事工作。

⑤工作时间和休息休假。其内容包括工时制度、计件工作时间、周休日、法定节假日、一般情况和特殊情况下的加班加点、用人单位加班加点的禁止、加班加点的工资支付和年休假制度。

⑥劳动报酬。具体包括工资标准、支付日期、地点和方式，奖金、津贴的获得条件及标准。

⑦社会保险。我国的社会保险项目主要有养老保险、失业保险、工伤保险、医疗保险和生育保险。

⑧劳动保护、劳动条件和职业危害防护。劳动保护包括用人单位必须提供的生产、工作条件和劳动安全卫生保护措施，以保证劳动者在完成劳动任务过程中的安全健康。劳动条件包括必要的劳动工具、工作场所和设备、劳动防护用品等。职业危害防护是指对劳动者因从业过程中存在的各种有害的化学、物理、生物及其他因素，而使其可能患职业病的各种危害进行防护。

⑨法律、法规规定应当纳入劳动合同的其他事项。如我国《劳动法》第 19 条“（五）劳动纪律”和“（七）违反劳动合同的责任”。劳动纪律是指劳动者在劳动过程中必须遵守的劳动规则和工作秩序，包括国家法律、行政法规和用人单

位内部规章制度等。违反劳动合同的责任是指在劳动合同履行过程中，当事人一方违反合同约定义务，致使劳动不能正常履行，给对方造成损失时应承担的法律后果。

《劳动合同法》第 81 条规定："用人单位提供的劳动合同文本未载明本法规定的劳动合同必备条款或者用人单位未将劳动合同文本交付劳动者的，由劳动行政部门责令改正；给劳动者造成损害的，应当承担赔偿责任。"

（2）约定条款。约定条款又称协商条款，由当事人根据具体情况自愿选择是否在合同中约定，通常包括以下几条：

①试用期条款。试用期是指用人单位和劳动者为了相互了解、甄别以便于选择定夺而约定的一定期限的考察期。劳动合同双方可以在劳动合同中就试用期的期限和试用期期内的工资等事项作出约定，但不得违反有关试用期的规定。

②培训条款。用人单位为劳动者提供专项培训费用，对其进行专业技术培训的，可与劳动者签订培训条款或协议，约定服务期和违约金。用人单位要求劳动者支付的违约经费，不得超过服务期尚未履行部分所应分摊的培训费用。

③保守商业秘密及竞业限制条款。商业秘密是不为公众所知悉，能为权利人带来经济利益，具有实用性并经权利人采取保密措施的技术信息和经营信息。在实践中，一些劳动者会因为工作需要接触、了解或掌握企业的商业秘密。为了保障企业的利益，防止商业秘密外泄，企业可以与劳动者约定保守商业秘密或竞业限制的条款或协议，但约定不得违反有关竞业限制主体、范围、期限、补偿金、违约责任等法律规定。

④补充保险条款。补充保险，是指除了国家基本保险以外，用人单位根据自己的实际情况为劳动者建立或购买的一种保险，如企业年金等。对于补充保险，国家不作强制性规定，用人单位根据自己的经济承受能力，自愿选择是否参加。

⑤福利待遇条款。福利待遇一般包括交通补贴、住房补贴、医疗补贴、通信补贴，以及用人单位提供解决职工生活需要的各种福利设施等。目前，用人单位给予劳动者的福利待遇也成为劳动者收入的重要来源之一。

2. 劳动合同书的范本

劳动合同书

用人单位（以下简称甲方）名称______________________

单位地址______________电 话______________________

单位性质______________法定代表人（主要负责人）______

劳动者（以下简称乙方）姓名______性别______出生年月______

文化程度________家庭常住住址或通讯处______________

户口所在地______省______市______县______街道（乡镇）______

居委会（村）______________________________________

居民身份证号码 □□□□□□□□□□□□□□□□□□

温州市劳动和社会保障局印制

说明：1. 本合同不得复写，只能用蓝、黑墨水填写；

2. 本合同代签、冒签、涂改无效；

3. 本合同需用 A3 纸张双面打印使用，装订使用需加盖骑缝章；

4. 本合同一式二份，甲乙双方各执一份。

甲乙双方根据《中华人民共和国劳动法》、《中华人民共和国劳动合同法》等法律、法规、规章的规定，在合法、公平、平等自愿、协商一致、诚实守信的基础上，订立本劳动合同，共同遵守本合同所列条款。

一、合同类型和期限

第一条 甲、乙双方选择以下第__种形式确定本合同期限：

(一) 固定期限：自____年__月__日起至____年__月__日止，共____年__月。

(二) 无固定期限：自____年__月__日起。

(三) 以完成一定的工作任务为期限。自____年__月__日至________工作完成时即终止，其完成的标志事件为________。

实行有固定期限和无固定期限的劳动合同，双方约定的试用期为____月，自____年__月__日至____年__月__日止。试用期包括在合同期内。

二、工作内容和工作地点

第二条　根据甲方工作需要，乙方同意甲方安排其在____工作地点从事____岗位（工种）工作。该岗位（工种）______（有或无）接触粉尘或放射性物质及其他有毒有害物质，______（有或无）可能产生职业病危害。

第三条　乙方应按照甲方的要求，按时完成规定的工作数量，达到规定的质量标准。

三、工作时间和休息休假

第四条　乙方实行________工时制。

1. 标准工时工作制。

2. 综合计算工时工作制。

3. 不定时工作制。

第五条　实行标准工时工作制的，甲方因生产（工作）需要安排乙方延长工作时间或者在休息日、法定休假日工作的，应征得本企业工会和乙方的同意，并按《劳动合同法》第四十四条规定支付相应的工资报酬；实行综合计算工时工作制的，在综合计算周期内，乙方总实际工作时间超过法定标准工作时间或甲方在法定休假节日安排乙方工作的，甲方应依法支付乙方相应工资报酬；实行不定时工作制的，甲方在法定休假节日安排乙方工作的，甲方应依法支付乙方相应工资报酬。

第六条　乙方在合同期内享受国家规定的各项休息、休假的权利。

四、劳动保护、劳动条件和职业危害防护

第七条　甲方应严格执行国家和地方有关劳动保护的法律、法规和规章，为乙方提供必要的劳动条件和劳动保护用品，建立健全生产工艺流程，制定操作规程、工作规范和劳动安全卫生制度及其标准。

第八条　对乙方从事接触职业病危害作业的，甲方应按国家有关规定组织上岗前和离岗时的职业健康检查，在合同期内应定期对乙方进行职业健康检查。

第九条　甲方有义务负责对乙方进行政治思想、职业道德、业务技术、劳动安全卫生及有关规章制度的教育和培训。

第十条　乙方有权拒绝甲方的违章指挥，对甲方及其管理人员漠视乙方安全健康的行为，有权提出批评并向有关部门检举控告。

五、劳动报酬

第十一条　乙方试用期的工资为____元/月。

第十二条　乙方试用期满后，甲方应根据本单位的工资制度，确定乙方实行以下第____种工资形式：

1. 计时工资。乙方的工资约定为____元/月。本合同履行期间，乙方的工资调整按照甲方的工资分配制度确定；如乙方的工作岗位变动，按新的工资标准确定。

2. 计件工资。甲方应制定科学合理的劳动定额标准，乙方的劳动定额为__，计件名称为____，计件单价约定为____元/件。

3. 其他工资形式。具体约定可在本合同第三十四条中明确。

第十三条　甲方每月__日前以货币形式足额支付乙方的工资。甲方支付乙方的应发工资，不低于本单位集体合同约定标准，并不低于本地政府规定的最低工资标准。

第十四条　甲方按有关规定支付乙方加班加点工资的工资基数，按温劳社劳薪〔2007〕9号文件规定的标准约定为______。

第十五条　乙方依法享受年休假、探亲假、丧假等假期期间，甲方应按国家和地方有关规定的标准，或劳动合同约定的标准，支付乙方工资。

六、社会保险和福利待遇

第十六条　甲方应按国家和地方有关社会保险的法律、法规和政策规定为乙方缴纳各项社会保险费用，具体为______________；乙方应当缴纳的社会保险费，由甲方从乙方工资中代扣代缴。

甲乙双方解除、终止劳动合同时，甲方应按有关规定为乙方办理社会保险转移等相关手续。

第十七条　乙方患病或非因工负伤的待遇按照国家和地方有关政策规定执行。

第十八条　乙方工伤待遇按国家和地方有关政策法规执行。

第十九条　乙方在孕期、产期、哺乳期等各项待遇，按国家和地方有关生育保险政策规定执行。

第二十条　甲方为乙方提供以下福利待遇：

1.____

2.____

3.____

七、规章制度

第二十一条　甲方依法制定的各项规章制度应向乙方公示。

第二十二条　乙方应严格遵守甲方依法制定的各项规章制度，完成劳动任务，提高职业技能，执行劳动安全卫生规程，遵守劳动纪律和职业道德。

八、劳动合同的变更、解除、终止、续订

第二十三条　订立本合同所依据的客观情况发生重大变化，致使本合同无法履行的，经甲乙双方协商同意，可以变更本合同相关内容。

第二十四条　经甲乙双方协商一致，本合同可以解除。

第二十五条　按照《劳动合同法》第三十九条规定，甲方可以随时解除乙方劳动合同；按照《劳动合同法》第三十八条规定，乙方可以随时通知甲方解除本合同。

第二十六条　按照《劳动合同法》第四十条规定，甲方可以解除乙方劳动合同，但应提前三十日以书面形式通知乙方本人或者额外支付乙方一个月工资，并不得违反《劳动合同法》第四十二条规定。乙方解除劳动合同，应当提前三十日（试用期内为三天）以书面形式通知甲方。

第二十七条　按照《劳动合同法》第四十一条规定，甲方因经济性裁员，可以解除本合同，但不得违反《劳动合同法》第四十二条规定。

第二十八条　本合同期满，劳动合同即行终止。甲乙双方经协商同意，可以续订劳动合同。乙方符合订立无固定期限劳动合同条件的，甲方应与其订立无固定期限劳动合同。

第二十九条　本合同期满时，如乙方有《劳动合同法》第四十二条规定情形之一的，本合同延续至相应的情形消失时终止。

第三十条　订立无固定期限劳动合同的，出现《劳动合同法》第四十四条规定情形的，本合同终止。

九、经济补偿和赔偿

第三十一条　甲方解除乙方劳动合同，符合《劳动合同法》第四十六条情形的，应按《劳动合同法》第四十七条的规定和地方有关规定支付乙方经济补偿金。

第三十二条　用人单位违反规定解除或者终止劳动合同的，应当依照《劳动合同法》第四十七条规定的经济补偿标准的二倍向劳动者支付赔偿金。

第三十三条　乙方违反规定解除劳动合同，给甲方造成损失的，乙方应赔偿甲方下列损失：

1. 甲方为其支付的培训费和招收录用费；

2. 对生产、经营和工作造成的直接经济损失；

3. 本合同约定的其他赔偿费用。

十、双方约定的其他事项

第三十四条____

____

____

____

____

十一、劳动争议处理

第三十五条　甲乙双方因履行本合同发生的劳动争议，双方当事人可以依法申请调解、仲裁、提起诉讼，也可以协商解决。

第三十六条　劳动争议发生后，提出仲裁要求的一方应当自劳动争议发生之日起六十日内，以书面形式向有管辖权的劳动争议仲裁委员会申请仲裁。对仲裁裁决不服的，可以自收到仲裁裁决书之日起十五日内，向人民法院提起诉讼。

十二、其　他

第三十七条　本合同未尽事宜，双方可另协商解决；在合同期内，本合同的条款与国家法律、法规相抵触的，相关条款即行废止，按国家法律、法规执行。

第三十八条　本合同一式两份，甲乙双方各执一份。

第三十九条　乙方确定下列地址________为劳动关系管理相关文件、文书的送达地址，如该地址发生变化，乙方应书面告知甲方。

甲方（盖章）　　　　　　　　　　　　乙方（签名）

法定代表人（主要负责人）（签名）

或委托代理人（签名）

______年____月____日　　　　　　　　______年____月____日

结合上述案例我们可以看出企业事实上已经认识到订立劳动合同的必要性，但仅仅因为“提供的格式合同约定的内容、条款不清等原因，全体员工要求修改后再签订”而被搁浅了，最终导致企业付出了惨重的代价。在校大学生与用人单位签订的劳动合同，只有符合相应的要件才能受法律的保护的。

3.3 法律对劳动合同的服务期作出了哪些规定？

（一）案例导读

杨某系某外资公司的工艺工程师，2012 年 3 月 19 日至 3 月 23 日参加了公司提供的 PROE/NC 专项培训。培训结束后，公司与杨某签订了一份“员工培训与发展协议”，协议约定：公司为员工提供专项培训，期间自“2012 年 3 月 19 日至 3 月 23 日；培训结束后员工需要履行的服务期为 1 年；如果员工在服务期内主动离开公司，公司有权要求其返还培训时发生的培训费用。”2012 年 5 月 3 日，杨某以本人条件限制不能执行部门工作时间安排为由提出离职申请，随后与公司解除劳动合同。劳动合同解除后，公司以杨某违反服务期约定为由要求杨某返还培训费用，请问：公司的要求是否符合法律规定？

（二）相关法律知识

《劳动合同法》第 22 条：用人单位为劳动者提供专项培训费用，对其进行专业技术培训的，可以与该劳动者订立协议，约定服务期。

可以与该劳动者订立协议，约定服务期的培训是有严格的条件的。

（1）用人单位提供专项培训费用。按照国家规定，用人单位必须按照本单位工资总额的一定比例提取培训费用，用于对劳动者的职业培训，这部分培训费用的使用不能作为与劳动者约定服务期的条件。同时，这笔专项培训费用的数额应当是比较大的，这个数额到底多高，《劳动合同法》没有规定一个具体的数额，主要是考虑各地区、各企业之间情况不一样，很难划出一个统一的尺度。由各地方细化本地区的具体数额比较好操作。

（2）对劳动者进行的是专业技术培训，包括专业知识和职业技能。比如从国外引进一条生产线、一个项目，必须有能够操作的人，为此，把劳动者送到国外去培训，回来以后干这个活，这个培训就是本条所指的培训。用人单位对劳动者进行必要的职业培训不可以约定服务期，也就是说不包括职业培训。《劳动法》规定，用人单位应当建立职业培训制度，按照国家规定提取和使用职业培训经费，根据本单位实际，有计划地对劳动者进行职业培训。从事技术工种的劳动者，上岗前必须经过培训，劳动者有接受职业技能培训的权利，以免发生一个正常的职业培训如上岗前必经的培训，甚至参加一个普通的会议、上个夜校都被算成是本条所称的专业技术培训这样的不合法的事情。

（3）至于培训的形式，可以是脱产的，半脱产的，也可以是不脱产的。有人反映，在实践中，用人单位往往因某个项目或者某种技术革新，给员工提供费用较大的培训，但脱产时间一般不会很长，更多地采取非脱产方式的专业技术培训。如果法律硬性规定必须脱产培训一定时间以上，才能约定服务期，许多接受培训的劳动者不履行约定的服务期而离职，会给用人单位造成较大的损失。这样的规定，表面上看是保护了劳动者的培训利益，实际上使用人单位在劳动者培训上产生顾虑，不利于劳动者的发展。一般情况下，越是不可或缺的人才，单位越不可能使其脱产培训很长时间，而只能采用非脱产的方式。

在上述案例中，用人单位为满足特殊岗位的需要而对特定劳动者进行的专业操作技能及专业知识的培训，是符合现代企业生产经营发展需要的必要举措。只要用人单位为劳动者提供专项培训费用，对其进行专业技术培训，就可以约定服务期。根据《劳动合同法》第二十二条的规定，劳动者违反服务期约定的，应当按照约定向用人单位支付违约金，但违约金的数额不得超过用人单位提供的培训费用。本案判决杨某支付的违约金未超过服务期尚未履行部分所应分摊的培训费用是符合法律规定的。因此，不管是否脱产，只要用人单位在国家规定提取的职工培训费用以外，专门花费较高数额的费用送劳动者去进行定向专业培训的，就可以与该劳动者订立协议，约定服务期。

3.4 劳动者在什么情况下可以单方解除劳动合同？

（一）案例导读

化工专业的杨小姐大学毕业后应聘到一家事业单位工作，与其签订了一份为期 3 年的劳动合同，其中约定试用期为 3 个月。为了防止职工随意跳槽，在合同中该单位还特意与杨小姐等新员工约定了关于违约的赔偿内容，即：若职工提前辞职，每提前 1 年，需要支付违约金 1 万元；赔付各种教育培训费；赔偿给单位的生产经营造成的经济损失费。3 个月试用期满后，杨小姐觉得在这家事业单位条件不理想，没有大的发展前途，同时另一家化工研究机构表示愿意接受她，杨小姐经过思考后就向单位提出了辞职。单位同意了杨小姐的辞职，但要求她按照合同约定支付违约金 2.7 万元，1 万元上岗培训费，并赔偿给单位生产带来的经济损失 5 万元。请问：公司的要求是否符合相关法律规定？

（二）相关法律知识

根据劳动者在解除劳动合同时的条件与程序的不同，可分为劳动者提前通知解除、劳动者随时通知解除和劳动者无须通知解除三种类型。

1. 劳动者提前通知解除。《劳动合同法》第 37 条规定："劳动者提前三十日以书面形式通知用人单位，可以解除劳动合同。劳动者在试用期内提前三日通知用人单位，可以解除劳动合同。"

虽然法律赋予了劳动者几乎是无条件的辞职权，但是，对劳动者违反劳动合同约定的，如培训服务期的约定、保守商业秘密和竞业限制约定等，劳动者应承担违约责任；对劳动者违反规定或劳动合同的约定解除合同，对用人单位造成损失的，劳动者应赔偿用人单位的损失。如用人单位招收录用其所支付的费用、用人单位为其支付的培训费用、对生产经营和工作造成的直接经济损失等。因此，用人单位既要充分尊重法律所赋予劳动者的辞职权，也要通过完善劳动合同和单位规章制度充分维护用人单位的合法权益。

2. 劳动者随时通知解除。《劳动合同法》第 38 条第 1 款规定：用人单位有下列情形之一的，劳动者可以解除劳动合同：

①未按照劳动合同约定提供劳动保护或者劳动条件的。

②未及时足额支付劳动报酬的。

③未依法为劳动者缴纳社会保险费的。

④用人单位的规章制度违反法律、法规的规定，损害劳动者权益的。

⑤因本法第 26 条第 1 款规定的情形致使劳动合同无效的。

⑥法律、行政法规规定劳动者可以解除劳动合同的其他情形。本条是关于因用人单位的过错劳动者可以解除劳动合同的规定。当用人单位存在上述 6 种情形之一时，劳动者可以随时通知用人单位解除劳动合同，而不必遵守解除预告期和书面形式通知的程序要求，但还须履行告知义务。

3. 劳动者无须通知解除。《劳动合同法》第 38 条第 2 款规定:“用人单位以暴力、威胁或者非法限制人身自由的手段强迫劳动者劳动的，或者用人单位违章指挥、强令冒险作业危及劳动者人身安全的，劳动者可以立即解除劳动合同，不需事先告知用人单位。”

对于情况 1，劳动者有权根据自己的单方意志解除劳动合同。原劳动部《关于〈中华人民共和国劳动法〉若干条文的说明》将此解释为劳动者的辞职权，并规定，除此条规定的程序外，对劳动者行使辞职权不附加任何条件，也无须征得用人单位的同意。

对于情况 2，用人单位应注意避免出现上述 6 种现象，否则不但劳动者可以随时辞职，影响工作的正常开展，而且还免去了劳动者为服务期支付违约金的约定责任，用人单位还要补偿劳动损失，加付赔偿费用。

对于情况 3，规定表明，当用人单位存在严重违法行为时，劳动者可立即解除劳动合同而无须告知用人单位。而且，劳动者还有权依据相关法律追究用人单位的法律责任。如果用人单位的上述行为引发重大伤亡事故时，用人单位和有关责任人还将被依法追究行政责任和刑事责任因此，用人单位应杜绝出现上述现象。

为充分保障劳动者的自由择业权以实现劳动力的优化配置，尤其是考虑到保护劳动者这一相对弱势群体的合法权益，《劳动法》赋予了劳动者较宽松的单方解除权。从上述案例可以看出杨小姐由于个人原因辞职完全符合法律规定，但是单位要求其支付培训损失和给单位生产带来的经济损失 5 万元，显然与法律相悖。

劳动者在与用人单位单方解除劳动合同的过程中，也要讲究方式方法，灵活运用法律条款的细微规定，若用人单位恶意地设置陷阱解雇员工，在这个过程中必定会有些违反法律的地方，劳动者可以认清事实和抓住证据来维护自己的合法权益。此外，劳动者对此类事件要耐心了解法规，不要盲目地与用人单位正面冲突。在证据收集时一定要慎重，注意在离职时期与单位签的任何书面材料。在实践中我们总结出几点注意事项：①与你的直接上级口头沟通，取得他的理解和支持。②提前 30 日，以书面形式通知人事部门（注意递交时，请他们签收）。③在这 30 天里，你可以抽空寻找下一个单位，但手中的工作还得干好。④批准后，人事部门会通知你，你要按人事部门的要求办理相关手续，各种关系的转移目标，一定要明确，主要包括人事档案、各种保险手续。⑤办好工作交接，不要给他人留下麻烦，各种手续办好后方可离开。

3.5 用人单位在什么情况下可以单方解除劳动合同？

（一）案例导读

董某是一家保险公司的业务员，跟公司签有为期 1 年的劳动合同，合同中约定董某每个季度必须完成一定数额的销售任务，个人收入则主要是销售提成。尽管董某对保险推销工作满怀热情，不辞辛苦，但头一个季度下来，所签保险单寥寥无几，远远没有完成公司的销售定额。公司销售主管提醒董某说，若第二季度仍完不成任务，他就将面临被解聘的可能。为了保住工作，董某更加努力，甚至发动了所有的亲戚朋友，第二季度的销售业绩比头一季度有所提高，但比公司的定额还是差了不少，于是他担心的事情出现了：公司销售主管口头通知他说，鉴于他连续半年都不能完成公司的任务，公司认为他不能胜任保险销售工作，因此决定解除与他的劳动合同，请他在 3 天内办好离职手续。董某万般请求，希望公司能再给他一次机会，被拒绝后，董某又提出自己的劳动合同期限是 1 年，公司提前解除劳动合同，应该支付经济补偿金。但公司销售主管以解除合同是因为董某自己不能胜任工作，且事先又提醒过他为由，拒绝了董某支付经济补偿金的要求，双方遂发生争议。请问：公司的做法是否符合相关法律规定？

（二）相关法律知识

根据解除权试用条件的不同，用人单位解除权可以分为过失性辞退、无过失性辞退和经济性裁员三种。同时，法律还规定了用人单位不得解除劳动合同的情形。

1. 过失性辞退

《劳动合同法》第 39 条规定：“劳动者有下列情形之一的，用人单位可以解除劳动合同：

①在试用期间被证明不符合录用条件的；

②严重违反用人单位的规章制度的；

③严重失职，营私舞弊，给用人单位造成重大损害的；

④劳动者同时与其他用人单位建立劳动关系，对完成本单位的工作任务造成严重影响，或者经用人单位提出，拒不改正的；

⑤因本法第 26 条第 1 款第 1 项规定的情形致使劳动合同无效的；

⑥被依法追究刑事责任的。”

2. 无过失性辞退

《劳动合同法》第 40 条规定：“有下列情形之一的，用人单位提前三十日以书面形式通知劳动者本人或者额外支付劳动者一个月工资后，可以解除劳动合同：

①劳动者患病或者非因工负伤，在规定的医疗期满后不能从事原工作，也不能从事由用人单位另行安排的工作的；

②劳动者不能胜任工作，经过培训或者调整工作岗位后，仍不能胜任工作的；

③劳动合同订立时所依据的客观情况发生重大变化，致使劳动合同无法履行，经用人单位与劳动者协商，未能就变更劳动合同内容达成协议的。”

本条是关于用人单位可以行使无过失性辞退权的三种情形，即由于劳动者的某些原因或客观情况变化而赋予用人单位单方解除权。但解除的方式和用人单位应承担的责任与过失性辞退有所差别，具体体现在：第一，用人单位须提前 30 日以书面形式通知劳动者本人或者额外支付劳动者一个月工资（按照该劳动者上一个月的工资标准确定）后，方可解除劳动合同；第二，在无过错性辞退的情况下，用人单位需向劳动者支付经济补偿金。

3. 经济性裁员

《劳动合同法》第 41 条规定：“有下列情形之一，需要裁减人员二十人以上或者裁减不足二十人但占企业职工总数百分之十以上的，用人单位提前三十日向工会或者全体职工说明情况，听取工会或者职工的意见后，裁减人员方案经向劳动行政部门报告，可以裁减人员：①依照企业破产法规定进行重整的；②生产经营发生严重困难的；③企业转产、重大技术革新或者经营方式调整，经变更劳动合同后，仍需裁员的；④其他因劳动合同订立时所依据的客观经济情况发生重大变化，致使劳动合同无法履行的。

裁减人员时，应当优先留用下列人员：①与本单位订立较长期限的固定期限劳动合同的；②与本单位订立无固定期限劳动合同的；③家庭无其他就业人员，有需要赡养的老人或者未成年人的。用人单位依照本条第一款规定裁减人员，在六个月内重新招用人员的，应当通知被裁减的人员，并在同等条件下优先招用被裁减的人员。”

情况 1：在出现上述六种情形之一时，用人单位可以随时通知劳动者解除劳动合同，无须征得他人的意见，也无须以任何形式提前告知劳动者，并不必支付经济补偿。但用人单位在行使过失性辞退权时，应注意所依据的情形必须符合法定情形所规定的要求，如操作不当，将可能因理由不充分依据不成立被认为是违法解除劳动合同。

情况 2：用人单位在行使无过错性辞退权的，同样需要注意所适用的情形应符合法定的要件，否则将承担解除劳动合同的法律后果。

情况 3：它是关于经济性裁员的规定。经济性裁员是指企业因经营不善等经济性原因，解雇劳动者的情形。市场经济的变化或企业自身经营的问题经常导致用人单位需要裁减职工，允许用人单位裁减职工是保护企业市场竞争力，充分发挥企业人事自主权的一种现实需要。但是企业裁减人员会涉及众多劳动者的利益，并进而可能影响到社会的稳定，因此《劳动法》、《劳动合同法》及相关劳动法规对用人单位裁减人员作了一定的限制，并规定了裁减人员的优先留用以及优先招用等制度。而且，用人单位依据经济性裁员规定解除劳同的，应当向劳动者支付经济补偿金。

结合上述案例，我们必须对“不能胜任工作”进行明确的定义。所谓不能胜任工作是指不能按要求完成劳动合同中约定的任务或者同工种、同岗位人员的工作量。但用人单位不得故意提高定额标准，使劳动者无法完成。劳动者没有具备从事某项工作的能力，不能完成某一岗位的工作任务，这时用人单位可以对其进行职业培训，提高其职业技能，也可以把其调换到能够胜任的工作岗位上，这是用人单位负有的协助劳动者适应岗位的义务。如果单位尽了这些义务，劳动者仍然不能胜任工作，说明劳动者不具备在该单位的职业能力，单位可以在提前 30 日书面通知的前提下，解除与该劳动者的劳动合同。但是结合案例可以看出该用人单位并未履行后者义务。因此，在实践中我们每一位大学生都要懂得用人单位不能随意调动劳动者工作岗位或提高工作强度或者借口劳动者不能胜任工作而解除劳动合同。这些都是违法行为。

3.6 劳动合同解除后劳动者的经济补偿金是如何规定的？

（一）案例导读

王某，1995 年 9 月 1 日进入上海某外贸公司工作，一直升至副总经理职位。

2006年开始，不幸患病治疗，医疗期满后仍未痊愈，无法从事单位安排的工作，因此于2008年10月20日解除劳动合同。已知王某在解除劳动合同前12个月的月平均工资是8000元。请问：单位应支付王某多少经济补偿金？

（二）相关法律知识

经济补偿是劳动合同制度中的一项重要内容，是一类与劳动者密切相关的重大经济利益，它是指在劳动者无过失的情况下，用人单位与劳动者解除或终止劳动合同时，依照法律规定支付给劳动者的相关补偿费用。

1. 需要支付经济补偿的情形

根据《劳动合同法》第46条和《劳动合同法实施条例》，用人单位应当向劳动者支付经济补偿的情形有以下8种：

（1）劳动者依照《劳动合同法》第38条规定解除劳动合同的。即用人单位有违法、违约行为的，劳动者可以随时通知或者无须通知立即解除劳动合同，并有权取得经济补偿。

（2）用人单位向劳动者提出解除劳动合同并与劳动者协商一致解除劳动合同的。用人单位与劳动者可以协商一致解除劳动合同，但由用人单位首先提出解除动议的，应当支付经济补偿。

（3）用人单位依照《劳动合同法》第40条规定解除劳动合同的。即用人单位在无过失性辞退的三种情形下解除劳动合同的，虽然用人单位没有过错，但劳动者也没有主观上的过错，为了平衡双方的权利义务，允许用人单位解除劳动合同，但须支付经济补偿。

（4）用人单位依照《劳动合同法》第40条第1项规定解除劳动合同的。即用人单位进行经济性裁员的。在经济性裁员中，劳动者没有任何过错，用人单位也是迫于无奈，为平衡双方的权利义务，用人单位应当支付经济补偿。

（5）除用人单位维持或者提高劳动合同约定条件续订劳动合同，劳动者不同意续订的情形外，依照《劳动合同法》第44条第1项规定终止固定期限劳动合同的。即用人单位与劳动者订立固定期限劳动合同，合同到期后用人单位不同意续订，或者用人单位降低劳动条件续订劳动合同，劳动者不同意续订的，用人单位须支付经济补偿。

（6）以完成一定工作任务为期限的劳动合同因任务完成而终止的，用人单位应当支付经济补偿。

（7）依照《劳动合同法》第 44 条规定终止劳动合同的。即用人单位依法宣告破产而导致劳动合同终止的，以及因用人单位被吊销营业执照、责令关闭、撤销或者用人单位决定提前解散而导致合同终止的，用人单位应当支付经济补偿。

（8）法律、行政法规规定的其他应当支付情形。这是劳动合同法的一个兜底条款，避免遗漏，同时作为和新法新规定的衔接。

需要说明的是，《劳动合同法实施条例》第 12 条指出，地方各级人民政府及县级以上地方人民政府有关部门为安置就业困难人员提供的给予岗位补贴和社会保险补贴的公益性岗位，不适用劳动合同法有关支付经济补偿的规定。即对于上述公益性岗位，即使是在以上 8 种情形下解除或终止劳动合同的，用人单位也不用支付经济补偿。

2. 经济补偿的计算方式

《劳动合同法》第 47 条和《劳动合同法实施条例》第 10、14、27 条对经济补偿的计算方式作了明确规定，具体如下：

经济补偿按劳动者在本单位工作的年限，每满一年支付一个月工资的标准向劳动者支付。即经济补偿金额＝劳动者在本单位的工作年限 × 月工资。

对于劳动者在本单位的工作年限，满一年的算一年；六个月以上不满一年的，按一年计算；不满六个月的，按半年计算。

计算经济补偿时使用的月工资是指劳动者在劳动合同解除或者终止前 12 个月的平均工资；劳动者工作不满 12 个月的，按照实际工作的月数计算平均工资。劳动者月工资高于用人单位所在地区上年度职工月平均工资三倍的，月工资水平按该地区上年度职工月平均工资三倍的数额计算；劳动者在劳动合同解除或者终止前 12 个月的平均工资低于用人单位所在地区最低工资标准的，按照当地最低工资标准计算。

此外，《劳动合同法》对高薪劳动者的经济补偿作了封顶规定，即对月工资水平（劳动合同解除或者终止前 12 个月的平均工资）高于用人单位所在地区上年度职工月平均工资三倍的劳动者，经济补偿标准按职工月平均工资三倍的数额支付，支付年限最高不超过 12 年。而对其他劳动者则无“三倍”和“12 年”的封顶规定。

通过对需要支付经济补偿金的情形总结可以发现，经济补偿的情形是劳动者因用人单位过错解除劳动合同或者用人单位依法解除劳动合同或者劳动合同依法终止时用人单位支付给劳动者的补偿。用人单位符合《中华人民共和国劳动合同法》的相关规定，合法与劳动者解除劳动合同的，支付经济补偿金。结合上述案例得知王某在解除劳动合同前 12 个月的月平均工资是 8000 元。根据《劳动合同法》第 47 条第 2 款，劳动者月工资高于用人单位所在地上年度职工月平均工资三倍的，向其支付经济补偿的标准按职工月平均工资三倍的数额支付，向其支付经济补偿的年限最高不超过 12 年。上海市政府公布的资料显示，2007 年上海市职工月平均工资为 2892 元，三倍为 8676 元，高于王某的月平均工资，因此，王某计算经济补偿金的月工资按 8000 元计。据此，王某的经济补偿金额＝王某在本单位的工作年限 × 月工资＝ 13.5×8000 ＝ 108000 元。当然，在用人单位拒绝支付或者对赔偿金数额有异议时，可以采取向劳动行政部门检举、投诉，提起劳动争议仲裁，对仲裁不服的向法院起诉等措施维护自身合法权益。

3.7 劳动争议的范围有哪些？

（一）案例导读

2002 年 8 月，张三（化名）到某公交公司从事公交司机工作，公交公司为张三缴纳了 2011 年至 2012 年 3 月的社会养老保险费。后张三在 2012 年办理退休手续时自己缴纳了 2002 年 8 月至 2010 年的社会养老保险费 4 万余元。张三享受养老保险待遇后要求公交公司返还 4 万余元费用，被公交公司拒绝。张三向劳动争议仲裁委员会申请劳动仲裁，被以“仲裁请求不属于劳动争议仲裁委员会受案范围”为由裁定不予受理。张三遂诉至法院。请问：劳动争议受理的范围包括哪些？

（二）相关法律知识

劳动争议是企业劳动关系中无法回避的问题，劳动争议制度也是我国劳动立法中的重要组成部分。近年来，随着劳动关系的复杂化和劳动者维权意识的增强，劳动争议案件数量逐年增加。因此，当企业与劳动者之间发生劳动争议，企业应如何着手处理？我国处理劳动争议的机构、程序等方面具体有哪些规定？对企业的劳动关系管理者来说都是必须了解和掌握的基本内容。

劳动争议又称劳动纠纷，指用人单位和劳动者之间因劳动权利和劳动义务所发生的纠纷。主要法规有《中华人民共和国企业劳动争议处理条例》（1993 年 7 月 6 日国务院发布，以下简称《劳动争议处理条例》）、《中华人民共和国劳动争议调解仲裁法》（2007 年 12 月 29 日中华人民共和国主席令第 80 号公布，以下简称《劳动争议调解仲裁法》）、《最高人民法院关于审理劳动争议案件适用法律若干问题的解释》（法释〔2001〕14 号）和《最高人民法院关于审理劳动争议案件适用法律若干问题的解释（二）》（法释〔2006〕6 号）等。

劳动争议的受案范围，从本质上说，用人单位与劳动者之间有关劳动权利义务关系的争议都应属于劳动争议的范畴，但我国法律法规采用了列举法界定劳动争议的受案范围。根据《劳动争议调解仲裁法》第 2 条的规定，中华人民共和国境内的用人单位与劳动者发生的下列争议，属于我国劳动争议处理机构的受案范围：

（1）因确认劳动关系发生的争议；

（2）因订立、履行、变更、解除和终止劳动合同发生的争议；

（3）因除名、辞退和辞职、离职发生的争议；

（4）因工作时间、休息休假、社会保险、福利、培训以及劳动保护发生的争议；

（5）因劳动报酬、工伤医疗费、经济补偿或者赔偿金等发生的争议；

（6）法律、法规规定的其他劳动争议。

法律、行政法规或者地方性法规规定的其他劳动争议，主要有：

（1）因认定无效劳动合同，特定条件下订立劳动合同、用人单位裁减人员等发生的争议；

（2）因职工流动、停薪留职、从事第二职业发生的争议；

（3）用人单位在录用职工时非法向劳动者个人收取费用的纠纷；

（4）用人单位要求在职职工缴纳抵押性钱款或股金的争议；

（5）劳动者与用人单位解除或者终止劳动关系后，请求用人单位返还其收取的劳动合同定金、保证金、抵押金、抵押物产生的争议，或者办理劳动者的人事档案、社会保险关系等移转手续产生的争议；

（6）劳动者退休后，与尚未参加社会保险统筹的原用人单位因追索养老金、医疗费、工伤保险待遇和其他社会保险费而发生的纠纷；

（7）因履行企业内部承包责任合同中有关劳动权利义务方面的规定发生的争议；

（8）因履行集体合同发生的争议。

结合上述案例来看，原告已经办理了退休手段，已经得到养老保险待遇，原告（职工）并未认为与用人单位发生了劳动争议，而仅仅是请求返还代被告缴纳的社会保险费，其行使的是一种基本的财产返还请求权。尽管《劳动争议调解仲裁法》第二条规定“在中华人民共和国境内的用人单位与劳动者因社会保险发生的劳动争议，适用本法”。但本案并非此种情况，从本案原告起诉理由、诉讼请求和法院查明的事实看，看不出职工与用人单位之间发生了社会保险争议，双方并未对是否应为职工参保、缴费基准等问题存在争议，也不存在用人单位未为职工办理养老保险手续的情形，原告也不要求用人单位向社保机构补缴保险费。因此，当事人双方要成功应对劳动争议，首先要明确哪些争议属于劳动争议，哪些争议不属于劳动争议，因为法律关系不同，争议所适用的法律法规也就不同，争议双方的权利义务也不相同，双方当事人的应对思路和应对策略亦有所区别。不属于劳动争议的，劳动者就不能根据劳动法主张相关权利，用人单位也无须承担劳动法规定的用人单位的义务。

3.8 解决劳动争议的途径有哪些？

（一）案例导读

2008 年 6 月，王某因解除劳动合同的经济补偿问题与用人单位产生纠纷。王某先找到了企业所在街道的基层劳动争议调解组织申请调解。基层劳动争议调解组织的工作人员热情地接待了王某，在对事实进行调查核实的基础上组织了多次调解工作，但终因双方无法达成一致意见而调解失败。王某只好向当地劳动争议仲裁委员会申请仲裁。仲裁委员会在规定时间内依法立案受理，并将仲裁申请书副本等资料送达被申请人即王某所在的企业。第二天，企业接到了负责本案的仲裁员的电话，邀请企业参加此案的调解工作。企业纳闷了：“街道的基层劳动争议调解组织不是已经调解过了吗？怎么现在还要调解？”仲裁员解释道：“这是两个不同的程序，在仲裁庭开庭之前，劳动争设仲裁委员会必须先对双方进行调解，这是必经程序。”请问：企业可以不参加仲裁委组织的调解吗？

（二）相关法律知识

虽说劳动争议仲裁委员会和人民法院对立案受理的劳动争议案件的双方当事人先行组织调解是必经程序，但双方当事人是否参加则应遵循自愿原则，只要有一方不愿调解，即为调解不成，才能进入接下来的裁决或判决阶段。事实上，“着重调解原则”旨在“化干戈为玉帛”，以最小的成本最快的速度解决劳动争议。《劳动法》第77条规定：“用人单位与劳动者发生劳动争议，当事人可以依法申请调解、仲裁、提起诉讼，也可以协商解决。”可见，处理我国的劳动争议处的方法一般包括以下几个。

1. 协商

发生劳动争议，劳动者可以与用人单位协商，也可以请工会或者第三方共同与用人单位协商，达成和解协议。但是，协商属于双方当事人自愿，并非处理劳动争议的必经程序，也非法定程序，如达成和解协议，对和解协议的履行也属自愿性质，没有强制性的法律效力。

2. 调解

发生劳动争议，当事人不愿协商、协商不成或者一方反悔的，可以向调解组织申请调解。调解程序是法定程序，但不是必经程序，当事人享有是否选择调解的自主决定权；经调解达成的协议也不具备强制履行的法律效力，但因支付拖欠劳动报酬、工伤医疗费、经济补偿或者赔偿金事项达成调解协议，用人单位在协议约定期限内不履行的，劳动者可以持调解协议书依法向人民法院申请支付令，人民法院应当依法发出支付令。

3. 仲裁

发生劳动争议，当事人不愿调解、调解不成或者达成调解协议后不履行的，可以向劳动争议仲裁委员会申请仲裁。仲裁是处理劳动争议的法定必经程序，同时还是劳动争议案件提请人民法院审理的前置条件，只有在案件经过仲裁委员会仲裁之后，当事人对裁决不服时，才能向人们法院起诉，否则，人民法院不予受理。仲裁裁决书一旦生效，即具法律效力。如一方当事人在法定期限内不起诉又不履行仲裁裁决的，另一方当事人可以申请人民法院强制执行。

4. 提起诉讼

当事人对仲裁裁决不服的，可以在规定期限内向人民法院提起诉讼。法院审理劳动争议案件适用的是民事诉讼程序，采取两审终审制。判决生效之后即使当事人对判决不服，也只能通过审判监督程序进行申诉，但申诉并不影响判决的执行。这就是我国的“一调一裁二审制”和“仲裁前置原则”。需要注意的是，用人单位违反国家规定，拖欠或者未足额支付劳动报酬，或者拖欠工伤医疗费、经济补偿或者赔偿金的，劳动者还可以向劳动行政部门投诉，由劳动行政部门依法处理。此外，根据《劳动合同法》第30条的规定，用人单位拖欠或克扣劳动报酬的，劳动者还可以直接向人民法院申请支付令。

在处理劳动争议时，如果双方当事人发生争执时，为防止增加违法成本，双方应当慎重对待，最好能与彼此协商解决。《劳动争议调解仲裁法》第 4、5 条规定：发生劳动争议，劳动者可以与用人单位协商，也可以请工会或者第三方共同与用人单位协商，达成和解协议；当事人不愿协商、协商不成或者达成和解协议后不履行的，可以向调解组织申请调解；不愿调解、调解不成或者达成调解协议后不履行的，可以向劳动争议仲裁委员会申请仲裁；对仲裁裁决不服的，除本法另有规定的外，可以向人民法院提起诉讼。

上述案例体现了劳动争议处理的“着重调解原则”。“着重调解原则”不仅适用于劳动争议发生后进入仲裁程序之前，而且适用于仲裁和诉讼程序，即劳动争议发生后，当事人可直接申请调解，但如果不愿调解或调解不成而进入仲裁程序甚至诉讼程序后，劳动争议仲裁委员会和人民法院在处理劳动争议时，仍必须先进行调解。本案所涉及的企业而言，根据相关法律的规定，可以不参加仲裁委员会的调解。

思考题：

1. 劳动合同的法定条款有哪些？
2. 经济补偿金是怎么规定的？
3. 解决劳动争议的途径有哪些？

第四讲　合同的法律效力及担保制度

合同是平等主体的自然人、法人、其他组织之间为了一定的目的设立、变更、终止民事权利义务关系的协议。它包括订立合同的法律规范，合同成立条件的法律规范，合同内容的法律规范，合同效力的法律规范，合同履行的法律规范，合同保全的法律规范，合同担保的法律规范，合同变更和转让的法律规范，合同解除的法律规范，合同救济的法律规范等。合同法以意思自治为原则，承认合同权利为自治权，赋予当事人自己创设权利。因此，合同法必须以保护当事人的合法权益为目的，充分全面地保护当事人的合法权益。在实行市场经济的社会中，经济秩序主要靠法律手段来维持。合同法提供了一整套交易的规则，关系到社会经济秩序的稳定与有序。合同法以意思自治为原则，最大限度地激发了当事人的主动性和创造性。

4.1 如何判定合同是否成立？

（一）案例导读

2013 年夏，天气炎热，地处浙江省金华市的某果品公司因市场上西瓜脱销，向新疆某农场发出一份传真：“因我市市场西瓜脱销，不知贵方能否供应。如有充足货源，我公司欲购五个冷冻火车皮。望能及时回电与我公司联系协商相关事宜。”农场因西瓜丰收，正愁没有销路，接到传真后，喜出望外，立即组织五个车皮西瓜给果品公司发去，并随即回电：“五个车皮的西瓜已发出，请注意查收。”在果品公司发出传真后，农场回电前，外地西瓜大量涌入该市，西瓜价格骤然下跌。接到农场回电后，果品公司立即复电：“因市场发生变化，贵方发来的货，我公司不能接受，望能通知承运方立即停止。”因西瓜已经起运，农场不能改卖他人。西瓜到达金华后，果品公司拒收。农场认为果品公司的拒收行为构成了违约，于是向法院起诉。请思考：（1）果品公司与农场之间的合同是否已成立？（2）果品公司是否要对其拒收行为向农场承担违约责任？

（二）相关法律知识

合同订立的程序是指合同当事人各方就合同条款通过协商达成一致的过程。这一过程包括要约和承诺两个阶段，也是合同成立的必经阶段。

1. 要约及其效力

要约是希望和他人订立合同的意思表示。即要约是一方当事人向他方当事人发出订立合同的提议并提出合同条件的意思表示。意思表示是把内心旨在发生一定效果的意思对外表示出来的行为。根据《合同法》第 14 条规定，要约应当具备的条件是：要约是特定的合同当事人的意思表示；要约必须具有与他人订立合同的目的；要约的内容必须具体、确定；经受要约人承诺，要约人即受要约的约束。

要约不同于要约邀请。要约邀请，又称要约引诱，是希望他人向自己发出要约的意思表示。其目的不是订立合同，而是邀请相对人向其发出要约的意思表示。要约邀请是当事人订立合同的预备行为，其本身并不发生法律效果。要约邀请与要约的区别在于：

（1）要约中当事人以订立合同为直接目的；要约邀请是当事人表示某种意愿的事实行为，其内容是希望对方主动向自己提出订立合同的意思表示。

（2）要约必须包括未来订立或可能订立的合同的主要内容；而要约邀请则不一定包含合同得以成立的主要内容。

（3）要约大多数是针对特定的相对人的，故要约往往采取对话方式或信函方式；而要约邀请一般是针对不特定的人，故往往通过电视、报刊等媒介手段。

根据《合同法》第 15 条规定：寄送的价目表、拍卖公告、招标公告、招股说明书、商业广告等为要约邀请。但商业广告的内容符合要约规定的，视为要约。

要约的效力。要约的效力是指要约什么时候开始发生法律约束力，即要约对要约人和受要约人产生的法律约束力。《合同法》第 16 条规定："要约到达受要约人时生效。""到达"是指要约送达受要约人能够控制的地方。根据法律的规定：采用直接送达的方式发出要约的，记载要约的文件交给受要约人时即为到达；采用普通邮寄方式送达要约的，以受要约人收到要约文件或者要约送达到受要约人信箱时间为到达时间；采取数据电文形式发出要约的，电文进入收件人的指定的系统的时间，或者在未指定接收信息的系统情况下电文进入收件人的任何系统的首次时间作为要约的到达时间。要约的效力包括两个方面：对要约人的效力；对受要约人的效力。要约对要约人的效力，是关于要约人在发出要约之后能否改变要约内容，或把要约撤回、撤销的问题。要约对受要约人没有法律上的约束力。受要约人收到要约后，取得了承诺的资格。受要约人即使不予承诺，也没有通知要约人的义务。除非法律有规定或当事人事先有约定。

要约可以撤回。要约撤回，是指要约在发生法律效力之前，要约人欲使其不发生法律效力而取消要约的意思表示。要约对要约人的约束力是在要约生效以后才发生，在要约未生效之前，要约人可以撤回要约，使要约自始对其没有法律效力。根据《合同法》第 17 条规定，有效的要约撤回有两种情况：①撤回要约的通知先于要约到达受要约人。由于要约到达受要约人时才生效，此时，要约还没有生效，受约人也不知道要约的内容，因此，受要约人不会根据要约做出什么准备工作，更不会有什么承诺，所以，撤回要约对受要约人不会造成任何损害。②撤回要约与要约同时达受要约人，此时，要约的撤回通知足以抵消要约，受要约人不会信赖要约而行事，也不会因要约的撤回而有什么损害。

要约的失效即要约的消灭，是指要约丧失了对要约人和受要约人的法律约束力。根据《合同法》第 20 条规定，要约在下列情况下失效：

（1）拒绝要约的通知到达要约人。即受要约人以通知的方式明确表示不接受要约所规定的条件。

（2）要约人依法撤销要约。要约的撤销是要约在发生法律效力之后，要约人欲使其丧失法律效力而取消该项要约的意思表示。

（3）受要约人在承诺期限届满时未作出承诺。

（4）受要约人对要约的内容作出实质性变更。

要约虽然生效后对要约人有约束力，但在某些情况下，考虑到要约人的利益，在不损害受要约人的前提下，要约是应该被允许撤销的。撤销要约的通知应当在受要约人发出承诺通知之前进行，因为受要约人一旦承诺，合同即告成立，就谈不上撤销要约的问题。如果要约人坚持撤销要约，就是违约，要承担违约责任。

根据《合同法》第 19 条规定，有下列情形之一的，要约不得撤销：①要约人确定了承诺期限或者以其他形式明示要约是不可撤销的；②受要约人有理由认为要约是不可撤销的，并已经为履行合同作了准备工作。要约的撤销不同于要约的撤回。要约的撤销发生在要约生效以后，而要约的撤回发生在要约生效之前。

在受要约人对要约的内容作出实质性变更的情况下，实际上是受要约人向要约人发出了新的要约，并不是对原要约的接受，所以原要约失去法律效力。根据《合同法》第30条规定：有关合同标的、数量、质量、价款或者报酬、期限、履行地点和方式、违约责任和解决争议的方法等的变更，是对要约内容的实质变更。

2. 承诺及其效力

承诺，是指受要约人同意接受要约的全部条件的意思表示。接受要约的人，称为承诺人。承诺应当由受要约人向要约人作出。有效的承诺必须具备以下条件：

（1）承诺必须由受要约人向要约人作出。非受要约人向要约人作出的表示接受要约的意思表示不是承诺，而是一种要约。受要约人向非要约人作出的接受要约的意思表示也不是承诺，非要约人没有订立合同的意图。

（2）承诺必须在要约存续的期限内到达要约人。要约规定有承诺期限的，应当在规定的承诺期限内承诺并送达到要约人能够控制的范围。要约没有明确承诺期限的，按照《合同法》第23条规定，应当以下列方式承诺并送达要约人：①要约以对话方式作出，即要约人通过口头表达的方式向受要约人发出要约，大多数是通过面对面地交谈，也有通过电话方式发出要约的。受要约人如果进行承诺，一般应当在要约人发出要约的当时就向要约人作出承诺的表示，但当事人另有约定的除外；②要约以非对话方式作出，即要约人将要约的内容记录在一定的载体上然后再向受要约人作出，比如书面形式，承诺应当在合理期限内到达要约人。“合理期限”要根据要约发出的客观情况和交易习惯确定，既要保证受要约人有足够的时间考虑，也要使要约人的信赖利益不受损害。如果承诺期限过长而受要约人又没有承诺，那么势必会影响要约人寻找与他人再行交易的机会，要约人会因此受到损失。

（3）承诺的方式应符合法律的规定。根据《合同法》第22条规定，“承诺应当以通知的方式作出，但根据交易习惯或者要约表明可以通过行为作出承诺的除外。”由此可知，受要约人以口头形式或者书面形式作出，也可以通过“行为”作出。除法律特别规定或当事人事先明确约定外，沉默不构成承诺。

（4）承诺的内容应当与要约的内容一致。承诺是受要约人愿意按照要约的内容与要约人订立合同的意思表示。因此，欲取得成立合同的法律效果，承诺就必须在内容上与要约的内容一致。受要约人在作出承诺时不得限制、扩张或者变更要约的内容，否则，不构成承诺，视为对原要约拒绝后作出的新要约，又称为反要约。但为促成交易，《联合国国际货物销售公约》和《美国统一商法典》等都认为若承诺对要约的内容进行非实质性的添加、限制或其他更改的，除要约人及时表示反对，或者要约明确规定承诺不得对要约内容进行任何添加、限制或者修改外，该承诺仍为有效，且合同内容以承诺的为准。

我国《合同法》第 30 条规定："承诺的内容应当与要约的内容一致。受要约人对要约的内容作出实质性变更的，为新要约。有关合同的标的、数量、质量、价款或者报酬、履行期限、履行地点和方式、违约责任和解决争议方法等的变更，是对要约内容的实质性变更。"第 31 条规定："承诺对要约的内容作了非实质性变更的，除要约人及时表示反对或者要约表明承诺不得对要约的内容作出任何变更的以外，该承诺有效，合同的内容以承诺的内容为准。"

承诺的效力。即承诺所引起的法律后果，承诺的效力在于合同的成立。《合同法》第 25 条规定："承诺生效时合同成立。"要约人的要约，一经受要约人承诺，合同即告成立。承诺的生效直接决定着合同的成立，在合同法中有着十分重要的意义。根据《合同法》第 26 条的规定，承诺于承诺通知到达要约人时生效，即承诺通知送达到了要约人能够控制的地方，承诺就发生法律效力。承诺不需要通知的，根据交易习惯或要约的要求作出承诺的行为时生效。

对于合同成立的认定，《合同法》第 36 条规定："法律、行政法规规定或者当事人约定采用书面形式订立合同，当事人未采用书面形式但一方已经履行主要义务，对方接受的，该合同成立。"第 37 条规定："采用合同书形式订立合同，在签字或盖章之前，当事人一方已经履行主要义务，对方接受的，该合同成立。"

承诺的迟延与迟到。迟延的承诺，即受要约人超过承诺期限发出的承诺。迟延的承诺视为新要约，但要约人及时通知受要约人该承诺有效的除外。迟到的承诺，是指受要约人在承诺期限内发出并按通常情形可适时到达却因其他原因而超过承诺期限到达要约人的承诺。对于延迟的承诺，因受要约人不知其承诺迟到，按诚实信用原则，要约人负有通知受约人承诺延迟的义务，要约人若怠于履行此义务，承诺视为未迟到，仍然有效，合同仍然成立。对于迟到的承诺，除要约人及时通知受要约人因承诺超过期限不接受该承诺的以外，迟到的承诺为有效的承诺。

承诺可以撤回。承诺的撤回是承诺人阻止承诺发生法律效力的意思表示。承诺可以撤回，但是，承诺撤回的通知应当于承诺生效之前或同时到达要约人。如果迟于承诺到达要约人，因承诺已经生效，则不发生承诺撤回的问题。

合同订立的过程，并不是一方向他方发出要约，他方立即作出承诺的过程。在这一过程中，它描述的是缔约各方自接触、洽商直至达成合意的过程。此阶段由要约邀请、要约、反要约诸制度的规范和约束，订立合同的过程，通常是要约—新要约—更新的要约，直至承诺的过程，一旦承诺生效，合同则告成立。

根据上述的有关合同成立的法律规定，就本案而言，果品公司与农场之间的合同尚未成立，金华市某果品公司因市场上西瓜脱销，向新疆某农场发出一份传真相当于其发出了一份要约邀请，而新疆某农场组织五个车皮的西瓜给果品公司发去事实上仅构成了一份要约，此时合同尚未在果品公司与农场之间成立合同，因此也不存在果品公司向农场承担违约责任问题。

4.2 成立的合同都有效吗？

（一）案例导读

郭多明是温州市区城镇居民，现居住在温州市鹿城区，近年来由于经营有方，所经营的公司赚了不少钱，但对农村情有独钟，准备退休后到农村去生活。基于此考虑，于2009年在永嘉县某镇的一个偏僻的农村向当地农民赵有金购买一面积为120平方的房屋，人民币为28万元，但他没想到仅过了两年时间，出卖方赵有金以价格过低、郭多明为城镇居民，不可以在农村购房为由，主张合同无效，要求收回自己的房子，并退还28万元的购房款。请问：此购房合同是否有效？

（二）相关法律知识

是否合同成立就会在当事人之间产生约定的权利与义务？从当事人纠纷及法院的审判实务角度看：当事人之间是否有权利、义务？有何种权利与义务？除审查合同是否成立外，更应审查合同的效力。只有在合同有效成立的前提下，才有履行合同、违约等问题。

合同的效力，是指合同的法律效力，即合同所具有的法律约束力。有效合同对当事人具有法律约束力，国家法律给予保护。但合同成立与合同的效力不同，合同成立与否取决于当事人之间是否就合同内容达成一致，而合同具有怎样的效力取决于法律作出怎样的评价。合同成立后，既可能因符合法律规定而生效，也可能因违反法律规定或意思表示不完全而无效、可变更或可撤销。可见，合同成立后根据法律对合同的评价可分为：①依法成立的合同是有效合同；②无效合同；③可撤销、可变更合同；④效力待定合同。

根据《土地管理法》第 4 条的规定，国家实行土地用途管制制度；国家编制土地利用总体规划，规定土地用途；使用土地的单位和个人必须严格按照土地利用总体规划确定的用途使用土地。而建设、销售小产权房正是违背土地利用总体规划、擅自改变土地用途而违法建设的典型，严重扰乱了土地市场和房地产市场秩序，损害国家利益及社会公共利益，买卖合同一般应属无效。城镇居民就农村集体土地上修建的小产权房与他人所签订的买卖合同无效。城镇非农业户口居民购买农村居民房屋的合同应认定为无效。《关于加强农村宅基地管理的意见》规定，严禁城镇居民在农村购置宅基地，严禁为城镇居民在农村购买和违法建造的住宅发放土地使用证。就本案而言，郭多明为非农村居民，不具备在农村购房的资格。故此购房合同为无效合同。

4.3　判定有效合同的标准是什么？

（一）案例导读

张某去年只有 17 岁，在某乡镇的啤酒厂做临时工，每月有 600 元的收入。为了上班方便，张某在镇里租了一间房。7 月份，张某未经其父母同意，欲花 500 元钱从李某处买一台旧彩电，此事遭到了其父母的强烈反对，但张某还是买了下来。同年 10 月，张某因患精神分裂症丧失了民事行为能力。随后，其父找到李某，认为他们之间的买卖无效，要求李某返还钱款，拿走彩电。问题：此买卖是否有效？

（二）相关法律知识

有效合同指按当事人意思表示的内容发生法律效果的合同。合同的有效要件是法律评价当事人合意有效的标准，按《民法通则》第 55 条和《合同法》第 44 条的规定，有效合同应具备以下条件：

第一，当事人应具有相应的订立合同的民事行为能力。合同主体要合法，签订合同的当事人应具有相应的民事权利能力和民事行为能力。

第二，当事人意思表示真实。意思表示真实是指缔约人的表示行为真实地反映其内心的效果，是缔约人在自觉、自愿基础上做出的符合其内在意思的表示行为。

第三，不违反法律、行政法规的强制性规定或者社会公共利益。这一要件说明合同内容不得违反法律的强行性规定，不得损害国家和社会公共利益。将此作为合同的有效要件，可以弥补法律脱离社会的发展和醇化社会道德伦理的作用。

生效合同对当事人具有法律约束力，当事人应当按照合同的约定履行自己的义务，不得擅自变更或者解除合同，否则要承担相应的违约责任。

根据上述的法律规定，就本案而言，买卖合同是否有效取决于张某在实施购买旧彩电时是否具备完全的民事行为能力。根据我国民法通则的规定，年满 16 周岁而不满 18 周岁的自然人以自己的劳动所得作为主要生活来源的视同完全民事行为能力人的规定，此买卖合同有效。

4.4 什么是无效合同?

（一）案例导读

泮明系陈好的父亲，两人名下有一房屋，2012 年 8 月 5 日，陈好因经商缺少资金，与朋友陈得名商量将房屋过户给谢路，并以谢路的名义向银行贷款，由陈好加以使用款项并归还银行的贷款本金和利息。为瞒住泮明，陈好找案外人冒充其父亲泮明，在当地公证机关办理了以案外人孙明为代理人的房屋买卖合同委托并公证。此后，陈好和代理人孙明与谢路签订了房屋买卖合同，并办理了贷款手续和房屋过户手续，房屋过户至谢路名下，陈好得到了以谢路的名义向银行贷款的人民币 55 万元。此后，此房屋一直由泮明继续居住，由陈好每月将银行贷款利息还清，泮明毫不知情。请问：此房屋买卖合同是否有效?

（二）相关法律知识

1. 无效合同

无效合同是指已经成立的合同因违反法律的规定，不能按当事人合意的内容发生预期的法律后果而是根据法律的直接规定赋予法律效果的合同。无效合同是法律禁止订立的合同，不能对当事人产生法律约束力，不能产生当事人所预期的法律后果。根据《合同法》第 52 条规定，下列情形的合同无效：

（1）一方以欺诈、胁迫的手段订立合同，损害国家利益的合同。按《民法通则》司法解释的规定，欺诈是指一方当事人故意告知对方虚假情况或者故意隐瞒真实情况，使对方陷入错误认识而与之订立合同的行为。胁迫是一方当事人以将来要发生的损害或者以直接施加损害相威胁，而使对方当事人产生恐惧并与之订立合同的行为。按《民法通则》规定，欺诈、胁迫行为属于无效行为，但《合同法》对此增加了限制条件，即只有该类行为损害国家利益时，合同才无效；否则属于《合同法》规定的可撤销、可变更行为。

（2）恶意串通，损害国家、集体或者第三人利益的合同。主观上表现为恶意串通，即合同当事人在明知或者应当知道某种行为将会损害国家、集体或者第三人利益的情况下而实施该行为，客观效果是损害了国家、集体或者第三人利益。

（3）以合法形式掩盖非法目的的合同。指当事人通过实施表面上合法的行为来达到其非法的目的，行为在形式上虽然是合法的，但内容上是非法的。

（4）损害社会公共利益的合同。这是《合同法》的公共利益原则的体现。公共利益是相对于个人利益而言的，它是指关系到全社会的利益。如果合同损害了社会公共利益，则合同当事人就已经超出了私法自治的界限，显然不是《合同法》的意思自治的问题，法律必须采取坚决否定的立场。损害社会公共利益的合同涉及的面比较广，例如对婚外同居人所作出的赠予和遗赠等违反性道德的合同、赌博合同等非法射幸合同等。

（5）违反法律、行政法规的强制性规定的合同。违反强制性规定，是指违反强行性的法律规范，指违反全国人民代表大会及其常务委员颁布的法律中的强行性规范，以及违反国务院颁布的行政法规中的强行性规范，不得任意加以扩大。

合同无效可分为整体合同无效和部分无效。合同部分无效的，不影响其他部分效力的，其他部分仍然有效。无效合同自始就没有法律约束力。另外，合同无效的，不影响合同中有关解决争议条款的效力。

2. 无效合同的法律后果

合同一旦被确认无效或者被撤销，合同自始没有法律约束力。被宣告无效或撤销的合同不发生法律效力，只是指不发生合同当事人希望发生的法律后果，但并不是不发生任何法律后果。根据《合同法》的规定，合同被人民法院或仲裁机关确认无效或被撤销，将引起以下法律后果：

（1）无效或者被撤销的合同在被认定无效或者被撤销后自始没有法律约束力。

（2）合同部分无效，不影响其他部分效力的，其他部分仍然有效。

（3）合同无效或者被撤销后，不影响合同中独立存在的有关解决争议方法的条款的效力。

（4）恢复原状。法律既然不承认无效合同、可撤销合同的法律效力，就应该使双方当事人的财产状况不因合同的订立而发生任何变化，即当事人缔约前的财产状况应予以恢复。具体表现为返还财产、追缴财产等。返还财产指合同成立后，一方当事人在准备履行合同和实际履行合同过程中从对方实际得到的财产归还给对方当事人。追缴财产是特指追缴当事人因无效合同而取得的财产，收归国家、集体所有或者返还给第三人。

（5）基于缔约过失而承担的赔偿责任。据《合同法》第 58 条的规定，有过错的一方应当赔偿对方因此而遭受的损失，双方均有过错的，应当各自承担相应的责任。

根据上述的法律规定，就本案而言，此房屋买卖合同为无效合同。因为此合同属于恶意串通，损害第三人利益的合同。泮明对陈好和代理人孙明与谢路签订的房屋买卖合同毫不知情。但根据物权法的不动产善意取得制度，若谢路将此房屋出卖给第三人的，为保护善意取得人的权益及交易的安全性，法律将保护后手的善意取得人的利益。

4.5 何谓可撤销、可变更合同？

（一）案例导读

李某的父亲生前是一个集邮爱好者，去世时还留有几本邮票。李某对邮票从不感兴趣，李某觉得这些邮票不好处理。一日，李某的朋友刘某来吃饭，无意间发现了这几本邮票，刘某是一个集邮爱好者，他随即表示愿意全部购买，最后以 5000 元的价格将邮票全部拿走，李某对这一价格也比较满意。事过不久，李某从父亲生前的一朋友处得知，他父亲所留的邮票中，有 5 张相当珍贵，可能每张都值 5000 元；同时另一同事告诉他，刘某正在寻找买主。李某立即找到刘某，要求退还刘某的 5000 元钱，取回邮票，但刘某坚决不同意。双方协商不成，李某诉至法院，要求撤销合同，返还邮票。问题：（1）李某与刘某之间买卖邮票的行为是什么性质的行为？（2）李某怎样行使撤销权？

（二）相关法律知识

可撤销、可变更合同是指合同欠缺有效要件，但一方当事人可依照自己的意思使合同的内容变更或者使合同的效力归于消灭的合同。可撤销、可变更合同包括意思表示有瑕疵的合同和显失公平的合同，它的效力取决于当事人的意志，是一种相对无效的合同。合同被撤销前，它是有效的合同，故不同于无效合同。设立可撤销合同制度，体现了合同法的意思自治原则和对公平交易的要求。可撤销合同具有以下法律特征：①是否使可撤销合同的效力消灭，取决于撤销权人的意思。②可撤销的合同在未撤销以前是有效的。撤销权一旦行使，可撤销的合同原则上溯及其成立之时。根据《合同法》第 54 条规定，下列合同为可变更或可撤销的合同。

1. 因重大误解订立的合同

重大误解是指一方当事人因自己的过失导致对合同的内容等发生误解而订立合同并可使其造成较大损失的行为。重大误解的构成要件：

（1）误解的一方当事人因为误解作出了意思表示。

（2）误解的当事人对合同的性质、对方当事人的身份、标的物的情况、价款或者报酬等方面发生了重大误解。

（3）误解是由误解的一方当事人自己的过失造成的，而不是因为他方的欺骗或者不正当影响造成的。

误解作为可撤销合同的原因，是法律对误解人提供救济的机会。但误解一般是误解人自身的原因造成的，因而对误解人的救济是有限度的，限于重大误解。

2. 在订立合同时显失公平的合同

显失公平指在订立合同时，一方当事人利用优势或者利用对方没有经验，致使双方的权利与义务明显违反公平、等价有偿原则的行为。显失公平的构成要件包括：

（1）双方的权利和义务显著地不平等。

（2）导致显失公平的原因必须是受害人缔约时处于显著不利的地位。

3. 一方以欺诈、胁迫的手段或者乘人之危使对方在违背真实意思的情况下订立的合同

对于此类型的可撤销合同不同于因欺诈、胁迫而订立合同损害国家利益的合

同。同时，也不是所有的合同当事人都享有撤销权，只有合同的受害方才有权行使撤销权。即可以直接请求人民法院或者仲裁机构确认合同无效或变更合同。

可撤销合同涉及一方当事人意思表示不真实或者显失公平的问题，如果当事人自愿接受这种合同，则为合同有效。同时，《合同法》对撤销权的行使期限作了明确的规定，以利于社会经济秩序的稳定。《合同法》第55条规定，具有撤销权的当事人自知道或者应当知道撤销事由之日起一年内没有行使撤销权，或者知道撤销事由仍明确表示或者以自己的行为放弃撤销权的，撤销权消灭。

根据上述的法律规定，就本案而言，李某与刘某之间买卖邮票的行为属于一方当事人利用优势或者利用对方没有经验，致使双方的权利与义务明显违反公平、等价有偿原则的行为。李某可在合同订立之日起的一年内通过法院行使撤销权，变更合同价格条款，达到双方权利义务的基本平衡，以实现公平正义。

4.6 效力待定合同指什么？

（一）案例导读

为庆贺林小莉的10岁生日，小莉的爷爷给她买了一把价值2000元的古筝作为礼物。生日后不久，小莉在学校里以该古筝交换12岁的同学小明的价值300元的电动玩具1个。2个月后，小莉的母亲知道此事，将电动玩具返还给了小明，并要求小明返还古筝，小明拒不返还。请思考：小莉的母亲要求小明返还古筝的请求能否得到法律的支持？

（二）相关法律知识

效力待定合同是指合同成立之后，因欠缺有效要件合同效力尚未确定，须经权利人追认才能生效的合同。根据《合同法》的规定，效力待定合同包括以下合同。

1. 限制民事行为能力人订立的合同

限制民事行为能力人订立的合同是指限制民事行为能力人依法不能独立订立的合同。限制民事行为能力人是指能够独立实施法律限定的民事法律行为的自然人，在我国指年满8周岁不满18周岁的未成年人、精神病人和不能完全辨认自己行为的精神病人。

《合同法》第 47 条规定："限制民事行为能力人订立的合同，经法定代理人追认后，该合同有效，但纯获利益的合同或者与其年龄、智力、精力健康状况相适应而订立的合同，不必经法定代理人追认。"

追认权属于形成权，追认权制度旨在保护限制民事行为能力人的利益，但相对人的利益也须保护。为求得两者之间的平衡，法律同时赋予相对人以催告权和撤销权。相对人可以催告法定代理人在 1 个月内予以追认。法定代理人未做表示的，视为拒绝追认。合同被追认之前，善意相对人有撤销的权利。

2. 无代理权人订立的合同

无权代理人以被代理人名义与相对人订立合同，非经被代理人追认，对被代理人不发生法律效力，除非构成表见代理。如当法定代表人、负责人在对外订立合同时视为法人或者其他组织的全权代理人，对法定代表人、负责人的代表权的限制只是对内有效，对外不能对抗善意相对人。

《合同法》第 48 条规定："行为人没有代理权、超越代理权或者代理权终止后以被代理人名义订立的合同，未经被代理人追认，对被代理人不发生效力，由行为人承担责任。"

相对人对无权代理人以他人名义订立的合同，有催告权。即催促被代理人在 1 个月内明确答复是否承认无权代理行为，在 1 个月内被代理人未作明确答复的视为被代理人没有对无权代理行为予以追认。善意相对人对无权代理人以他人名义订立的合同有撤销权。

3. 无处分权人处分他人财产的合同

无处分权行为，是指无处分权人以自己的名义对于他人权利标的所实施的处分行为。处分财产只能由享有处分权的人行使，即使是对共有财产享有共有权的共有人，也只能依法处分其应有的份额，而无权擅自处分共有财产。《合同法》第 51 条规定："无处分权的人处分他人财产，经权利人追认或者无处分权的人订立合同后取得处分权的，该合同有效。"因无处分权行为而订立的合同在以下两种情况下是有效的：

（1）经权利人追认，也就是说对财产享有处分权的人同意无处分的人处分他的财产。

（2）无处分权人订立合同后取得了处分权。效力待定合同的效力取决于有权人的追认，有权人在一定期间内不予追认，合同归于无效，所以它与自始无效的无效合同不同。因效力待定合同欠缺合同生效的要件，故其也与有效合同有别。

根据上述的法律规定，就本案而言，小莉的母亲要求小明返还古筝的请求能得到法律的支持。因为小莉以古筝交换12岁同学小明的电动玩具行为属于限制民事行为能力人订立的合同。为防止限制民事行为能力人的不当处分财产，法律规定了效力待定合同制度。

4.7 什么是合同担保制度？

（一）案例导读

2013年11月8日，被告王某、林某、贾某到原告何某住所，被告王某立据向原告何某借款人民币10万元，约定的月利率1.5%，借款期限为10个月，被告刘某、贾某作为担保人在借据上签名。

被告王某先后3次共支付利息4500元。借款到期后，原告多次向被告王某催讨，未偿还本金。原告多次催要无果，遂向法院起诉要求三被告偿还借款本金10万元及未支付的按月利率1.5%承担利息并由三被告承担本案的诉讼费用。被告林某和贾某辩称，当时与王某一起去找原告，两人不清楚借款的经过，是王某拿着借据让两人做担保，两人就在借据上签名为担保人。请回答：林某、贾某与原告何某的担保关系是否成立？

（二）相关法律知识

1. 合同担保

合同担保，又称合同债的担保，是指法律规定或者当事人约定的旨在促使债务人履行债务，从而使债权人的债权得以实现的法律措施。合同的担保有一般担保和特别担保之分。一般担保指债务人以其全部财产作为其履行债务的总担保。由于债务人的财产所具有的变动性，一般担保对债权人债权的实现不能提供可靠的保障。而特别担保指扩大债务人的责任财产的范围或者把债务人的财产特定化，从而使债权人对特定范围内的财产享有优先受偿权的担保。

根据我国《担保法》的规定，合同担保的种类有保证、抵押、质押、留置、定金五种担保方式。保证为人的担保。抵押、质押和留置可称为物的担保，债权人依法享有的抵押权、质押权和留置权可以统称为担保物权。定金称为金钱担保。人的担保是指第三人以其一般财产为他人债务所提供的担保。物的担保是指债务人或第三人以其特定的财产作为债权人的债权实现的担保，在债务人不履行其债务时，债权人可将担保物折价或拍卖等手段变现担保物的价值用以清偿其债权，从而使其债权优先受偿。金钱担保是指在债务以外通过支付一定数额的金钱，并将该金钱作为债权实现手段的担保。

2. 担保合同的特点

（1）从属性。担保合同是为促进资金融通和商品流通，保障债权的实现而在主合同之外订立的合同，就其与主合同的关系而言，处于从属性的地位。主合同之债消灭，担保合同之债也随之消灭，但法律有特别规定的除外。

（2）补充性。担保合同的直接目的在于保证主债权的清偿，加强和补充主债权的效力。一旦担保合同有效成立，就产生了补充主债权实现的功能。就保证合同而言，扩张了主债权实现的责任财产；就担保物权而言，债权人就特定的财产享有了优先权；定金则通过使当事人对特定数额的金钱有丧失的可能性从而增加了债务人履行债务的压力，这些担保合同的订立极大地增强了主债权人债权实现的可能性。当然，主债关系若因正常履行而终止时，担保合同的义务并不实际履行，只有在主债务未履行或未按约定履行时，担保合同的补充性功能才能体现，才由担保人承担担保责任。

（3）相对独立性。主合同与合同担保毕竟是两个合同，合同的当事人也不总是一致的。虽然根据法律的规定，主合同消灭，担保合同也消灭。但现实生活中也常常出现主合同有效而担保合同无效或者主合同无效而由从合同当事人约定不因主合同无效而担保合同无效的情形。

根据上述的法律规定，就本案而言，林某、贾某与原告何某的担保关系已经成立。林某、贾某在借据上签名为担保人，他们的签名行为事实上是他们与原告何某订立了担保合同。根据担保合同的规定，担保人要承担担保责任。

4.8 抵押权设定的标准及效力有哪些？

（一）案例导读

2010年9月2日，鹿城农村合作银行与被告众大皮革有限公司订立《抵押担保借款合同》，约定鹿城农村合作银行贷款1000万元给众大皮革有限公司，月利率5.25%，上浮40%，用途为该公司碧云天商住中心项目流动资金；借款期限为3年，2012年12月底归还300万元，2013年9月28日归还700万元，按月结息，到期本息还清。众大皮革有限公司提供自有的坐落在温州市鹿城区人民中路的两套房屋贷款抵押，签订了抵押合同，但未到房产登记管理部门办理抵押登记。众大皮革有限公司借款后，从2011年7月起，多次不能按月付清利息，至2014年3月21日，尚欠本金970万元及利息1000781.26元未偿还。其次，在履行合同中，被告不接受鹿城农村合作银行对借款使用的检查和监督，擅自出售抵押房产，已严重违约。鹿城农村合作银行诉至法院，请求：一、判令被告归还原告借款本金970万元及至清偿之日止的利息（其中计至2014年3月21日止利息为1000781.26元，此后利息按月利率5.25%，上浮40%计）；二、确认抵押担保合同成立有效，原告对抵押物的处置有优先受偿权；三、判令被告承担本案的诉讼费用及实现债权的费用（包括原告聘请律师的代理费用80000元）。请思考：（1）鹿城农村合作银行与众大皮革有限公司订立的抵押合同是否有效？（2）鹿城农村合作银行的诉讼请求能否得到法院的支持？

（二）相关法律知识

1. 抵押权的概念

抵押，指债务人或者第三人不转移对抵押财产的占有，将该财产作为债权的担保，债务人不履行债务时，债权人有权依法以该财产折价或者拍卖、变卖该财产的价款优先受偿。抵押权是债权人为担保其债权的实现而对抵押财产享有的优先受偿权。其中提供抵押财产的债务人或第三人是抵押人，债权人是抵押权人，提供担保的财产为抵押财产。

根据用做抵押财产的类别的不同，可将抵押权分为不动产抵押权、动产抵押权和权利抵押权。不动产抵押权是以不动产为标的的抵押权。传统的民法认为，不动产指不能移动位置或者移动位置将使其价值明显减少的财产。土地以及房屋、林木等地上定着物为典型的不动产。动产抵押权是指以动产为标的的抵押权。由于动产价值的急剧增长和登记制度的建立，为动产成为抵押财产创造了条件，我国《物权法》明确规定，生产设备、原材料、半成品、产品、交通运输工具和其他财产可以设定抵押权。权利抵押权是指在权利之上设立的抵押权。根据法律的规定，在土地所有权之上设立的用益物权可以用于抵押，如土地使用权。

抵押物的范围。我国《担保法》规定，下列财产可以成为抵押物：①抵押人所有的房屋和其他地上定着物；②抵押人所有的机器、交通运输工具和其他财产；③抵押人依法有权处分的国有的土地使用权、房屋和其他地上定着物；④抵押人依法有权处分的国有的机器、交通运输工具和其他财产；⑤抵押人依法承包并经发包方同意抵押的荒山、荒沟、荒丘、荒滩等的土地使用权；⑥依法可以抵押的其他财产。以依法取得的国有土地上的房屋抵押的，该房屋占有范围内的国有土地使用权同时抵押。以出让方式取得的国有土地使用权抵押的，应当将抵押时该国有土地上的房屋同时抵押。但如下的财产不得抵押：①土地所有权；②耕地、宅基地、自留地、自留山等集体所有的土地使用权，但依法承包并经发包方同意抵押的土地使用权及乡（镇）、村企业的厂房等建筑物占有范围内的土地使用权除外；③学校、幼儿园、医院等以公益为目的的事业单位、社会团体的教育设施、医疗卫生设施和其他社会公益设施；④所有权、使用权不明或者有争议的财产；⑤依法被查封、扣押、监管的财产；⑥依法不得抵押的其他财产。

2. 抵押权的设定

抵押权的设定应当由双方当事人签订抵押合同并依法进行公示。

（1）抵押合同。抵押合同，指债权人与抵押人之间所订立的、确定相互之间担保权利与义务关系的书面协议。抵押合同应当以书面形式订立，包括以下内容：①被担保的主债权种类、数额；②债务人履行债务的期限；③抵押物的名称、数量、质量、状况、所在地、所有权权属或者使用权权属；④担保的范围；⑤当事人认为需要约定的其他事项。抵押合同不完全具备上述内容的，可以补正。根据《担保法》的规定，订立抵押合同时，抵押权人和抵押人在合同中不得约定在债务履行期届满抵押权人未受清偿时，抵押物的所有权转移为债权人所有。

（2）抵押公示。抵押公示表现为进行抵押权登记。抵押权登记是指国家登记机关根据当事人的申请，依照法定程序，将抵押财产上设定的抵押权及变更情况记载于登记簿上的行为。抵押权为物权的一种，为了维护交易的安全，保护第三人的利益，物上权利的变动须有足以表征权利变动的事实，即通过公示的方式为他人所知，就抵押而言，是进行抵押权登记。登记是不动产抵押权的生效要件。

（3）抵押权登记的效力。我国的抵押权登记的效力，基于抵押对象的不同采取了登记生效和登记对抗两种模式。即对于不动产抵押权和权利抵押权采取了登记生效主义，对于动产抵押权采取了登记对抗主义。

登记生效主义指抵押权的设定以登记为发生效力的要件，未经登记，抵押合同虽然有效，但抵押权作为物权未生效。此时，抵押权不仅不能对抗第三人，而且在抵押当事人之间也没有拘束力。

登记对抗主义指抵押权依当事人之间的合意即设定，但未经登记，不得对抗善意第三人。即抵押权依当事人之间的合意即设定，对双方当事人有法律效力，但要对抗善意第三人还须办理登记手续。

根据《担保法》的规定，办理抵押物登记的机构为：①以无地上定着物的土地使用权抵押的，为核发土地使用权证书的土地管理部门；②以城市房地产或者乡（镇）、村企业的厂房等建筑物抵押的，为县级以上地方人民政府规定的部门；③以林木抵押的，为县级以上林木主管部门；④以航空器、船舶、车辆抵押的，为运输工具的登记部门；⑤以企业的设备和其他动产抵押的，为财产所在地的工商行政管理部门。办理抵押物登记，应当向登记部门提供主合同和抵押合同、抵押物的所有权和使用权证书的原件或者复印件。

3. 抵押权的效力

抵押权的效力包括抵押权的效力范围、抵押权对抵押权人的效力和抵押权对抵押人的效力。抵押权的效力范围包括抵押权的担保范围和抵押标的物的范围。抵押权的担保范围即哪些债权属于抵押担保的范围，侧重于担保债权的优先受偿力；抵押标的物的范围即抵押权的效力及于哪些标的物，着重解决抵押权的支配力。

（1）抵押权的担保范围。抵押担保的范围包括主债权、利息、违约金、损害赔偿金和实现抵押的费用，当事人另有约定的，按其约定。

（2）抵押标的物的范围。抵押标的物的范围包括抵押财产、从物、从权利、孳息、代位物和添附物。

抵押权对抵押权人的效力，包括抵押权人的优先受偿权、抵押权人的顺位权、抵押权人的保全权及抵押权人的处分权。

抵押权人的优先受偿权是抵押权对抵押权人的最基本的效力。优先受偿权是指当债务人于履行期限届满未履行或发生了当事人约定的实现抵押权的情形时，抵押权人享有的以抵押财产折价或拍卖、变卖的价款优先受偿的权利。

抵押权人的顺位权指在同一抵押财产上有数个抵押权时，登记在先的或有登记的债权优先于登记在后的或未登记的债权受偿的权利。根据《物权法》的规定，抵押权人的顺位权的内容有：①抵押权已登记的，按照登记的先后顺序清偿；顺序相同的，按照债权比例清偿；②抵押权已登记的先于未登记的受偿；③抵押权未登记的，按照债权比例清偿。

抵押权人的保全权指抵押权人在抵押财产价值减少或受到侵害时为保全其抵押权的实现可行使的权利。其内容包括：①抵押财产价值减少防止权。抵押人的行为足以使抵押物价值减少的，抵押权人有权要求抵押人停止其行为。②恢复价值和增加担保请求权。抵押物价值减少时，抵押权人有权要求抵押人恢复抵押物的价值，或者提供与减少的价值相当的担保。③抵押权人损害赔偿给付请求权。抵押物的损害可能因抵押人行为所致，也可能因第三人的侵权行为所致。若是第三人的侵权行为所致，抵押权人、抵押人都有权向加害人索赔，抵押权人可在抵押人因损害得到的赔偿范围内要求提供担保。

抵押权人的处分权指抵押权人对抵押权支配力的维持、消灭或者减弱所为的行为。其内容包括：抵押权可以随主债权的转让而一同转让，也可附随债权作为其他债权的担保。

抵押权对抵押人的效力：①抵押人对抵押财产的处分权。抵押财产虽然是抵押人的财产，但有抵押权负担，故其处分权是一种受限制的处分权。抵押期间，抵押人转让已办理登记的抵押物的，应当通知抵押权人并告知受让人转让物已经抵押的情况；抵押人未通知抵押权人或者未告知受让人的，转让行为无效。②抵押人的出质权。抵押人可以就抵押财产的价值高出抵押担保债权价值的部分再行进行抵押。③抵押人的出租权。抵押人将已出租的财产抵押的，应当书面告知承租人，原租赁合同继续有效。④抵押人的收益权。在抵押权存续期间，抵押人就抵押财产有收取天然孳息和法定孳息的权利。⑤抵押人的追偿权。为债务人提供抵押担保的第三人，在抵押权实现后，有向债务人追偿的权利。

4. 抵押权的实现

抵押权实现的条件是抵押权的有效存在；债务人不履行到期债务或发生了当事人约定的实现抵押权的条件。

抵押权实现的途径。债务人于债务履行期届满后未履行债务的，抵押权人可处分抵押物以实现债权。就如何处理抵押物，抵押权人可以与抵押人达成协议，按协议的方式实现抵押权。我国《物权法》规定，抵押权人与抵押人未就抵押权实现方式达成协议的，抵押权人可以请求人民法院拍卖、变卖抵押财产。

抵押权实现的方式。抵押物实现的方式为折价、拍卖、变卖三种方式。折价指在债务履行期届满债务人不能履行债务以后，抵押权人与抵押人达成协议以确定的价格取得抵押财产所有权以清偿其债权。拍卖是以公开竞价的方法把抵押财产或权利转让给出价最高者的方式。对抵押财产或权利的拍卖所得款，抵押权人有优先受偿权。变卖是以拍卖以外的生活中一般的买卖形式使抵押物变卖以满足债权的方式。

抵押物经拍卖、变卖后所得价款，抵押权人可优先受偿。根据《担保法》的规定，同一财产向两个以上债权人抵押的，拍卖、变卖抵押物所得价款按抵押物登记先后顺序清偿，顺序相同的，按债权比例清偿。抵押物已登记的先于未登记的受偿。未登记的，按合同生效时间的先后顺序清偿，顺序相同的，按债权比例清偿。拍卖划拨的国有土地使用权所得的价款，在依法缴纳相当于应缴纳的土地使用权出让金的款额后，抵押权人有优先受偿权。抵押权人实现抵押权后，抵押人有权向债务人追偿。

根据上述的法律规定，就本案而言，鹿城农村合作银行与众大皮革有限公司订立的抵押合同未生效。因为我国《物权法》规定，对于不动产抵押权和权利抵押权采取登记生效主义，对于动产抵押权采取了登记对抗主义。至于鹿城农村合作银行请求确认抵押担保合同成立有效，并对抵押物的处置有优先受偿权的要求不会得到法院的支持，因为他们之间订立的抵押合同没有办理登记手续，不具有物权上的效力。

4.9 什么是保证合同？

（一）案例导读

2012 年 12 月陈某因炒股与孙某在网上相识，相识初期陈某按孙某推荐的股票去操作，赚了点钱。相识不久，孙某以急需用钱为由向陈某提出借款人民币六万元的要求，并承诺以后会推荐较好的股票继续帮陈某炒股赚钱。陈某同意借款，但提出必须由孙某的女朋友赵某提供担保的要求。赵某同意为孙某的借款担保，于是陈某以现金方式支付孙某六万元，孙某向陈某出具了借据，借款时间为 2013 年 3 月 5 日，借期四个月，赵某在借据上签了“担保人赵某”字样。到了 2013 年 7 月 5 日，陈某打电话催促孙某还钱，孙某以各种理由一拖再拖，2013 年 11 月 6 日，孙某还是未还钱，甚至电话也不接了。2013 年 11 月 20 日，陈某打听到赵某的住处，并找到赵某要求其承担保证责任，赵某说已与孙某分手，也不知道孙某现在何处，电话也无法联系上。2014 年 1 月 3 日，陈某将赵某告上法庭，要求其承担还款责任。请思考：（1）赵某与陈某之间的保证合同是否成立？（2）法院是否会支持陈某的诉讼请求？

（二）相关法律知识

1. 保证的特征

保证指保证人和债权人约定，当债务人不履行其债务时，保证人按约定履行债务或者承担责任的担保方式。保证相对于主合同而言，其实是保证人与主合同的债权人之间订立的合同，保证人不能是主合同的债务人，而只能是主合同双方当事人以外的第三人，当其愿意为主合同的债务人的债务履行提供担保时，则成了保证人。保证与其他几种担保方式相比，具有以下法律特征：

（1）保证是保证人以自己的不特定的财产为他人提供担保。保证人以自己的全部财产而不是特定财产作为承担保证责任的责任限度。此与抵押、质押、留置等特定物上的担保不同，因保证人的财产处于不断变化之中，故保证作为担保的方式，对债权人的债权的实现有较大的风险。

（2）保证人应当具有履行保证责任的能力。保证责任的内容分为代为履行债务和赔偿责任。保证合同约定保证人承担代为履行债务，经债权人请求被保证人履行合同而被保证人拒不履行时，债权人可请求保证人履行，保证人能够实际履行，则应代为履行；若保证人无法履行债务的，承担赔偿责任。

（3）保证人为主合同以外的第三人。保证人不能是债务人本身，只能是主合同以外的第三人。

（4）保证一般以书面形式订立。保证合同的成立依债权人与保证人设定保证的书面合同成立，但法律另有规定的除外。如公民之间的口头保证，有两个以上无利害关系人证明的，保证合同成立。

2. 保证人的资格

保证人是根据保证合同承担保证责任的当事人，是保证法律关系的主体。我国《担保法》第 7 条对保证人资格加以规定，即“凡具有代为清偿债务能力的法人、其他组织或者公民，可以作保证人”。规定保证人具有清偿债务能力，是为了保护债权人的利益，保障保证人确实能够承担保证责任。据《担保法》的规定：国家机关不得为保证人，但经国务院批准为使用外国政府或者国际经济组织贷款进行转贷的除外；学校、幼儿园、医院等以公益为目的的事业单位、社会团体不得为保证人；企业法人的分支机构、职能部门不得为保证人。

（1）国家机关不得为保证人。国家机关的主要职责是依法行使其职权，且国家机关的财产和经费都是国家财政划拨的，用来维持国家机关的公务活动和日常开支。若国家机关的财产和经费用于清偿保证债务，不仅与其活动宗旨不符，同时，也会影响其职能的正常发挥。因此，国家机关一般不具有代偿能力，由其作为保证人并不能保证债权的实现。但经国务院批准为使用外国政府或者国际经济组织贷款进行转贷的除外。

（2）学校、幼儿园、医院等以公益为目的的事业单位、社会团体不得为保证人。公益为不特定多数人的利益，一般是非经济性的利益。学校、幼儿园、医院等以公益为目的的事业单位、社会团体的财产也多为国家的财政性拨款，且用于特定的目的。如果允许他们作为债权人的债权实现的担保者，用于公益为目的的财产极有可能人为的减少，违背了设立该组织的初旨。

（3）企业法人的分支机构、职能部门不得为保证人。企业法人的分支机构、职能部门可以在法人授权的范围内从事交易活动，但毕竟没有独立的法人资格，不能独立地承担民事法律责任，所以其只能在企业法人的指示下开展业务活动，而不能擅自以自己的名义为他人债务提供保证。但如企业法人的分支机构有法人的书面授权的，则可以在授权范围内提供担保。

保证合同的内容指保证人承担的保证债务和享有的抗辩权、债权人享有的请求保证人承担保证债务的债权。根据《担保法》第 15 条的规定，保证合同具有如下的内容：被保证的主债权种类、数额；债务人履行债务的期限；保证的方式；保证担保的范围；保证的期间；双方认为需要约定的其他事项。保证合同应当包括法律规定的上述内容，对于没有完全具备法律规定的保证内容的，不影响保证合同的效力，当事人可以补正。

3. 保证的方式

保证有一般保证与连带责任保证之分。一般保证指当事人在保证合同中约定，债务人不能履行债务时，由保证人承担保证责任的保证。连带责任保证是指当事人在保证合同中约定，保证人与债务人对债务承担连带责任的保证。一般保证与连带责任保证的区别是保证人是否享有先诉抗辩权。据《担保法》第 17 条的规定："一般保证的保证人在主合同未经审判或者仲裁，并就债务人财产依法强制执行仍不能清偿债务前，对债权人可以拒绝承担保证责任。"可见，一般保证的保证人享有先诉抗辩权。而在连带责任保证的场合，保证人不享有先诉抗辩权。《担保法》第 18 条的规定："连带责任保证的债务人在主合同规定的债务履行期届满没有履行债务的，债权人可以要求债务人履行债务，也可以要求保证人在其保证范围内承担保证责任。”《担保法》第 19 条的规定：“当事人对保证方式没有约定或者约定不明确的，按照连带责任保证承担保证责任。”

保证从保证人的人数来分有单独保证与共同保证。单独保证是指只有一个保证人对债权进行担保的保证方式。我们通常所说的保证是单独保证。共同保证是指两个以上的保证人担保同一债务的保证方式。共同保证又有约定份额保证和无约定份额保证之分。《担保法》第 12 条规定：“同一债务有两个以上保证人的，保证人应当按照保证合同约定的保证份额，承担保证责任。没有约定保证份额的，保证人承担连带责任，债权人可以要求任何一个保证人承担全部保证责任，保证人都负有担保全部债权实现的义务。已经承担保证责任的保证人，有权向债务人追偿，或者要求承担连带责任的其他保证人清偿其应当承担的份额。”

依保证人对保证责任是否定有期限，保证可以分为定期保证与无期保证。定期保证是指保证人在保证合同中对保证责任的承担约定了期限的保证。保证人在所约定的保证期限内承担保证责任，若债权人未在此期限内对债务人或者保证人提起诉讼或者申请仲裁的，保证人不再承担保证责任。无期保证是指保证人在保证合同中对保证责任的承担未约定保证期限的保证。在无期保证中，保证人的责任期限根据法律的规定而非当事人的约定。根据《担保法》及司法解释的规定，当事人无约定的，债权人请求保证人承担保证责任的期间，应自主债务履行期届满之日始，至 6 个月届满时止；保证合同约定保证人承担保证责任直至主债务、本息还清时为止等类似内容的，自主债务履行期届满之日起 2 年。

根据上述的法律规定，就本案而言，赵某与陈某之间的保证合同已经成立。因为赵某在借据上签了“担保人赵某”字样，从而在赵某与陈某之间产生法律关系。法院会支持陈某的诉讼请求，要求赵某承担担保人的责任。

4.10 保证人的责任范围有多大？

（一）案例导读

陶某与孙某系隔壁村的村民，平时关系甚好。由于急需用钱，陶某于 2012 年 8 月 1 日向孙某借款人民币 10 万元，约定于 2013 年 7 月 31 日前还清，月利息为 1%。陶某向孙某出具借据时，孙某提出由信誉较好的杨某为此民间借贷提供担保，性格率真的杨某在借据上签了“担保人杨某”的字样。杨某并未将此事放在心上，直到2013年8月9日，孙某找到杨某称陶某未按时还款，现在连人也找不到。为维护自己的合法权益，孙某于2013年9月12日将陶某、杨某列为共同被告告上当地法院。法院作出判决：被告陶某承担10万元本金及相应的利息的责任，被告杨某对10万元本金及相应的利息承担连带责任。判决生效后，因陶某无力还款，法院强制执行杨某的财产偿还了本金及利息。一年后，杨某向法院起诉，要求陶某偿还其所支付的执行款10万元及利息。试思考：（1）本案中，保证人杨某承担保证责任的范围有多大？（2）保证人杨某承担保证责任后是否有权向债务人陶某追讨其所承担的款项？

（二）相关法律知识

保证责任是直接基于保证合同而产生的义务，而非保证人违反保证合同的法律后果。保证责任涉及保证人对主债权承担保证责任的范围、保证人的追偿权以及保证人不承担保证责任的法定情形。

保证的范围，即保证担保的范围或保证人承担保证债务的范围。根据《担保法》第21条的规定，保证的范围包括主债务及利息、违约金、损害赔偿金和实现债权的费用。保证合同另有约定的，按照约定。当事人对保证范围没有约定或约定不明确的，保证人应当对全部债权承担责任。

保证人的追偿权是指保证人承担保证债务后，向债务人请求偿还的权利。根据《担保法》第31条的规定，保证人承担保证责任后，有权向债务人追偿。保证人承担保证债务后，保证人对主债务人享有追偿权，可以要求主债务人履行债务，在债务人不偿还债务的情况下，保证人可以通过司法的途径向人民法院起诉从而实现自己的权利。对共同保证人的追偿权问题，《担保法》的司法解释作出了规定：

（1）保证人按份担保的情况下的追偿权问题。如果保证人之间按份对主债务承担保证责任，各个保证人则按份向债权人履行保证债务。按份共同保证的保证人按照保证合同约定的保证份额承担保证责任后，在其履行保证责任的范围内对债务人行使追偿权。

（2）保证人连带担保的情况下的追偿权问题。如果各共同保证人对债务负连带保证责任，则每一个保证人都有义务向债权人履行全部保证债务。各保证人履行保证债务后，有权就该债务向主债务人追偿。向主债务人不能追偿的部分，由各连带保证人按其内部约定的比例分担。没有约定的，平均分担。人民法院受理债务人破产案件后，债权人未申请债权的，各连带共同保证人应当作为一个主体申报债权，预先行使追偿权。

根据上述的法律规定，就本案而言，保证人杨某承担保证责任的范围为 10 万元本金及相应的利息。保证人杨某承担保证责任后有权向债务人陶某追讨其所承担的款项，根据《担保法》第 31 条的规定，保证人承担保证责任后，有权向债务人追偿。

4.11 什么情况下保证人的保证责任免除？

（一）案例导读

原告周保新在建筑工程市场上经人介绍认识了被告华运通，正好遇上华运通有一栋厂房设施需要建设。华运通放言，决定将工程给那些借钱给他的人承包。2013 年 8 月 21 日，原告得知这一信息后，与被告华运通签订一份借款合同，合同约定："华运通向周保新借款人民币 12 万元，借款期限为 3 个月，11 月 21 日前还款，王黄伟作为担保人在借款合同上签名。"华运通在签订合同之日拿走借款，但未按约定期限偿还借款。周保新多次要求华运通归还借款，但没有成效。周保新于 2014 年 8 月 2 日向当地法院起诉，把华运通、王黄伟作为共同被告，要求被告华运通还款，被告王黄伟承担连带责任。法院经审理后作出一审判决，由被告华运通偿还原告周保新借款本金 12 万元，被告王黄伟不承担连带还款责任。请思考：法院作出的被告王黄伟不承担连带还款责任的判决是否有法律依据？

（二）相关法律知识

保证责任的免除，指对已存在的保证债务，基于法律的规定或者当事人的约定而加以免除的现象。

（1）在一般保证的情况下，债权人于保证期间内未对债务人提起诉讼或申请仲裁的，保证人免除保证责任；在连带责任保证的情况下，债权人于保证期间内未要求保证人承担保证责任的，保证人免除保证责任。

（2）保证期间，债权人依法将主债权转让给第三人，保证人在原保证范围内继续承担保证责任。保证合同另有约定的，按照约定。在此情况下，若保证合同约定不再承担保证责任的，从其约定。

（3）保证期间，债权人许可债务人转让债务的，应当取得保证人的书面同意，保证人对未经同意转让的债务，不再承担保证责任。

（4）债权人与债务人协议变更主合同的，应当取得保证人的书面同意，未经保证人书面同意的，保证人不再承担保证责任。保证合同另有约定的，按照约定。

（5）保证合同约定，主合同解除后，保证人不再对债务人承担的民事责任负保证责任的，依其约定。

（6）同一债权既有保证又有物的担保的，保证人对物的担保以外的债权承担保证责任。债权人放弃物的担保的，保证人在债权人放弃权利的范围内免除保证责任。

（7）一般保证的保证人在主债权履行期间届满后，向债权人提供了债务人可供执行财产的真实情况的，债权人放弃或者怠于行使权利致使该财产不能被执行，保证人可以请求人民法院在其提供可执行财产的实际价值范围内免除保证责任。

根据上述的法律规定，就本案而言，法院作出的被告王黄伟不承担连带还款责任的判决有法律依据。《担保法》及司法解释的规定，当事人无约定的，债权人请求保证人承担保证责任的期间，应自主债务履行期届满之日始，至6个月届满时止。

思考题：

1. 如何理解合同成立与合同效力之间的区别？

2. 简述保证人的保证责任。

第五讲　物权法相关制度

大学生毕业后到社会工作生活，衣食住行缺一不可，很快就会面临购置物业、成家立业的时候。大学生有了解物权的兴趣，物权与人们的生活息息相关。《物权法》的出台，对于我们了解物权的内涵、物权的行使、物权的保护等提供了明确的规定。随着房产买卖的红火、人们住房的刚需，在大学期间学习物权法，可以更好地帮助我们处理生活中关于物权的各种事项。

5.1　如何理解物权法定原则？

（一）案例导读

2014 年 1 月，林某与王某签订一份书面合同，约定如下：林某将其名下的店面的长期使用权转让给王某，王某给付林某 50 万元。随后，王某马上把 50 万元支付给林某。一年后，王某因缺钱，于是把该店面的长期使用权转让给了张某，张某也已开始使用。林某知道后，诉至法院，诉请解除张某与王某的合同，并要求张某返还该店面。根据房管局的登记，该店面的所有权人为林某。

问题：王某能否把长期使用权根据合同的约定转让给其他人？

（二）相关法律知识

1. 物权法定的内容

《物权法》第 5 条规定：“物权的种类和内容，由法律规定。”物权法定原则是一条基本原则，根据第五条规定，可以看出物权法定原则是指物权只能依据法律设定，禁止当事人对物权的内容、种类及公示方法进行变更，也禁止当事人对于物权进行任意创设。

物权法定包括物权内容法定、物权种类法定、效力法定以及公示方法法定。

（1）物权内容法定是指物权的内容由法律规定，当事人不得自由创新或变更与物权内容不一致的物权。例如，当事人约定设立不转移占有的留置权，因与留置权的规定不符因而无效。

（2）物权种类法定是指物权的种类由法律规定，当事人不得自由创新或变更与规定物权种类不一致的物权。例如，当事人约定设立转移占有的抵押权，因与抵押权的规定不符因而亦无效。

（3）效力法定是指当事人必须按照法律规定的效力来确定物权的效力。例如《物权法》规定没有登记的地役权不具有对抗善意第三人的效力，而如果当事人还是约定没有登记的地役权具有对抗善意第三人的效力，那么当事人的约定对于善意第三人没有效力。

（4）公示方法法定。如法律规定房地产抵押必须进行登记，如果房地产权利人设定了抵押权，其所有权上就会有瑕疵，但是只有通过登记制度公示之后才能有效保护第三人的权益。按照规定房地产抵押合同自签订之日起 30 日内，抵押当事人应当到房地产所在地的房地产管理部门办理房地产登记。房地产抵押登记是房地产抵押合同生效的条件，也是房地产抵押权创设的条件。未办理房地产抵押登记的，也就是不符合公示要件，不能创设房地产抵押权。

2. 我国物权的种类

在我国的物权法里，把物权分为所有权、用益物权和担保物权。所有权包括国家所有权、集体所有权和私人所有权、业主的建筑物区分的所有权、相邻关系的所有权、共有关系的所有权等。用益物权包括土地承包经营权、建设用地使用权、宅基地使用权、地役权等。担保物权包括抵押权、质权、留置权等。

就上述案例而言，林某与王某约定林某将其店面的长期使用权转让给王某，该案例提到的长期使用权在物权法里并没有提到。案例中的长期使用权最接近物权中的用益物权，只是我国的物权法中并无设定长期使用权这一物权种类。根据《物权法》第五条的规定，即物权法定原则，可以看出，这一自由设定的行为属于无效行为，那么林某与王某约定设立的长期使用权无效，同时由于该店面的所有权仍在林某名下，林某可以要求解除与王某约定的长期使用权这一自由设立物权的行为，并要求张某返还其店面。因此，王某是不能把所谓的长期使用权转让给张某的。

5.2 什么叫物权公示原则？

（一）案例导读

2014 年老文为了支持儿子小文做生意，于是将江西南昌的房子以 100 万元卖给了朋友刘某。刘某支付了这 100 万元，还未来得及办理过户手续，老文过世。小文从其父处继承了这 100 万元。由于生意上的资金需求，这 100 万元仍不足以应付，小文把江西南昌那套房子抵押给朋友陈某（小文不知其父已将房子卖掉的事情），借到 100 万元，同时把房产证给了陈某，但未办理登记。后来小文的生意还是维持不下去，而同时老文的朋友刘某入住之前老文卖与他的房子，并要求小文配合办理过户手续。陈某听到此消息，怕收不回那 100 万元，遂要求刘某承认他的抵押权，当然刘某拒绝。后来债务到期，小文确实无力偿还债务，陈某要求其拍卖房子实现陈某的抵押权，而刘某要求小文根据买卖合同办理过户手续并主张陈某的抵押权无效。

问题：（1）刘某是否享有该房子的所有权？

（2）陈某是否能实现该房子的抵押权？

（二）相关法律知识

1. 物权公示原则的含义

《物权法》第 6 条规定："不动产物权的设立、变更、转让和消灭，应当依照法律规定登记。动产物权的设立和转让，应当依照法律规定交付。"这规定提到的就是物权公示原则，是指当物权发生变动的时候，必须要按照规定的公示方法表示物权变动的情况，这才能在法律上承认发生了物权的变动。由该规定可以看出，我国《物权法》规定不动产的变更应以登记为准，而动产的变更应以动产交付为准。即物权发生变更后，只有经过规定的登记或交付才能在法律上得到保护，否则不认定为发生了此项物权变更。

2. 物权公示原则的具体内容

（1）物权的公示方法必须由法律规定。为防止不同人对同一物的权利纠纷，保护善意第三人的利益，法律必须明确规定物权公示的方法，只有合法所有人均以法定的公示方法对外进行物权公示，才能使所有的第三人明确物的所有权归属情况。目前各国的立法普遍采取不动产登记、动产交付的公示方法。

（2）物权公示的效力必须由法律规定。不动产的转让一经办理登记手续，就发生该不动产的所有权转移的法律后果；普通的动产一经交付，就发生所有权转移的后果。

法律对物权公示有着严格要求，很多不动产物权变动往往需要在登记公示之后才能发生物权效力，因此实践中会出现"一房二卖"的现象，最典型的例子就是人们在购买预售的住房时，由于预售时是没办法办理房屋产权的变更登记，所以在订立预售合同之后，购房的当事人无法防止开发商将同一房屋卖给他人，于是就会出现“一房二卖”现象。这是由于购房人订立的预售合同，只是具有合同法上的请求权，而并不是该房屋的产权，所以一旦出现这种一房二卖的情况，先购房人可能到最后只能主张开发商承担违约责任而不能得到指定的房屋，这对先购房人来说是很不公平的。

在上述案例中，刘某、陈某产生纠纷的是房子，也就是不动产，我们已经提过不动产的变更应以登记为准。那么也就是他们两人中谁有对物权做过变更登记，在法律上就会保护谁。在前面我们也看到，小文在其父亲过世后，按照继承取得了房子的所有权，刘某未与小文做过所有权变更的登记，陈某也未与小文在物权上做过抵押权的登记。由此可见，很遗憾，刘某即便交了房款并且住了进去，他也没有该房子的所有权；而陈某也因未办过物权变更登记，从而没有取得房子的抵押权，也就不能实现房子的抵押权。

5.3 法律对物权请求权是如何规定的？

（一）案例导读

2014 年 7 月 1 日，王某购置一辆货车用于货物运输，有道路运输证与道路运输经营许可证。2014 年 8 月 1 日，王某受郭某雇佣至张某处拉货，因郭某与张某有债务纠纷，于是张某将王某的车辆扣下。双方发生争执，王某报警。郭某向张某承诺还款，约定还款后提车，王某不同意。10 月 8 日在法庭调解下，王某已将车辆开走，在此期间的损失由张某负责赔偿。

问题：法院为何会在款项未结清前，支持王某开走车辆？

（二）相关法律知识

1. 物权请求权

物权请求权是指物权人在其物被侵害或有可能遭受侵害时，有权请求侵害人返还原物、恢复原状、停止侵害、消除危险、排除妨害。物权请求权是保护物权的一项专门的制度，是民法上的一项独立请求权制度。

物权请求权的类型包括：

（1）返还原物请求权。返还原物请求权是指物权人请求无权占有人返还原物，从而恢复物权人对物的支配权。

（2）排除妨害请求权。排除妨害请求权是指消除对物权的障碍或侵害，使物权恢复圆满状态。

（3）消除危险请求权。物权面临遭受侵害的危险，对于这种可能发生的危险，物权人有权请求相对人为一定行为或者不为一定行为，消除既存的危险。

（4）恢复原状请求权。请求恢复原状是指所有人的财产被他人非法侵害而导致损坏发生时，如果损坏能够修理，则所有人就有权要求加害人通过修理从而恢复财产原来的状态；加害人如果不进行修理，那么所有人有权请求有关部门责令加害人恢复原状。

2. 物权请求权的构成要件

（1）行使返还原物请求权必须具备以下条件：①必须是由物权人请求返还原物。返还原物请求权的目的在于恢复物权人对物的支配权，所以必须由物权人请求返还原物。②必须向现有占有人请求返还原物。由于物权请求权是要排除现有无权占有人的支配状态，因而必须向现在在事实上支配此物的占有人请求。③现有占有人的占有须为无权占有。无权占有指的是不是因为法律上的原因占有或者是未经物权人许可而占有物权人的物。④请求的物必须存在。若该物已经在事实状态上不存在，或是法律状态上的不存在，那么不能成为请求返还的物。

返还原物请求权的法律效果，除了对物权人向无权占有人请求返还原物进行保护外，对于费用的发生以及无权占有人对物的侵害、取得的利益，都应赔偿、返还物权人。

（2）行使排除妨害请求权必须具备以下条件：①请求权人享有物权；②相对人为物权妨害人；③物权人无容忍义务；④须有妨害物权的事实。

（3）行使消除危险请求权必须具备以下条件：①请求人为物权人；②物权的行使具有受到妨害的现实危险。例如，隔壁邻居在房外挖井，可能会有使房屋倒塌的现实可能性；③在提出请求的时候，危险仍现实存在；④被请求人是对危险的消除具有支配能力的人。

（4）行使恢复原状请求权必须具备以下条件：①必须有财产被损坏的事实存在；②财产的损坏是由于他人的违法行为造成的。即他人因使用不当或者有故意损坏的行为造成财产毁坏；③损害的财产必须是有修复的可能。若该财产已无修复的可能，物权人只能请求侵权人进行赔偿损失；④必须是物的所有人或物的合法占有人或是物的使用人向侵害人提出。

上述案例中，郭某与张某的债务确实存在，但是张某所扣车辆的所有权是属于王某，该车与郭某并无关系，张某扣下车辆这一行为并无任何法律依据，亦未经过王某同意，属于无权占有行为，王某就此提出的返还原物请求权，法院予以支持。而对于王某在此期间不能用该运营车辆进行运营的损失也应由张某予以赔偿，法院亦予以支持。

5.4 何谓建筑物区分所有权？

（一）案例导读

应某与陶某为二楼三楼相邻的业主，应某在二楼三楼窗户之间装了个鸟笼，自认为不会影响到二楼三楼的通风采光，对什么都不影响，肯定不会有人有意见。偏偏陶某对此就大为不满，陶某认为应某的鸟笼已经伸到三楼，侵占到了他的空间，要求应某拆除鸟笼。应某却认为陶某无理取闹，鸟笼在墙外又不是在房子内，哪来的侵占空间。双方争执不下，于是诉之法院。

问题：三楼室外空间是否属于陶某？

（二）相关法律知识

1. 业主的建筑物区分所有权的概念

《物权法》第 70 条规定：“业主对建筑物内的住宅、经营性用房等专有部分享有所有权，对专有部分以外的共有部分享有共有和共同管理的权利。”建筑物区分所有权是指建筑物有专属于个人单独使用的专有所有权、对共同使用部分的享有共有和共同管理的权利。在一个建筑物中，业主们除了对自己产权专属部分有单独使用的专有所有权外，还有因共同使用部分与他人形成共有和共同管理的权利。一般小区各区分所有权人会成立业主大会、选举业主委员会，由其代表管理共有权。

2. 业主的建筑物区分所有权的构成要件

区分所有的专有部分，须具备一定条件，才可以在作为建筑物区分所有中专有权的客体。这些条件如下：

（1）能够登记成为特定业主所有权的客体。

（2）须具有使用上的独立性。即被区分的部分应是可以居住、工作或其他目的而使用的。而主要的界定标准，是看该区分的部分有无独立的出入门户。

（3）须具有构造上的独立性。即被区分的部分，在建筑物的构造上能够加以区分，并能与建筑物的其他部分隔离。

规划上专属于特定房屋，且建设单位销售时已经根据规划列入该特定房屋买卖合同中的露台等，应当为专有部分的组成部分。

上述案例中，应某与陶某就室外空间的所有权发生纠纷，根据《物权法》第70条的规定，应某对二楼的房屋享有所有权，陶某对三楼的房屋享有所有权，而房屋外面的室外空间属于共同部分。应某未经业主大会、业主委员会同意私装鸟笼的行为违法，应该拆除鸟笼。

5.5 如何理解物权相邻关系的处理原则？

（一）案例导读

李甲与李乙是同村邻居，李甲家旁边的空地上有李乙以前建的一间小房间，平时放些农具，门口的空地李乙用于放置自己平时采摘的蔬菜瓜果。后李甲申请在这片空地上也盖了一间小房间用于放置农作物（视为小仓库），紧挨着李乙的小房间，两间同一朝向，于是两房成了相邻关系，李甲平时也需从李乙门前经过才能出入自己的房间。2014年1月李乙以自己需要保护在门口的蔬菜瓜果为由在门口建起了一个长约10米、宽约80厘米的墙，正好堵住了李甲从自己门口通过的道路。双方发生争执，李甲认为此墙影响到他的生活，而李乙认为自己在自己的空地上建墙不妨碍任何人，协商不了，于是李甲以李乙修的墙影响其生活、生产为由，请求法院判令李乙拆除墙壁、恢复原状。

问题：李乙有没有权利在自己的空地上建墙？

（二）相关法律知识

1. 物权相邻关系的概念

《物权法》第84条规定："不动产的相邻权利人应当按照有利生产、方便生活、团结互助、公平合理的原则，正确处理相邻关系。"相邻关系是指人们在生产、生活中，因有着毗邻关系的不动产行使不动产权利时而产生的，不动产权利人相互间所发生的相互带来的便利或者需要承受的限制的权利义务关系。

2. 物权相邻关系的处理原则

物权相邻关系的处理原则：①有利于生产、方便于生活的原则。相邻关系发生在人们的生产、生活中，必然是跟人们的生产、生活有关的。②团结互助、公平合理的原则。这就要求相邻关系的一方能为另一方行使不动产权利时提供便利。如果只享受别人提供的便利而不行使提供别人便利的义务是不合法行为。

3. 物权相邻关系的种类

相邻关系除了我们知道的相邻建筑物之间，还有相邻土地之间、相邻土地与建筑物之间。需要遵循相邻关系处理原则的相邻关系的种类大致上有：相邻不动产利用关系；相邻用水、排水关系；相邻有害物排放关系；相邻通风、采光、日照关系；相邻土地通行关系；相邻不动产安全维护关系等。

上述案例中李乙建的墙已经妨碍到李甲生产、生活，使得李甲不能正常进出自己的小仓库，不能放置农作物。李乙的行为使得李甲的通行权利不能正常行使，即便李甲还能有其他通道，也不能成为李乙阻塞李甲通道的理由，基于《物权法》第 80 条规定有利于生产、便利于生活的原则，法院应支持李甲的诉讼，判令李乙拆除这面墙。

5.6 善意取得的构成要件有哪些？

（一）案例导读

2013 年 7 月朱小明在报纸上刊登了出售万豪家园的信息，陈小明根据该信息联系到了朱小明，并几次商量购房事宜。在一次见面商谈之际，陈小明用自己早已准备好的假房产证换到了朱小明所出示的真的房产证。随后陈小明提出先租用一段时间，试用一下，若合适就会购买，朱小明未多想，就把钥匙给了陈小明。到了 2013 年 9 月李微鸟根据报刊上的信息直接到了万豪家园看房子，了解房屋状况。此时住在房子里的陈小明自称是朱小明，并与李微鸟商谈了购房事宜，最终双方谈定以 2.2 万元 / 平方米的价格成交，总价 450 万元。双方约定 9 月 20 日到房管局办理过户手续，若无问题立马放款。20 日时，陈小明带着自己老婆冒充朱小明夫妇，与李微鸟夫妇一起到房管局办理过户手续。当时陈小明出示了换过来的真的房产证以及写着朱小明名字、自己照片的身份证，不过在审核的时候，审核人员并没发现假冒的情况，相反房管局认为手续齐备，顺利地给他们办理了过户手续。第二天，李微鸟根据陈小明提供的银行账号给他汇了450万元。接着李微鸟欲与其办理交接房子的事情，再也联系不上。过了几天，李微鸟就到万豪家园去找“朱小明”，找到了朱小明的儿子朱庸，朱庸表示其父出差未回。过了10来天，李微鸟找到朱小明商量交接房子的事宜，这时大家发现原先的陈小明是个骗子。朱小明以陈小明碰到了骗子，不同意让出房子。双方到公安局立案，不过并未找到陈小明。而后李微鸟接到通知到房管局领了房产证，李微鸟拿着这份新的房产证到朱小明处要求其搬出去。朱小明不同意，诉至法院，要求撤销新的房产登记信息或者要求房管局赔偿房款。

问题：法院是否会支持朱小明撤销新的房产登记信息？

（二）相关法律知识

《物权法》第106条规定：“无处分权人将不动产或者动产转让给受让人的，所有权人有权追回；除法律另有规定外，符合下列情形的，受让人取得该不动产或者动产的所有权：（1）受让人受让该不动产或者动产时是善意的；（2）以合理的价格转让；（3）转让的不动产或者动产依照法律规定应当登记的已经登记，不需要登记的已经交付给受让人。受让人依照前款规定取得不动产或者动产的所有权的，原所有权人有权向无处分权人请求赔偿损失。当事人善意取得其他物权的，参照前两款规定。”

1. 善意取得制度的概念

善意取得是指无权处分人在不法将其受他人之托占有的他人的财物（动产或者不动产）转让给第三人的，如受让人在取得该动产时是处于善意的，则受让人取得该财物的所有权，从而原权利人丧失所有权。

2. 善意取得的构成要件

构成善意取得必须具备下列条件：

（1）须为动产、不动产。动产的无权占有会使人误以为是有权占有人而发生交易，需要通过善意取得制度维护交易安全。而不动产虽然以登记为准，但是有时也难免会发生误登记的情况，在我国不动产也是可以根据善意取得制度来维护交易安全的。

（2）对动产或不动产的处分为无权处分。试想一下，如果是有权处分那就不存在违法的情况，那么就不适用善意取得。因此不论是动产还是不动产，只有在无权处分人私自处分自己占有的动产或者把不动产登记转让给第三人，才能适用善意取得制度。

（3）第三人受让时必须为善意。受让的善意指的是受让人在受让物权时不知道该让与人是无权处分人。只要在交付动产、登记不动产时，受让人是善意的，那么善意就可以成立。在交付、登记之后受让人是否善意，不影响善意取得的成立。

（4）支付的价格必须合理。转让动产、不动产必须是有偿转让，继承、赠予、受遗赠等无偿行为不能形成善意取得，用明显低价转让也不适用善意取得。

（5）动产必须已经交付、不动产必须已经登记。由于动产以交付为准、不动产以登记为准，所以如果动产尚未交付、不动产尚未登记，那么物权还在原先物权人那里，不存在善意取得，此时应保护原物权人。

3. 善意取得的处理

我们在《物权法》第106条的第二款里可以看出，善意取得制度在保护了善意人取得物权所有权后，也对原物权所有人进行保护，规定原物权所有人可以向无权处分人要求赔偿损失，两者之间从而形成债权债务关系。原物权人可以请求无权处分人因不履行债务进行赔偿，或因物权受到侵害要求进行赔偿，或因无权处分人获得不当得利要求返还不当得利。

本案例中，李微鸟在跟“朱小明”去进行房屋登记时，并不知道该“朱小明”是冒充的，而且也支付了合理的购房款，推定登记当时其是善意的，后来李微鸟也已取得房产证，所以在这个案例中应当使用善意取得制度。该房子的所有权归李微鸟所有，对于原物权所有人朱小明应向陈小明主张赔偿请求权。

5.7 如何理解土地承包经营权？

（一）案例导读

周某是根桥村村民，2013年4月，其发现根桥村西侧有4亩土地，已有多年无人承包，已经荒废多年，遂向村委会提出要承包耕种这4亩土地。村委会见土地空置也是浪费，于是同意由其承包，并且提请村民大会商讨、通过，不过未办理承包手续。2013年6月开始，周某开始在这4亩土地上耕种，居住在这附近的村民张某、何某等认为周某承包的土地离自家的房屋太近，周某在土地上兴建院墙等行为影响到了他们的生活，而且按当地的习惯，土地在谁家附近就归谁家使用，周某承包土地未经过他们的同意，不应确认周某的土地承包权。见状，周某立马要求村委会协助补办土地承包经营手续，周某顺利与村委会办理了土地承包经营手续，并且拿到了土地承包经营证书。但是张某、何某等仍然认为他不能取得土地承包经营权，每次当周某在承包经营的土地上进行耕种时，总是进行阻挠、辱骂，周某不堪骚扰，诉至法院，诉请法院确认其土地承包经营权，同时要求张某、何某等停止侵害。

问题：周某的请求是否能得到法院的支持？

（二）相关法律知识

1. 土地承包经营权的概念

《物权法》第 124 条规定："农村集体经济组织实行家庭承包经营为基础、统分结合的双层经营体制。农民集体所有和国家所有由农民集体使用的耕地、林地、草地以及其他用于农业的土地，依法实行土地承包经营制度。"土地承包经营权是集体经济组织或自然人依法对国家所有或者集体所有但由集体所使用的土地上享有的使用、占有、收益的权利。《物权法》第 126 条具体规定了承包期限，同时规定期满后可以依规定继续承包。除特殊情况，承包期内，不得收回承包土地，这些都体现了"实行家庭承包经营为基础"的规定，当然还需正确处理好集体统一经营和家庭分散经营的关系。

2. 土地承包经营权的构成要件

土地承包的主体是农业经营者（包括自然人或集体），本集体经济组织内部的成员或非本集体经济组织内部的成员都可以，但是非从事农业生产者不能成为土地承包的主体；承包的对象是国家所有或者集体所有的由集体所长期使用的土地；土地承包经营权应是为了获得农业性质的养殖物、收获物、畜产品等收益而使用土地，如果承包人改变土地使用性质转成非农业性质，则土地承包经营权可提前停止。

在上述案例中，周某作为根桥村的村民，享有承包土地的权利。他所承包的土地之前已荒废多年、无人问津，是可以作为承包的土地，并且周某有向村委会提出申请，通过了村民大会的同意，程序合法。后来也取得了土地承包经营证书，在这个过程当中手续并无不妥。张某、何某等村民以周某没有土地承包经营权多加阻挠其正常的生产、生活，已构成侵权，法院应判令张某等人停止侵害。

5.8 如何解读宅基地使用权？

（一）案例导读

2009年6月30日，城市居民张杰与农村村民谢娜签订了房屋买卖协议，双方约定谢娜以50000元的价格将位于江西省南昌市日落村的房子院落出售给张杰。当天张杰就交清了房款，而谢娜也随即交付了房屋。后张杰对该房子院落进行了修整，添加了许多现代附属设施，并且新建了设施齐全的厨房。后谢娜诉至法院要求确认其与张杰签订的房屋买卖协议无效，要求张杰腾退房屋。经南昌市第二中级人民法院终审，判决双方签订的房屋买卖协议无效，张杰腾退房屋，谢娜支付张杰房价及添附部分价款100000元，同时该判决判定谢娜为导致房屋买卖协议无效的主要责任方，故其应赔偿张杰的信赖利益损失。另查，经张杰申请，2015年5月7日，经南昌市法院委托，南昌春暖花开房地产估价有限公司对该涉案日落村房屋宅基地区位的价值进行了评估，评估的结果显示该房屋宅基地区位的总价为300000元。

张杰现诉至法院要求被告谢娜赔偿其经济补偿金600000元，并负担本案诉讼费用。而被告谢娜则认为，根据相关国家政策规定居民不能购买农村房屋，而农民只能拥有一处宅基地，所以他不应该承担赔偿责任，而双方签订的房屋买卖协议已经经法院判决确定无效，不同意原告张杰的诉讼请求。

问题：农村住宅能否卖给城市的居民？张杰诉至法院要求谢娜支付经济补偿金的要求是否有法律依据？

（二）相关法律知识

1. 宅基地使用权的概念

《物权法》第152条规定："宅基地使用权人依法对集体所有的土地享有占有和使用的权利，有权依法利用该土地建造住宅及其附属设施。"宅基地使用权是指为保障农民居住而让农民使用集体所有土地修建房屋居住的权利。

2. 宅基地使用权的构成要件

宅基地使用权的主体是农村村民，且仅限于本集体的农民成员，城镇居民不在主体范围内，非该农村集体组织的外村村民亦不能通过审批等方法取得宅基地使用权；宅基地使用权针对的是集体土地（不包括国有土地）；宅基地可用于修建住宅及其附属设施，不能用于耕种、养殖等生产目的；宅基地使用权不能单独转让，需与宅基地上的住宅一同存在，也不能单独继承，同时这一权利可以说是永久性的，因为并无规定期限。

3. 宅基地使用权的取得方式

宅基地使用权的取得有两种方式，一种是审批取得，另一种是附随取得。审批取得是指经过土地管理部门的审批取得宅基地使用权。附随取得是指在取得房屋所有权时，按照“地随房走”的原则，而附随取得了宅基地使用权。也就是说虽然我国不允许单独转让宅基地使用权，不允许单独继承宅基地使用权，但是当房屋所有权发生变更时，房屋范围的宅基地所有权也可以随之转移。

在上述案例中，张杰与谢娜签订的房屋买卖合同被确认无效后，两人都应按各自的过错承担相应责任。由于谢娜在出卖时明知出卖的房屋及宅基地属于我国法律禁止向城市居民出售、流转范围。在前面我们提到过宅基地使用权的主体是农村村民，且仅限于本集体的农民成员，城镇居民不在主体范围内，即宅基地上的房屋以及宅基地使用权是不能出售给城镇居民的。谢娜又在出卖房屋多年后以出售房屋的行为不合法为由主张合同无效。针对他的过错应承担主要责任。而张杰要求的赔偿，应全面考虑因土地升值、拆迁或者需要补偿所获的利益，以及张杰因原买卖价格和房屋现值的差异造成的损失等因素予以确定。所以张杰要求谢娜支付经济补偿金的诉讼请求应当予以支持。

思考题：

1. 请谈谈善意取得制度下原权利人在丧失权利后该如何维权？

2. 请联系实际谈谈，一栋楼内某楼层的公共露台所有权归谁？

第六讲 侵权责任认定的标准

侵权责任法律制度作为民法的重要组成部分是我国重要的法律部门，自从《侵权责任法》颁布实施以来，其在民法中的地位不断提升。侵权责任法律制度的价值主要是提供对行为所导致的损害后果如何进行分配的标准问题，以利于公平正义的实现。过错归责是主要的归责原则，但基于当事人之间利益的平衡性考虑，也设定无过错责任作为过错归责的补充。通过对本讲的学习，要求能掌握侵权责任的类型及各种类型的侵权责任的归责原则和构成要件，在自身的权益受到损害时，能通过法律的渠道维护自身的合法权益。

6.1 如何认定侵权责任?

(一)案例导读

张某与陈某系好朋友，2010 年 2 月，张某因急需用钱，向陈某借款人民币 5 万元。当时，张某向陈某出具了借据，并写明于 2012 年年底还清。到 2012 年年底时，陈某向张某出示借据，要求张某归还借款，张某以暂时没有钱为由，没有归还。到 2013 年 9 月，因陈某的女儿考上了大学，急需交学费，再次向张某主张还款的要求，张某还是以无钱为由没有归还向陈某的借款。由于一时的气愤，陈某认为张某不讲信用，打了张某的脸部，致使张某的脸部受伤，花去医疗费 2 万元。请问：此处涉及的是合同责任还是侵权责任？如何认定侵权责任？

(二)相关法律知识

1. 侵权责任的概念

侵权责任是指行为人违反法律规定的义务侵害他人财产或对他人人身造成损害而应当承担的法律责任。侵权责任与合同责任不同，其法律特征是：

(1)侵权责任是民事主体违反法律规定的义务而应该承担的法律责任。民事义务分为两种：一种是法律规定的义务即法定义务，另一种是当事人自行约定的义务即约定义务。违反法定义务构成侵权责任，违反约定义务构成违约责任。

（2）侵权责任以侵权行为的存在为前提。承担侵权责任的前提是侵权行为，侵权责任正是行为人实施了侵权行为以后所应承担的法律后果。

（3）侵权责任的承担形式具有多样性。《民法通则》规定侵权行为人除了要承担赔偿损失、返还财产等财产责任外，还规定了停止侵害、恢复名誉、消除影响、赔礼道歉等非财产责任。

2. 侵权责任的分类

侵权责任分为一般侵权责任和特殊侵权责任。一般侵权责任是指行为人因为过错致人损害应当承担的民事责任。

特殊侵权民事责任，是指法律直接规定的，行为人因与自己有关的行为、物件、事件或者其他原因致人损害应当承担的民事责任。

侵权责任属于侵权人对法定权利的侵害，在当事人之间并无约定义务的存在。而合同责任是基于对有效合同的违反，其以有效合同的存在为先决条件，而上例中，陈某打人系侵权责任。从法律的角度来讲，陈某要主张自己的债权可向法院提起民事诉讼，以请求法院的支持，但不能动用私力主张自己的权利。

6.2 如何认定过错责任？

（一）案例导读

2013 年 10 月 10 日 10 时 50 分，在温州瓯海区泽雅某路口上坡处南向北方向，孙某驾驶的 A 车由北向南出现溜车现象，刚好王某驾驶的 B 车由南向北行驶，两车相撞，发生交通事故，导致王某驾驶的 B 车受损严重。温州瓯海交通管理局出具了《简易程序处理交通事故认定书》，认为孙某负全部责任，王某无责任。后王某将孙某诉至温州瓯海区人民法院，要求孙某赔偿车辆修理费 9630 元。

（二）相关法律知识

过错责任是指行为人在违反民事义务导致他人损害时，行为人的过错作为归责的要件。过错责任由如下几个特点：

（1）以行为人的过错作为责任的构成要件，加害行为人主观上应该具有故意或过失。过错不包括受害人的过错和第三人的过错。

（2）以行为人的过错确定责任范围和责任形式。在过错责任原则中，不仅要考虑行为人的过错，也会考虑到受害人的过错或第三人的过错。如果受害人或者第三人也存在过错的话，则根据其过错程度来分担损失，因此可能会减轻甚至抵消行为人应承担的法律责任。

（3）贯彻的是“谁主张谁举证”的原则，受害人在主张加害人应承担民事责任时，要举证证明加害人对损害的发生是存在主观过错的，如不能举证，则其主张不成立。在特定情况下，也采用“举证责任倒置”的方法，由加害人负责举证，证明其在主观上并无过错。

在两车相撞发生交通事故均受损的情况下，经交通管理部门认定，一方负全部责任。作为一个普通人都能理解的是，事故全部责任方应该赔偿另一方相应的损失。其实，这就蕴含了过错责任原则的道理，即事故全部责任方在主观上具有过错，因此应承担没有过错一方的损失。上述案例中，瓯海区法院经审理认为，损坏国家、集体财产或他人财产的，应当恢复原状或者折价赔偿。孙某驾车与王某的车发生交通事故，经交通管理部门认定，孙某对此事故负全部责任。孙某应赔偿王某由此遭受的经济损失。因此，瓯海法院判决孙某赔偿王某车辆修理费9630元。

6.3 如何认定高度危险责任？

（一）案例导读

2012年5月8日中午12时许李某为庆贺新房竣工，邀请亲朋好友在A县城胡某开办的“盛祥酒店”大摆酒宴，并在酒店门口燃放了两万响的喜爆。此时正值高三学生邓某（18周岁）放学路过酒店门口，喜爆当场击伤邓某左眼。经医生诊断，邓某左眼下睑轻度裂伤水肿，虹膜根部离断，眼底窥不清。第二天邓某又转至省附属二医院住院治疗，进行了左眼白内障壳外摘除术、人工晶体植入术、虹膜根部离断复位术，左眼视力降为0.5，无法提高。邓某共住院30天，合计医疗费6500.8元、差旅费598元。经法医检验，邓某被鉴定为十级伤残。

（二）相关法律知识

《中华人民共和国侵权责任法司法解释》第 114 条对高度危险作业概念做出了以下界定：《侵权责任法》第 69 条规定的“高度危险作业”，是指高度危险活动和高度危险物。《民法通则》第 123 条则说明高度危险作业是指从事高空、高压、易燃、易爆、剧毒、放射性、高速运输工具等对周围环境有高度危险的作业。由此可见，我国民法所规定的“高度危险作业”既包括高度危险物又包括高度危险行为，因从事对周围环境具有高度危险作业造成他人损害所应承担的民事责任就是高度危险作业致人损害的侵权行为。

1. 高度危险作业致人损害的侵权行为适用无过错责任

我国《民法通则》第 123 条明确规定：“从事高空、高压、易燃、易爆、剧毒、放射性、高速运输等对周围环境有高度危险的作业造成他人损害的，应当承担民事责任；如果能够证明损害是由受害人故意造成的，不承担民事责任。”

2. 高度危险作业侵权责任的构成要件

（1）作业人必须有从事高度危险作业的行为。《民法通则》第 123 条对“高度危险作业”包括从事高空、高压、易燃、易爆、剧毒、放射性、高速运输工具 7 种情形，属于一种不完全性的列举式规定，高度危险作业并不仅限于以上 7 种情形。在现实生活中，如果存在“对周围环境具有高度危险”的其他作业，也应当列入高度危险作业之中。

（2）必须有损害结果。高度危险作业的损害包括人身方面的损害和财产方面的损害。只要高度危险作业行为对被侵权人造成损害即可。如果高度危险作业的损害结果并未出现，只是出现了潜在的危险，那么根据《最高人民法院关于贯彻执行若干问题的意见》第 154 条的规定“从事高度危险作业没有按有关规定采取必要的安全防护措施直接威胁他人人身、财产安全的，人民法院应当根据他人的要求责令作业人消除危险”。被侵权人可据此提出消除危险的主张。

（3）高度危险作业的行为与损害结果之间存在因果关系。损害结果是由他人的高度危险作业所引发的，没有他人的高度危险作业就不会产生损害的结果。

上述案例属于高度危险作业侵权中的易燃物品致人损害的案例，由于该侵权行为是李某在胡某的酒店门口实施的，因此李某承担主要责任。但是胡某作为酒店店主，应该负有管理义务，因此对于邓某的损害也应承担一定的责任。

6.4 如何认定产品责任？

（一）案例导读

原告陈某为装修房屋，先后向A装饰材料店购买了150平方米的实木地板，价值人民币18700元。装修完成后不久，陈某发现室内开始出现飞虫，而且越来越多，影响正常生活。原告称，飞虫从地板中长出，显然是地板的质量不合格，因此要求将已铺设的地板退货，并由A装饰材料店承担赔偿责任。

（二）相关法律知识

1. 产品责任的概念与特征

产品责任又称产品侵权损害赔偿责任，是指产品存在缺陷，造成产品的消费者、使用者或其他第三者人身损害或者财产损失，依法由缺陷产品的生产者或销售者承担的特殊侵权法律责任。《民法通则》第122条规定："因产品质量不合格造成他人财产、人身损害的，产品制造者、销售者应当依法承担民事责任。运输者、仓储者对此负有责任的，产品制造者、销售者有权要求赔偿损失。"与其他侵权行为相比，产品缺陷致人损害的侵权行为具有以下特征：

（1）产品致人损害必须是产品进入流通领域之后。

（2）产品侵权是因为产品自身存在缺陷。如果根据合同约定，产品供应商应当提供约定质量的产品但未践约，不管是否引起损害，当事人都可以追究供应商的违约责任。但如果因产品的缺陷导致人身伤害或者财产损害，不管双方是否存在合同关系，也不管供应商是否违约，受害人都可以主张赔偿。赔偿的主体不仅仅限于供应商，还包括运输商、仓储商、批发商、零售商以及产品制造者。

（3）产品缺陷致人损害是无过错责任。即只要产品存在的缺陷与受害人的损害有法律上的因果关系，行为人就应该承担民事责任。

2. 产品责任的构成要件

产品责任的承担，实行的是无过错责任原则。只要产品存在缺陷，对消费者或使用者造成损害，该产品的产销各环节的人，包括制造者、销售者、运输者、保管者等，就应该承担民事责任。产品责任具备以下要件：

（1）产品存在缺陷。我国《产品质量法》第2条规定，产品是指经过加工、制作，用于销售的产品。由此可见，未进入流通领域的产品，不存在侵权的问题。至于缺陷，该法第 34 条规定，是指产品存在危及人身、他人财产安全的不合理的危险；产品有保障人体健康，人身、财产安全的国家标准、行业标准的，是指不符合该标准。

（2）存在人身、财产遭受损害的事实。产品缺陷致人损害包括人身损害、财产损失和精神损害等。人身伤害包括致人死亡和致人伤残。财产损失是指缺陷产品以外的其他财产损失，包括直接损失也包括间接损失。精神损害，是指缺陷产品给受害人造成的精神痛苦。

（3）须有因果关系。产品的缺陷与受害人的损害事实之间存在引起与被引起的关系。确认该因果关系的存在，一般由受害人举证，证明缺陷产品被使用或消费，同时也证明使用或消费该缺陷产品导致了损害的发生。

上述案件的审理过程中，有两种意见：一种认为，地板铺设使用后出现飞虫是质量瑕疵，属于违反合同约定交付不合格的货物，是违约行为。另一种意见认为，地板铺设使用后出现飞虫，不仅是质量瑕疵，也是产品缺陷，属于产品责任。

案件中地板铺设使用后出现飞虫是否属于缺陷产品，主要考虑地板使用中出现飞虫是否为“不合理的危险”或不符合《产品质量法》规定的相关标准。一般认为，不合理的危险的产品缺陷包括：产品设计、制造上存在不合理危险；产品未给予适当的警告或指示，使得产品存在不合理危险；产品不符合销售者的明示担保，使得产品存在不合理危险。本案中地板属于木制品，树木在生长过程中有虫子，是合理情况，但树木加工制成地板，就要求加工过程中采用必要的技术，杀死木材中的活虫及虫卵，使地板能符合其用途，不至于产生安全隐患，虫蛀地板存在断裂可能性就意味着存在伤人毁物的可能性，而且飞虫乱飞自然会造成居住环境破坏、人体健康的危险性。所以，尽管木材生虫是可能、合理的，但是地板进入流通领域仍然存在虫患，就属于存在不合理的危险。因而在地板铺设使用后出现虫子、虫蛀，属于产品缺陷，经销商和生产厂家要承担连带赔偿责任。

6.5 如何认定机动车事故责任？

（一）案例导读

2012 年 9 月 10 日，刘某驾驶的正三轮载货摩托车与陈某驾驶的轻型厢式货车发生事故，导致刘某受伤。交警部门认定，刘某负主要责任，陈某负次要责任。刘某因治疗用去10453.59元，经鉴定为十级伤残。陈某驾驶的货车在保险公司投保了第三者责任强制保险。刘某起诉至法院，请求判令保险公司在交强险范围内赔偿其损失。

（二）相关法律知识

1.机动车事故责任的概念

机动车交通事故责任，是指机动车所有人或者使用人在机动车发生交通事故时造成他人人身伤害或者财产损失时应承担的法律责任。

2.机动车事故责任的主体

机动车事故责任中，损害赔偿的主体包括直接参与人，也包括间接参与人。间接参与人包括机动车方、保险公司。机动车方，指车辆所有者、实际使用者、控制者。因为，机动车往往出现使用者与所有者不一致的情形。

（1）当被盗抢的机动车肇事时，由盗抢人承担损害赔偿责任，机动车所有人无须承担责任。

（2）雇员执行公务期间发生事故的，由雇主承担赔偿责任，但是雇员故意或有重大过失的，与雇主承担连带赔偿责任。

（3）擅自驾驶他人机动车发生事故的，由实际驾驶人承担赔偿责任，机动车所有人有过错的，承担相应的损害赔偿责任。

（4）出借车辆发生事故的，由借用人承担赔偿责任。如果出借时，出借车辆有瑕疵不告知，或明知借用人不具有驾驶资格仍然出借的，出借人与借用人承担连带赔偿责任。

3.机动车事故的责任范围

《道路交通安全法》第76条规定：机动车发生交通事故造成人身伤亡、财产损失的，由保险公司在机动车第三者责任强制保险责任限额范围内予以赔偿。超过责任限额的部分，按照下列方式承担赔偿责任：

（1）机动车之间发生交通事故的，由有过错的一方承担责任；双方都有过错的，按照各自过错的比例分担责任。

（2）机动车与非机动车驾驶人、行人之间发生交通事故的，一般由机动车一方承担责任；但是，如果有证据证明非机动车驾驶人、行人违反道路交通安全法律、法规，而机动车驾驶人已经采取必要处置措施的，减轻机动车方的责任。交通事故是由非机动车驾驶人、行人故意造成的，机动车一方则不承担责任。

我国实行机动车交通事故责任强制保险制度，即由保险公司对被保险机动车发生交通事故造成本车人员、被保险人以外的受害人的人身伤亡、财产损失的，在责任限额内予以赔偿的强制性责任保险，即“交强险”。因此，发生交通事故后，属于机动车一方责任的，由保险公司在机动车交强险责任范围内予以赔偿。上述案件中，刘某请求判令保险公司在“交强险”范围内赔偿损失，符合法律规定。

6.6 如何认定环境污染责任？

（一）案例导读

A化肥厂通过自己的专用明渠向长江排放生产废水，而渠道附近洼地是许多当地农民承包的鱼塘。2008年6月接连几天暴雨，再加上汛期来临，江水猛涨。堤内外水面逐渐持平，导致排污渠内废水无法自然入江，漫溢流入鱼塘。鱼塘承包人要求化肥厂采取措施阻止废水溢入鱼塘，化肥厂对此不予理睬。数日后鱼塘出现死鱼现象，鱼塘承包人于是联合起来向化肥厂提出排除废水侵害、赔偿死鱼损失的请求，并报告当地环境保护部门，要求处理纠纷。化肥厂在鱼塘承包人提出赔偿请求后，立即采取措施，在排污渠入江闸门处安装了两台大功率水泵，将废水扬高后排入江中。在纠纷处理期间，暴雨不断，长江洪峰多发，以致排污渠与鱼塘连成了一片。鱼塘里的鱼大部分被冲走，剩下的也几乎被废水呛死。于是鱼塘承包人要求化肥厂赔偿其全部财产损失。化肥厂则认为洪水、暴雨为不可抗力，不应赔偿。请问：本案应如何处理？

（二）相关法律知识

环境污染责任是指因污染环境造成他人人身或财产损害时应当承担的侵权责任。《民法通则》第124条规定：“违反国家保护环境防止污染的规定，污染环境造成他人损害的，应当承担民事责任。”这说明，污染环境造成损害的行为要以违反国家保护环境防止污染的规定为前提，即只有进行生产活动所排放的污染物违反国家规定的排污标准才承担责任。

环境污染责任适用无过错原则，其构成要件包括：

（1）存在污染环境的行为。人类在生产、生活中不可避免要排放一定的废水、废气、废渣。若将这些废水、废气、废渣、粉尘排放到大气、水或土地中，或以噪声、恶臭危害人们正常健康的行为，就属于污染环境的行为。

（2）污染环境的行为必须违反国家有关环境保护的规定。并不是所有的污染环境的行为都构成侵权行为，只有违反了有关污染环境保护防治法规才构成侵权。相关法规如《环境保护法》、《大气污染防治法》、《水污染防治法》、《环境噪声污染防治法》、《海洋环境保护法》等。

（3）存在环境污染造成的损害事实，包括对公民财产、人身的损害，也包括对国家、集体财产的损害。

（4）污染行为与损害事实之间存在因果关系。由于环境污染的特殊性，受害人因技术条件所限，往往难以证明因果关系的存在，因而我国在司法实践中采用因果关系推定的原则，即只要证明企业已经违法排放污染物，而受害人的人身或财产已遭受或正在遭受损害，就可以推定这种危害由该排污行为所致。

我国《环境保护法》对不可抗力因素造成损害的责任做出了如下规定：完全由于不可抗拒的自然灾害，并及时采取合理措施，仍不能避免造成环境污染损害的，免予责任。上述案件中，化肥厂不能以不可抗力为由拒绝赔偿全部损失。化肥厂以“当地接连暴雨，排污渠与鱼塘连成一片”造成的财产损失属于不可抗力为由而不承担赔偿责任的主张不能成立，事实上是“排污渠内废水入江受阻，漫溢流入鱼塘”造成的财产损失所致，故应予赔偿。

6.7 如何认定动物致害责任？

（一）案例导读

原告李某与被告王某系同村村民，2014 年 8 月 6 日上午，李某到王某家借电动工具，被王某家饲养并拴在院内缓步台上的黑狗咬伤右臂，李某因躲避撕咬，慌乱中从院内缓步台上摔下，造成右臂及右腿骨折，后李某被送往医院。经司法鉴定为十级伤残，造成李某经济损失共计 11 余万元。原告李某与被告王某就损失赔偿一事无法达成协议，于是李某将王某诉至法院，要求王某赔偿其经济损失。

（二）相关法律知识

1. 动物致害责任的概念

动物致害责任是指饲养的动物造成他人损害时，依法由物的饲养人或管理人承担的赔偿责任。《民法通则》第 127 条规定：“饲养的动物造成他人损害的，动物饲养人或管理人应当承担民事责任；由于受害人的过错造成损害的，动物饲养人或者管理人不承担民事责任；由于第三人的过错造成损害的，第三人应当承担民事责任。”

2. 动物致害责任的构成要件

（1）必须是饲养的动物造成的伤害。饲养的动物，指为人们管束喂养的动物。山野的凶猛动物，无管理人可言，其造成损害，自然也就谈不上谁承担责任的问题。动物的饲养者或管理人对自己饲养动物承担赔偿责任，可以督促饲养人或管理人加强对动物的管理，避免损害的发生。

（2）必须是动物的独立动作对他人造成了损害。所谓动物独立的动作，是指动物自身的行为而不是受外人驱使。如果是受人驱使伤人，则属于一般侵权行为。饲养的动物对他人的损害包括人身损害或财产损害。

（3）必须是没有免责的理由。饲养动物致人损害应承担无过错责任，即只要发生了饲养动物致人损害的结果，饲养人或管理人就应当承担民事责任。依《民法通则》第 127 条的精神，如果证明损害是由受害人的故意挑逗、攻击或有其他过失引起的，动物所有人或管理人可以不承担责任。

上述案件中，争议焦点在于被告王某把狗拴在院子里，咬伤李某是否应该承担赔偿责任？动物致人损害属于特殊侵权责任，只要发生了饲养动物致人损害的后果，饲养人就应承担民事责任，因此，该案件适用无过错责任原则。原告只要证明遭受饲养人所饲养动物侵害的事实、动物致人损害的加害行为、损害事实与加害行为之间有因果关系即可；而动物饲养人或者管理人就应该承担动物致人损害的赔偿责任，除非能举证证明损害是由受害人的过错或第三人的过错引起的。就本案而言，李某能够证明为避让狗从院内缓步台上摔下，导致摔伤右臂及右腿骨的事实，被告王某未能证明原告的损害是由于自身的故意挑逗、攻击引起的，也未能证明是由于第三人的过错引起的。因此，原告李某的合理经济损失 11 余万元，应该由王某承担。

6.8 如何认定雇主责任？

（一）案例导读

某单位采购员奉命去甲单位采购产品。在采购过程中，采购员发现乙单位同类产品的价格更为优惠，于是驾车前往乙单位，途中与行人相撞，导致行人住院治疗。问：行人的损失由谁承担？

（二）相关法律知识

1. 雇主责任的概念

雇主责任指雇主对其雇工在执行受雇事务过程中的侵权行为所承担的赔偿责任。2004 年 5 月 1 日起开始施行的最高人民法院《关于审理人身损害赔偿案件适用法律若干问题的解释》第 9 条第 1 款规定："雇员在从事雇佣活动中致人损害的，雇主应当承担赔偿责任；雇员因故意或者重大过失致人损害的应当与雇主承担连带赔偿责任。雇主承担连带赔偿责任的，可以向雇员追偿。"

2. 雇主责任的构成要件

雇主对雇工在执行委托事务过程中造成的损害承担赔偿责任，必须符合下列构成要件：

（1）存在雇佣关系。首先看双方当事人有无订立书面的雇佣合同。有书面合同，一般即可认定存在雇佣关系。如果没有书面合同，则要进一步考察双方当事人是否存在事实上的雇佣关系。在司法实践中，雇工提供劳务并获得劳动报酬是认定雇佣关系存在的重要依据。

（2）受雇人的行为是执行雇佣合同的职务行为。超越职务的行为、擅自将职务行为委托他人的行为以及违反禁止的行为，都不是职务行为。

（3）雇主在主观上有过错。指雇主对受雇人的选任、监督、管理上有违反注意义务的过错。雇主责任的承担采取过错责任或过错推定原则。如果受雇人主观上没有过错，由雇主单独承担赔偿责任。如果受雇人主观上有过错，则由雇主和受雇人承担连带赔偿责任，即雇主赔偿受害人的损失后，可以向受雇人进行部分追偿。

在我国，雇主一般要为雇员的职务行为承担责任。在认定是否构成雇主责任时，一般要考察雇员的侵权行为是否发生在雇主授权的时间和地点内。如果不在工作时间和地点内，就要看其行为是否是服务于雇主的目的，或者是促进雇主的利益等。如果雇员的行为完全是为了自己的目的与利益，如进行不合理的绕道等，则雇主不需要承担。因此，上述案例中，雇员的活动是在工作时间内为雇主利益进行的，因此雇主应承担责任。

6.9 如何认定监护人的责任？

（一）案例导读

明明是某小学二年级学生，2013年3月10日上午课间，在教学楼二楼走廊上与同学玩耍，不慎将手中的建筑物模板跌落至楼下，将本校学生佳佳头部砸伤。经司法鉴定为九级伤残。佳佳起诉至法院，要求明明和学校赔偿伤残赔偿金、误工费、住院伙食补助费、交通费、鉴定费、精神损害抚慰金等合计80000余元。请问：本案应由谁来承担责任？

（二）相关法律知识

1. 监护人责任的法律规定

监护人责任是指监护人因被监护人实施的侵权行为而应承担的民事责任。《民法通则》第133条规定："无民事行为能力人、限制民事行为能力人造成他人损害的，由监护人承担民事责任。监护人尽了监护义务的，可以适当减轻他的民事责任。""有财产的无民事行为能力人、限制民事行为能力人造成他人损害的，从本人财产中支付赔偿费用。不足部分，由监护人适当赔偿，但单位担任监护人的除外"。

2. 监护人责任的构成要件

（1）必须是无民事行为能力人或限制民事行为能力人所为的违法行为，由于他们行为能力上的欠缺，从主观上讲，不一定能意识到自己行为的后果，但就行为本身来说，必须是客观上为法律所不容的，才产生责任。

（2）必须是无民事行为能力人或限制民事行为能力人自己独立的行为对他人造成的损害。如果是受有责任能力人的故意教唆、指使、操纵所为，应由教唆、指使操纵人直接承担侵权的责任。

（3）无民事行为能力人或限制民事行为能力人的违法行为与他人损害事实之

间存在因果关系。

上述案件中，明明是二年级学生，属无民事行为能力人，监护人无疑要承担责任。问题是明明在校园内捡来玩耍的建筑物模板未及时清除，为损害的发生提供了客观条件，学校也应该为此承担责任。关键在于这两个责任孰轻孰重？

法律规定学校在伤害事故中承担与其教育管理过错相应的民事责任，但这种民事责任通常处于次要的地位，如果有证据证明在事故发生中学校尽到了教育和管理义务，学校可以主张免除自己的赔偿责任。从案件的发生来看，明明拿建筑物模板玩耍并不慎脱落，是造成损害发生的直接原因，学校没有将建筑物模板及时清理出去，又没有安排工作人员值班巡视，并及时制止这种安全隐患的发生，是损害发生的间接原因。根据最高人民法院《关于审理人身损害赔偿案件适用法律若干问题的解释》第 3 条第 2 款规定：二人以上没有共同故意或者共同过失，但其分别实施的数个行为间接结合发生同一后果的，应当根据过失大小或者原因力的比例各自承担相应的赔偿责任。因此，对于原告佳佳的人身损害，由明明父母承担主要责任，学校承担次要责任。

思考题：

1. 简述过错责任的构成要件。
2. 认定雇主责任的标准是什么？

第七讲　消费者的权利

随着市场经济的发展，商品交换成了普遍的现象，消费争议也日益增多，而在实务中可能出现的问题是对消费者如何界定，一方认为自己是消费者，而另一方却主张其没有处于消费者的地位。与此相关的是经营者承担哪些义务以保证消费者权利的实现，在消费者的权益受到侵害时，通过何种方式加以解决。通过本讲的学习，要求掌握消费者的具体权利及当其权利受到侵害时，如何确保自身的权益。

7.1　如何界定消费者?

（一）案例导读

王女士在某美容院开张时，收到两张免费美容券。后来，王女士到该美容院接受了“免费美容”，结果引起严重的皮肤过敏反应。在医院治疗近半个月才恢复。王女士要求美容院赔偿损失，美容院以免费服务为由，拒不承担任何赔偿责任，问：接受免费服务的王女士是不是消费者?

（二）相关法律知识

1. 消费者的界定

消费者是指为满足生活需要而购买、使用商品或接受服务的自然人。为满足生产经营消费的需要而在市场上购买、使用商品和接受服务的生产者及经营者，不构成消费者权益保护法上的消费者，其权益遭侵犯时，不受《消费者权益保护法》的保护，而受其他市场管理法的调整。消费者具有以下法律特征。

（1）消费者的消费客体包括商品和服务。《消费者权益保护法》规定的消费的商品和服务是用于生活消费的那部分商品和服务。商品是通过流通销售的产品，服务是与生活消费有关的，由经营者有偿提供的可供消费者利用的任何种类的服务。

（2）消费者的消费方式包括购买、使用商品和接受服务。购买是指人们直接有偿获得商品，使用是指人们实际消费商品的行为和过程，接受既是直接获得服务的手段，也是利用服务的过程。这一消费的过程可以通过支付货币而实现，还可以通过提供其他形式的代价如劳动、便利条件等而实现，也可以是不支付任何代价而由经营者赠予的商品或服务，这些消费方式都受《消费者权益保护法》的保护。

（3）消费者的消费是属于生活性消费活动。消费活动的主要内容是为了生活需要而购买商品、使用商品、接受他人提供的服务。其目的是满足个人或家庭生活需要，而不是满足生产经营的需要。

（4）消费者的权利由国家专门法律确认其主体地位并得到特定保护。

2. 消费者权益保障法的适用范围

我国的《消费者权益保护法》从生效到废止期间，对中华人民共和国主权所及的全部领域都是适用的，但鉴于目前如香港、澳门、台湾地区处于特殊的法律地位，享有独立的立法权，未在本法管辖的范围之内。此外，《消费者权益保护法》还从主体及其行为的角度规定了该法的适用范围：

（1）消费者为生活消费需要购买、使用商品或者接受服务，其权益受该法保护。

（2）经营者为消费者提供其生产、销售的商品或者提供服务，应当遵守该法。

（3）农民购买、使用直接用于农业生产的生产资料。这种消费本不属于《消费者权益保护法》的调整范围，但是与经营者相对而言，农民处于很明显的弱势地位，为了对农民的权益更好地进行保护，《消费者权益保护法》规定：农民购买、使用直接用于农业生产的生产资料时，参照《消费者权益保护法》执行。

上述案件的关键在于王女士去美容院的行为是不是消费行为，从表面看，美容院是免费为顾客服务的行为，但实质上美容院的行为是一种促销行为，是利用消费者的人气做宣传，从而谋取更大的自身利益。消费者在接受免费服务的同时也在帮助商家做广告，这本身就是所谓的“免费服务”的对价，因此从消费归属、消费主体和消费方式上来看，王女士应当被认定为消费者，可以依据《消费者权益保护法》要求美容院赔偿。

7.2 消费者有哪些权利？

（一）案例导读

郑某与家人去某饭店就餐，将脱下的上衣放在座位旁的椅子上。结账时，郑某发现上衣兜内的3000元现金、手机等被人盗走，于是要求饭店赔偿。饭店则认为，餐厅醒目位置已经贴大幅标语告示，提醒大家“请妥善保管好自己的财物，谨防小偷！”，已经尽到了提醒警示义务，郑某的财物丢失是自己保管不善造成的，饭店没有任何责任。郑某认为，店内仅仅张贴告示是不够的，应该提供存包服务及保安等其他有效措施，饭店没有提供此类措施，从而导致其财物被盗，应该给予赔偿。

（二）相关法律知识

1. 保障安全权

我国《消费者权益保护法》第7条规定：消费者在购买、使用和接受服务时享有人身、财产安全不受损害的权利。

保障安全权是消费者最基本的权利。消费者依法有权要求经营者提供的商品和服务必须符合保障人身、财产安全的要求。所谓商品和服务符合保障人身、财产安全的要求包括：商品和服务有国家标准、行业标准的，必须符合该标准，如食品、药品、家用电器等；商品和服务没有国家标准、行业标准的，必须符合社会普遍公认的安全、卫生要求，这主要适用于服务和某些新研制开发的商品。

2. 知情权

我国《消费者权益保护法》第8条规定：消费者享有知悉其购买、使用的商品或者接受的服务的真实情况的权利。

这一权利简称知情权。消费者在购买、使用商品或者是接受服务时，有权根据商品或者服务的情况，要求经营者提供商品的价格、产地、生产者、用途、性能、规格、等级、主要成分、生产日期、有效期限、检验合格证明、使用方法说明书、售后服务，以及服务的内容、规格、费用等有关真实信息。

3. 自主选择权

我国《消费者权益保护法》第9条规定：消费者享有自主选择商品或者服务的权利。这就是说，消费者有权根据自己的消费需求、意向和兴趣，自主选择自己满意的商品或服务。

其主要内容有：自主选择经营者；自主选择商品品种或服务方式；自主选择是否购买或接受服务；自主选择商品或服务时，有权进行比较、鉴别和挑选。

自主选择权是相对的，它必须依照法律，遵守社会公德，并不得侵害国家、集体和他人的合法权益。

4. 公平交易权

我国《消费者权益保护法》第 10 条规定：消费者享有公平交易的权利。公平交易权表现在以下两个方面：

（1）交易条件平等，消费者有权获得包括质量保障、价格合理、计量正确等公平的交易条件。

（2）不得进行强制交易。强制交易指违背消费者的意愿，强行与消费者进行交易。

5. 依法求偿权

我国《消费者权益保护法》第 11 条规定：消费者因购买、使用商品或者接受服务受到人身、财产损害的，享有依法获得赔偿的权利。享有求偿权的主体，是指因购买、使用商品或者接受服务的受害者。受害者包括：

（1）购买者，即购买商品为己所用的消费者。

（2）商品的使用者，即不是直接购买商品为己所用的消费者。

（3）接受服务者。

（4）第三人，指商品的购买者、使用者或者服务的接受者之外的在事故发生现场受到人身或财产损害的其他人。

6. 结社权

我国《消费者权益保护法》第 12 条规定：消费者享有依法成立维护自身合法利益的社会团体的权利。

赋予消费者以结社权，有利于消费者增强自己的实力，从分散、弱小走向集中和强大，改变弱势地位，以集体的力量与实力雄厚的经营者相抗衡，维护合法权益。

7. 消费教育权

我国《消费者权益保护法》第 13 条规定：消费者享有获得有关消费和消费者权益保护方面的知识的权利。这一权利包括：

（1）获得有关消费知识的权利，主要包括有关商品和服务的基本知识和使用技能，正确使用商品。

（2）获得有关消费者权益保护的知识，主要包括有关消费者权益保护的法律、行政法规和政策，以及保护机构和争议解决途径等知识，提高自我保护意识。

8. 尊严权

我国《消费者权益保护法》第 14 条规定：消费者在购买、使用和接受服务时，享有人格尊严、民族风俗习惯得到尊重的权利，这一权利包括两项内容：

（1）人格尊严受尊重权。人格尊严包括姓名权、名誉权、荣誉权、肖像权等。

（2）民族风俗习惯受到尊重的权利。民族风俗习惯表现在各民族不同饮食、服饰、居住、婚丧、节庆、娱乐、礼节、禁忌等方面，与消费者密切相关。

9. 监督批评权

我国《消费者权益保护法》第 15 条规定：消费者享有对商品和服务以及保护消费者权益工作进行监督的权利。这种监督表现在三个方面：

（1）消费者有权对商品和服务进行监督，在权利受到侵害时进行检举、控告。

（2）消费者有权对国家机关及工作人员在保护消费者权益工作中的违法失职行为进行检举、控告。

（3）消费者有权对保护消费者权益工作提出批评、建议。

《消费者权益保护法》第 7 条规定："消费者在购买、使用商品和接受服务时享有人身、财产安全不受损害的权利。"就本案而言，郑某到饭店就餐，与饭店之间就构成了消费者与经营者的关系，饭店就应该对其提供的服务有保证安全的义务，郑某在接受服务时享有财产安全不受损害的权利。《消费者权益保护法》第 18 条规定："经营者应当保证其提供的商品或服务符合保障人身、财产安全的要求。对可能危及人身、财产安全的商品和服务，应当向消费者做出真实的说明和明确的警示，并说明和标明正确使用商品或接受服务的方法以及防止危害发生的方法。"上述案件中，饭店虽然已经张贴警示标语，履行了一定的义务，但没有提供存包服务或保安服务等其他有效措施，在保障顾客财产安全方面还是存在一定的服务瑕疵，因此应当承担相应的民事责任。但是郑某对自己的财物保管不善，亦有部分责任。《消费者权益保护法》第 44 条规定："经营者提供商品或者服务，造成消费者财产损害的，应当按照消费者的要求，以修理、重作、更换、退货、补足商品数量、退还货款和服务费用或者赔偿损失等方式承担民事责任。”根据双方所应当承担的民事责任，郑某可以要求饭店赔偿部分损失，自己也应当承担部分损失。请问：本案应如何处理？

7.3 经营者有哪些义务？

（一）案例导读

2014年3月3日高某在街上偶尔看到某药店外贴有“轻松减肥睡睡瘦”的广告，想买来试试，结果经不住药店销售人员的劝说，高某一下买了5盒，花费398元。回家贴了4张以后皮肤开始发红溃烂。于是，高某找到药店，讨个说法。药店人员解释，出现这种问题可能是高某皮肤容易过敏。高某很气愤，觉得销售人员在销售产品时没有向消费者说清使用说明，要求将剩余产品退回并折退现金。

（二）相关法律知识

从一定意义上来讲，消费者的权利也就是经营者的义务。《消费者权益保护法》为使消费者享有的各方面权利得以实现，规定经营者在生产或销售活动中必须遵循以下义务。

1. 履行法定或约定义务

经营者向消费者提供商品或者服务，应当依照有关法律、法规的规定履行义务。经营者和消费者有约定的，应当按照约定履行义务，但双方的约定不得违背法律、法规的规定。

2. 接受消费者监督的义务

经营者应当听取消费者对其提供的商品或者服务的意见，接受消费者的监督。这对经营者转变经营观念，改进产品技术和服务都会起到有益的作用。

3. 保障人身和财产安全的义务

经营者应当保证其提供的商品或服务符合保障人身、财产安全的要求。对可能危及人身、财产安全的商品和服务，应当向消费者做出真实的说明和明确的警告，并说明和标明正确使用商品或者接受服务的方法以及防止危害发生的方法。

当经营者发现其提供的商品或者服务存在严重缺陷，即消费者正确使用商品或者接受服务仍然可能对人身、财产安全造成危害时，经营者应当立即向有关行政部门报告，并告知消费者和采取防止危害发生的措施。

4. 提供商品和服务真实信息的义务

经营者应当向消费者提供有关商品或者服务的真实信息，不得作引人误解的虚假宣传。经营者对消费者就其提供的商品或者服务的质量和使用方法等问题提出的询问，应当做出真实、明确的答复。商店提供商品应当明码标价。

5. 标明真实名称和标记的义务

经营者应当标明其真实名称和标记，该义务还要求租赁他人柜台或者场地的经营者，应当标明其真实名称和标记。

真实名称包括企业名称、个体工商户以及从事经营活动的事业单位和科技性社会团体的名称。另外，没有字号的个体工商户以及个人合法的投资者在市场交易中使用的个人姓名，也视为企业名称。标记是指一些企业在营业活动中使用的本企业的特殊标志，比如，中国银行的行徽。

6. 出具购货凭证或者服务单据的义务

经营者提供商品或者服务，应当按照国家有关规定或者商业惯例向消费者出具购货凭证或者服务单据；消费者索要购货凭证或者服务单据的，经营者必须出具。

7. 保证商品或者服务质量的义务

经营者应当保证在正常使用商品或者接受服务的情况下其提供的商品或者服务应当具有的质量、性能、用途和有效期限，但消费者在购买该商品或者接受该服务前已经知道其存在瑕疵的除外。经营者以广告、产品说明、实物样品或者其他方式表明商品或者服务的质量状况的，应当保证其提供的商品或者服务的实际质量与表明的质量状况相符。

8. 履行“三包”或者其他责任的义务

经营者提供商品或者服务，按照国家规定或者与消费者的约定，承担保修、包换、包退或者其他责任的，应当按照国家规定或者约定履行，不得故意拖延或者无理拒绝。“其他责任”是指停止侵害、恢复原状、消除影响、赔偿损失等。

9. 严格遵守公平交易的义务

经营者不得以格式合同、通知、声明、店堂告示等方式作出对消费者不公平、不合理的规定，或者减轻、免除其损害消费者合法权益应当承担的民事责任。格式合同、通知、声明、店堂告示等含有前款所列内容的，其内容无效。

10. 尊重消费者的义务

消费者依法享有人身权，经营者不得以任何理由侵犯消费者的人身权利，不得对消费者进行侮辱、诽谤，不得搜查消费者的身体及其携带的物品，不得侵犯消费者的人身自由。

上述案例中，经调查了解，药店销售人员在向高某推荐“睡睡瘦”减肥贴时没有详细告诉高某“睡睡瘦”减肥贴的正确使用方法，并尽到告知义务。该药店老板作为经营者，没有尽到提供真实信息的义务，因此应当同意高某的请求，将剩余产品退回并折退现金。

7.4 经营者的虚假广告责任是什么?

（一）案例导读

2013 年 1 月，陈某在电视购物频道看到一则广告，称“股骨头坏死 -10 大革命”，对股骨头坏死疗效奇特，“服用 7 ～ 15 日，无效退款”。陈某买来使用后无效，随即要求退货，但具体销售企业已不存在。

（二）相关法律知识

《消费者权益保护法》第 38 条规定：消费者因经营者利用虚假广告提供商品或者服务，其合法权益受到损害的，可以向经营者要求赔偿。广告的经营者发布虚假广告的，消费者可以请求行政主管部门予以惩处。广告的经营者不能提供经营者的真实名称、地址的，应当承担赔偿责任。

同时，《中华人民共和国广告法》第 38 条规定：违反本法规定，发布虚假广告，欺骗和误导消费者，使购买商品或者接受服务的消费者的合法权益受到损害的，由广告主依法承担民事责任；广告经营者、广告发布者明知或者应知广告虚假仍设计、制作、发布的，应当依法承担连带责任。广告经营者、广告发布者不能提供广告主的真实名称、地址的，应当承担全部民事责任。

社会团体或者其他组织，在虚假广告中向消费者推荐商品或者服务，使消费者的合法权益受到损害的，应当依法承担连带责任。

在现实生活中，虚假广告充斥电视节目，明显代言的产品质量参差不齐，消费者在明星效应下购买的产品往往会损害消费者权益。为解决这个问题，新的

《消费者权益保护法》规定，设计、制作、发布关系消费者身体健康商品或者服务的虚假广告，造成消费者损害的，广告经营者、发布者与经营者承担连带责任。上述案例中，因为具体销售企业已不存在，发布该广告的电视台应该承担相应的赔偿责任。

7.5 经营者在什么情况下要承担行政责任？

（一）案例导读

居民应某于 2014 年 8 月 2 日在某商场购得一台“多功能食品加工机”，回家试用后发现该产品只有一种功能，而没有体现多功能的优势，于是向商场提出退货。商场答复：“该产品说明书未就其性能作明确说明，这是厂家的责任，所以顾客应向厂家索赔，商场概不负责。”请问：该产品存在什么问题？商场应承担什么法律责任？

（二）相关法律知识

经营者有下列情形之一，《中华人民共和国产品质量法》和其他有关法律、法规对处罚机关和处罚方式有规定的，依照法律、法规的规定执行；法律、法规未作规定的，由工商行政管理部门责令改正，可以根据情节单处或者并处警告、没收违法所得、处以违法所得一倍以上五倍以下的罚款，没有违法所得的处以一万元以下的罚款；情节严重的，责令停业整顿、吊销营业执照：

（1）生产、销售的商品不符合保障人身、财产安全要求的。

（2）在商品中掺杂、掺假，以假充真，以次充好，或者以不合格商品冒充合格商品的。

（3）生产国家明令淘汰的商品或者销售失效、变质的商品的。

（4）伪造商品的产地，伪造或者冒用他人的厂名、厂址，伪造或者冒用认证标志、名优标志等质量标志的。

（5）销售的商品应当检验、检疫而未检验、检疫或者伪造检验、检疫结果的。

（6）对商品或者服务作引人误解的虚假宣传的。

（7）对消费者提出的修理、重作、更换、退货、补足商品数量、退还货款和服务费用或者赔偿损失的要求，故意拖延或者无理拒绝的。

（8）侵害消费者人格尊严或者侵犯消费者人身自由的。

（9）法律、法规规定的对损害消费者权益应当予以处罚的其他情形。

上例中，该产品存在产品名称与实际性能不符的问题，即名为“多功能食品加工机”，而实际上功能只有一种，也就是说产品质量不符合产品名称表明的质量状况。系经营者隐瞒产品真实信息作虚假宣传导致消费者应某误解并购买的欺诈行为，直接违反了《消费者权益保护法》第 19 条“经营者应当向消费者提供有关商品或者服务的真实信息，不得作引人误解的虚假宣传”和第 22 条“经营者以广告、产品说明、实物样品或者其他方式表明商品或者服务的质量状况的，应当保证其提供的商品或者服务的实际质量与表明的质量状况相符”的规定。侵犯了消费者的对产品的知悉真情权和公平交易权，据我国的《反不正当竞争法》第 24 条规定：“经营者利用广告或者其他方法，对商品作引人误解的虚假宣传的，监督检查部门应当责令停止违法行为，消除影响，可以根据情节处以一万元以上二十万元以下的罚款”。居民应某可请求产品质量监督部门或者工商行政管理部门责令商场改正、处以罚款。

7.6 消费争议的解决途径有哪些？

（一）案例导读

2014 年 8 月 5 日，何某在某批发市场买红枣。卖家告知何某每公斤 38 元，但不能挑选，何某购买了 10 斤，回家打开后发觉部分红枣已被虫蛀，随即返回要求退还被拒。双方遂发生纠纷。何某向消费者协会投诉，调解未果，何某向法院起诉，要求退还购货款。请问：卖家所提的许买不许挑，是否合理合法？如果不挑的情况下买到了存在问题的货物，消费者可通过哪些途径维权？

（二）相关法律知识

消费者权益争议，是指在消费领域中，消费者与经营者之间因为权利义务关系而产生的矛盾纠纷，可通过以下途径解决。

1. 与经营者协商和解

协商和解是消费者与经营者在平等自愿基础上，就有关争议进行协商，最终达成解决争议的方案。和解应当作为首选的争议解决方式。

2. 消费者协会调解

对于消费者投诉的事项，消费者协会应该依据相应的法律、法规来处理，并由双方当事人自愿接受和执行。请求消费者协会调解，是解决消费者权益争议比较常用的一种方式。

3. 行政申诉

消费者可以根据不同的情况向不同的行政部门，如工商管理部门、物价部门、技术质量监督部门等提出申诉。有关行政部门对消费者的申诉及其他经营者的争议，也可依法进行调解；可依法律规定和自己的职权，做出处理决定；对有违法行为的经营者，可依法做出行政处罚。

4. 仲裁

仲裁的前提是消费者与经营者达成了书面的仲裁协议，双方没有仲裁协议的，不能提请仲裁机构仲裁。

5. 向人民法院提起诉讼

消费者权益受到损害时，可以直接向法院提起诉讼，也可以因不服行政处罚决定而向法院提起诉讼。

根据《消费者权益保护法》的规定，消费者在购买商品时，有权选择出售方，有权选择商品品种，有权决定购买或不购买任何一种商品。出售者要充分保障消费者的自主选择权，消费者有证据证明出售者侵害该权利的，可要求返还商品并退还购货款。就本案而言，卖家所提的许买不许挑不符合法律的规定，在此种情形下，买到了存在问题的货物，消费者可通过上述的五种途径维护自身的权益。

思考题：

1. 如何界定消费者？

2. 消费争议的解决途径有哪些？各种解决方式的优点何在？

第八讲 婚姻法上的权利与义务

婚姻是人生的大事，家庭是社会的细胞，婚姻家庭处理得好坏，关系到社会、国家的利益。“修身齐家治国平天下。”孟子的“修身”要求个人有完善的人格，“齐家”才能有幸福的家庭。有了幸福的家庭才能促进社会的和谐发展。这些古训都说明家庭对个人的幸福、社会的和谐和国家的稳定的关系。近年来，随着改革开放的深入及社会价值观的变迁，在婚姻领域出现了新问题，婚姻纠纷日趋增多。因此新《婚姻法》的颁布和相关的司法解释为我们生活中的法律纠纷提供了法律上的依据。但只靠法律的完善是不够的，要增强人们法律意识和加强道德文明建设，让大多数人了解婚姻法，懂得婚姻的价值，做好为人妻为人夫、为人父母的准备。所以说，大学生在校期间，学好法律，运用法律、道德的力量来建设美满的家庭，从而做到人人相爱，家家和睦。

8.1 结婚的法定条件有哪些？

（一）案例导读

有一位18岁汉族女孩，初中毕业后随朋友出外打工，在这期间认识了一名24岁男子，两人谈恋爱并发展到同居。在相处过程中，两人觉得双方条件相当，感情不错，准备今年春节回家结婚并办领结婚证。请问：根据我国《婚姻法》的规定，他们能领到结婚证吗？

（二）相关法律知识

结婚条件是指法律规定的关于结婚当事人必须符合的条件。它包括结婚的必备条件和结婚的禁止条件。

1. 结婚的必备条件

（1）男女双方完全自愿。我国《婚姻法》规定：“结婚必须男女双方完全自愿，不许任何一方对他方加以强迫或任何第三者加以干涉。”这是婚姻自由原则在结婚问题上的具体表现。男女双方完全自愿的要求是指：男女双方自愿，而不是一厢情愿；男女本人自愿，而不是必经父母或第三人的同意；男女双方完全自愿，而不是勉强同意。

（2）达到法定婚龄。法定婚龄是指法律规定的允许结婚的最低年龄。《婚姻法》规定："结婚年龄，男不得早于22周岁，女不得早于20周岁。"与当代外国的立法比较，我国的法定婚龄是较高的，这是由我国现阶段国情所决定的。男女双方当事人达到法定婚龄后，有决定自己是否结婚和何时结婚的权利。

（3）符合一夫一妻制原则。根据一夫一妻制原则，申请结婚的双方当事人须无配偶，只能是未婚者，或者丧偶、离婚者。违反一夫一妻制的男女结合，不具有婚姻的法律效力。

2. 结婚的禁止条件

《婚姻法》规定，有下列情形之一的，禁止结婚：

（1）直系血亲和三代以内的旁系血亲。

（2）患有医学上认为不应当结婚的疾病。

近亲属结婚，极容易将一方或双方生理上、精神上的弱点和缺陷毫无保留地暴露出来、累积起来遗传给后代。据统计，人类隐性遗传性疾病有1000多种。如父母为近亲，其带来隐性基因发病率高出非近亲结婚的150倍，出生婴儿的死亡率也高出3倍多。禁止近亲结婚，对提高中华民族的整体素质，促进民族的繁荣昌盛具有重要意义。

患有医学上认为不应当结婚的疾病是指哪些？在司法实践中，主要包括：患性病未治愈的；重症精神病（包括精神分裂症、躁狂抑郁症和其他精神病发病期间）；先天痴呆症（包括重症智力低下者）；非常严重的遗传性疾病。

根据我国《婚姻法》的规定，男女双方结婚必须达到法定的结婚年龄。案例中由于女方只有18岁，还未到达法定结婚的最低年龄，因此他们不能办理结婚登记，其同居的行为不仅不能认定为事实婚姻，而且属于非法同居行为，不受法律保护。同时，作为大学生我们有时会有这个疑问，在校大学生可否结婚？《婚姻法》明确规定，实行婚姻自由制度，只要男女双方达到法定婚龄，并符合其他法定结婚条件要求的，婚姻登记机关应予登记，任何单位和个人不得随意干预。因此在校大学生只要符合条件是可以结婚的，但对于大学生来讲，主要的任务是学习，对婚姻的责任缺乏理性的思考，过早盛开的爱情之花结出的只会是些青涩的果子。因此，结婚与否，请大家理性思考，慎重决定。

8.2 什么情况下婚姻无效？

（一）案例导读

万某（女）与赵某 1999 年 10 月确定了恋爱关系后即开始同居生活。2005 年 7 月万某提出终止同居关系，遭到赵某拒绝。赵某威胁万某如不与其结婚，将毁万某容貌，万某被迫于 2005 年 12 月 1 日与赵某登记结婚。2008 年 4 月 20 日，万某的父亲去世，万某继承了 20 万元人民币的遗产。万某用继承所得的 20 万元购买了一处房屋供双方居住。2008 年 8 月 5 日，赵某向人民法院请求撤销与万某的婚姻关系，同时请求分割所居住房屋。请思考：他们的婚姻是否有效，赵某能否分割两人所居住的房屋？

（二）相关法律知识

1. 无效婚姻的法定事由

（1）重婚。指有配偶者又与他人登记结婚或者与他人以夫妻名义共同生活；以及明知他人有配偶，又与之登记结婚或者以夫妻名义共同生活的行为。重婚有两种行为方式：一是法律上的重婚，即行为人在婚姻关系存续期间，又与他人登记结婚的行为；二是事实上的重婚，即有配偶者虽未与他人登记结婚，但与他人以夫妻名义同居。根据我国《刑法》第 258 条规定，有配偶而重婚的，或者明知他人有配偶而与之结婚的，处 2 年以下有期徒刑或者拘役。

（2）有禁止结婚的亲属关系。我国《婚姻法》禁止结婚的亲属关系包括两类：一类是直系血亲，包括所有直系血亲，没有世代的限制；另一类是三代以内的旁系血亲。我国《婚姻法》没有明确规定法律拟制血亲之间能否结婚，但明确规定，养父母与养子女、继父母与受其抚养教育的继子女间的权利和义务，适用婚姻法对父母子女的有关规定。由此可见，《婚姻法》禁止直系血亲结婚的规定，也应适用拟制直系血亲，而且从伦理道德和法律精神来看，无论该拟制血亲关系是否解除，都应该属于禁止结婚的范围。

（3）婚前患有医疗上认为不应当结婚的疾病，婚后尚未治愈的。一般包括以下几种类型：一是严重的遗传性疾病，指由于遗传因素先天形成，患者全部或者部分丧失自主生活能力。后代再现风险者，医学上认为不宜生育的遗传性疾病。二是指定传染病，指《传染病防治法》中规定的性病、麻风病及医学上认为影响结婚和生育的其他传染病。三是有关精神病，是指精神分裂症、躁狂抑郁型精神病及其他重型精神病。

（4）未到法定婚龄。根据《婚姻法》第6条规定，结婚时男不得早于22周岁，女不得早于20周岁。

2. 无效婚姻的法律后果

《婚姻法》第12条规定，无效或被撤销的婚姻，自始无效。

至于在共有关系问题，在民法上有共同共有与按份共有之分。共同共有是双方或多方以不分份额地对共有财产享有所有权，有效的婚姻能保证婚后财产的共同共有权（双方有约定的除外）。婚姻关系终止时，对共有财产的分割问题，有协议的，按协议处理；没有协议的，应当根据等分原则处理，并且考虑共有人对共有财产的贡献大小，适当照顾共有人生产、生活的实际需要等情况。

婚姻是双方的事情，一方有爱却以胁迫的手段要求对方与自己结婚，这样的婚姻是可撤销的无效婚姻。在本案中，人民法院经过审查认为，万某与赵某的婚姻关系属可撤销婚姻，予以撤销；双方所居住房屋为万某个人财产，赵某无权要求分割。遂判决撤销了万某与赵某的婚姻关系，驳回了赵某请求分割房屋的诉讼请求。同样在大学期间谈恋爱，如果只是一厢情愿，那不是真正的爱情。因此学会爱，培养爱的能力，才能为真正的幸福婚姻打下坚实的基础。

8.3 法律对婚后财产是如何界定的？

（一）案例导读

我有一栋房子，还有一辆小车都是我自己结婚前购买的，结婚后我就做起了生意，再买了一栋别墅，现在想知道结婚前的一栋房子和一辆小车是否属于个人财产，婚后财产又是如何界定的？

（二）相关法律知识

1. 夫妻共同财产

夫妻共同财产，是指受我国《婚姻法》调整的在夫妻关系存续期间夫妻所共同拥有的财产。所谓夫妻关系存续期间，是指夫妻结婚后到一方死亡或者离婚之前这段时间，这期间夫妻所得的财产，除约定的外，均属于夫妻共同财产。夫妻对共同所有的财产，有平等的处理权。夫妻一方对夫妻存续期间的财产的处分，需征得配偶的同意。

《婚姻法》第 17 条对夫妻在婚姻关系存续期间所得的、应归夫妻共同所有的财产范围作出了规定，即夫妻在婚姻关系存续期间所得的下列财产归夫妻共同所有：

（1）工资、奖金，指在夫妻关系存续期间一方或双方的工资、奖金收入及各种福利性政策性收入、补贴。

（2）生产、经营的收益，指的是在夫妻关系存续期间，夫妻一方或双方从事生产、经营的收益。

（3）知识产权的收益，指的是在夫妻关系存续期间，夫妻一方或双方拥有的知识产权的收益。

（4）继承或赠与所得的财产，是指在夫妻关系存续期间一方或双方因继承遗产和接受赠与所得的财产。对于继承遗产的所得，指的是财产权利的取得，而不是对财产的实际占有。即使婚姻关系终止前并未实际占有，但只要继承发生在夫妻关系存续期间，所继承的财产也是夫妻共同财产。

（5）其他应当归共同所有的财产。

（6）双方实际取得或者应当取得的住房补贴、住房公积金。

（7）双方实际取得或者应当取得的养老保险金、破产安置补偿费。

（8）发放到军人名下的复员费、自主择业费等一次性费用的婚姻关系存续期间应得部分夫妻共有。

婚姻法第 18 条对应为夫妻一方的财产范围作了规定。即有下列情形之一的，为夫妻一方的财产：

（1）一方的婚前财产。

（2）一方因身体受到伤害获得的医疗费、残疾人生活补助费等费用。

（3）遗嘱或赠与合同中确定只归夫或妻一方的财产。

（4）一方专用的生活用品。

（5）其他应当归一方的财产。

2. 在夫妻共同财产确定中需要注意的问题

（1）约定优先。夫妻双方对婚姻关系存续期间所得的财产以及婚前财产的约定，对双方具有约束力。

（2）不能证明属于夫妻一方的财产，推定为夫妻共同财产。对个人财产还是夫妻共同财产难以确定的，主张权利的一方有责任举证，当事人举不出有力证据，人民法院又无法查实的，按夫妻共同财产处理。

（3）夫妻一方个人所有的财产，不因婚姻的延续而转化为夫妻共同财产。《婚姻法司法解释（三）》提高了对个人财产权利的保护，增强了个人独立和权利意识。司法解释中对于婚后父母给买的房产的归属问题还是婚前房产的归属，都提高和重视了个人财产权利的保护。

针对上述案例而言，现行婚姻法规定夫妻之间可以约定在婚姻关系存续期间所得的财产以及婚前财产归各自所有、共同所有或部分各自所有、部分共同所有。约定应当采用书面形式。没有约定或约定不明确的，适用本法第 17 条、第 18 条的规定。所以本案中婚前购买的房子和小车归本人所有，但婚后购买的别墅属于夫妻双方共有财产。

财产是婚姻家庭生活中的重要物质基础，它在婚姻生活中所占的分量会越来越重，婚姻应以双方的感情为主，财产为辅。现代社会竞争压力大，在婚姻问题上，有些学生会在感情的基础上附加太多的利益诉求，这样容易迷失自我。所以大学生应该自尊、自爱、自立。

8.4 离婚的法定条件有哪些？

（一）案例导读

钱某（男）和林某（女）于 2008 年经人介绍恋爱结婚。结婚前钱某的父母购房一套给二人居住，房屋权属证书所有权人登记为钱某，二人婚后第二年生一男孩。2011 年初，钱某在外租房和田某共同居住，很少回家。2012 年初，钱某因交通事故受伤，获得医疗费等赔偿共计 2 万元。2013 年 3 月，林某向人民法院起诉，要求与钱某离婚并抚养孩子。钱某不同意离婚。请问：林某的请求会得到法院的支持吗？

（二）相关法律知识

此涉及离婚的法定条件问题。婚姻法第 32 条第 2 款规定：“人民法院审理离婚案件，应当进行调解；如感情确已破裂，调解无效，应准予离婚。”根据这一规定，“感情确已破裂”成为诉讼离婚的基本条件和司法尺度，是准予或者不准予离婚的原则界限。夫妻感情是婚姻关系的基础，离婚争议的产生，归根到底是可以归结到感情的变化。如果感情确已破裂，婚姻已经“名存实亡”，就应当依法予以解除。

那么，如何判断夫妻感情是否确已破裂？最高人民法院做出了相关的司法解释，认为判断夫妻感情是否确已破裂，应当从婚姻基础、婚后感情、离婚原因、夫妻关系的现状和有无和好的可能等方面综合分析。感情确已破裂，是指已经破裂，而不是即将破裂或可能破裂；是完全破裂，而不是一定程度的破裂或严惩破裂；是真正破裂，而不是表象破裂或假想破裂。而调解无效，是指当事人既不能达成同意和好也不能达成同意离婚的协议。感情确已破裂，是判决离婚的法定条件，调解无效，是判决离婚的程序条件。

2001 年《婚姻法》修正案在最高人民法院司法解释的基础上，以社会生活、家庭生活中反映出来的突出问题，以及在司法审判中所积累的经验，在原来两款规定的基础上，将导致夫妻感情破裂的五种常见的情形，作为认定感情确已破裂的具体情形。

1. 重婚或者有配偶者与他人同居的

重婚是严重违反一夫一妻制的行为，也是对夫妻感情的严重破坏。无论是由重婚方还是对方要求离婚，均应首先追究重婚者的刑事责任。一方坚决要求离婚，经调解无效的，应当视为夫妻感情确已破裂，准予离婚。有配偶者与他人同居，是指已婚者在婚姻关系以外与其他异性虽然不以夫妻名义，但同居共同生活的姘居关系。这种关系是对夫妻关系的严重破坏，如一方要求离婚，经调解无效，应当视为夫妻感情确已破裂，准予离婚。

2. 实施家庭暴力或虐待、遗弃家庭成员的

一方对另一方或对家庭其他成员实施家庭暴力或者实施遗弃、虐待行为，造成夫妻感情破裂的，另一方坚决要求离婚的，经调解无效，可依法判决准予离婚。

3. 有赌博、吸毒等恶习屡教不改的

因一方有赌博、吸毒等恶习且屡教不改，致使夫妻难以共同生活的，视为夫妻感情确已破裂，另一方坚决要求离婚，经调解无效，可依法判决准予离婚。

4. 因感情不和分居满二年的

夫妻因感情不和长期分居，没有共同生活，互不履行夫妻义务，夫妻关系实际上已名存实亡，是夫妻感情破裂的标志之一。如一方坚决要求离婚，经调解无

效，可依法判决准予离婚。

5. 其他导致夫妻感情破裂的情形

本条款属于弹性条款。法律不可能超越于社会生活，总是滞后于社会生活，立法者也不可能预先知道可能发生的导致双方感情破裂的各种可能情况，设立此规定是赋予法院根据社会的变迁而发挥司法的能动性，真正地体现立法的意旨。除上述四种情况外，其他原因导致夫妻感情破裂的均可使用本条。如一方患有严重的精神病，经治不愈的；一方被判处长期徒刑，或其违法犯罪行为严重伤害夫妻感情的；或夫妻双方难以共同生活的等。

从心理发展的角度看，在校大学生学业未成，事业未立，尚未完全具备组织家庭需要的许多条件，当夫妻相处、生活摩擦等各种问题迎面扑来的时候，不少人会选择逃避，甚至离婚。因此对待婚姻的态度一定要慎重。上述案例的分析结果是先予调解，调解不成应该判决离婚；房屋是二人婚前财产，应归钱某所有。伤害赔偿金具有人身属性，是对受伤者的赔偿，不是收入，不应视为共同财产；离婚应该能得到支持。因为钱某是婚姻存续期间与他人同居，又不承担家庭责任，有过错，林某的起诉应该能够得到法院支持。

8.5 离婚的程序有哪些？

（一）案例导读

小 A 和小 B 两年前结婚，后来因为工作原因小 A 调到外地，双方聚少离多，导致感情不和。小 B 提出离婚，请问：小 B 要解除与小 A 的夫妻关系应走何种程序？

（二）相关法律知识

此涉及离婚的法定程序问题。根据双方是否自愿解除婚约及对财产和子女是否有妥当安排，离婚在方式上分为自愿离婚与诉讼离婚两种。

1. 自愿离婚程序

根据《婚姻法》和《婚姻登记管理条例》的规定，男女双方自愿离婚，必须到婚姻登记机关办理离婚登记（婚姻登记机关，在农村是乡、民族乡、镇人民政府，在城市是街道办事处和市辖区的民政部门或者不设区的市人民政府的民政部门）。其程序如下：

申请。男女双方就自愿协议离婚提出申请，申请双方应当持户口证明、居民身份证、离婚协议书和结婚证，亲自到一方户口所在地的婚姻登记机关申请离婚。

审查。婚姻登记机关对离婚申请依法进行严格的审查，主要审查双方是否真正自愿，是否对子女扶养、夫妻一方生活困难的经济帮助、财产及债务处理等事项达成了协议。

批准。对于符合《婚姻法》规定双方自愿离婚条件的，登记机关应在自受理申请之日起一个月内准予登记，并发给离婚证，注销结婚证。当事人从取得离婚证时起即解除夫妻关系。

2. 诉讼离婚程序

对于婚姻登记机关不予受理的离婚申请，可以到法院提起诉讼，原告需要到被告住所地（户籍所在地）或者居住地（在户籍所在地以外的地区居住达一年以上）向人民法院提起诉讼，通过法院判决离婚。对于婚姻登记机关可以受理的离婚，当事人也可以直接到法院起诉，但两种方式只能选择其一。

提起离婚诉讼后的程序即诉讼离婚的程序，是人民法院对当事人的离婚请求进行审理的法定程序。根据婚姻法的规定，包括调解和判决两个阶段。

（1）调解。婚姻法第 32 条第 2 款规定："人民法院审理离婚案件，应当进行调解。"这表明调解是人民法院审理离婚案件的必经程序。使用调解程序，其目的在于防止当事人草率离婚，以及在双方当事人不能和解时，有助于平和、妥善地处理离婚所涉及的方方面面的问题。经过诉讼中的调解，会出现三种可能。第一种可能是原告撤销起诉或双方互谅互让，重归于好。人民法院将调解和好协议的内容记入笔录，由双方当事人、审判人员、书记员签名或者盖章，协议的法律效力至此产生。第二种是双方达成全面的离婚协议，包括双方同意，妥善安排子女今后的生活、合理分割财产以及离婚救济等事项。人民法院应当按照协议的内容制作调解书。调解书应写明诉讼请求、案件的事实和调解结果，并由审判人员、书记员署名，加盖人民法院印章。离婚调解书经双方当事人签收后即具有法律效力。第三种是调解无效，包括双方就是否离婚或者子女抚养、财产分割等方面达不成协议，在这种情况下，离婚诉讼程序继续进行。

调解是人民法院处理离婚案件的必经程序，是我国人民司法工作的优良传统和宝贵经验，具有十分重要的意义。在诉讼活动中使用调解，有利于对当事人进行法制宣传教育和思想疏导工作，并使案件及时妥善地得到处理；调解所达成的协议，当事人一般能够自觉执行。

（2）判决。判决是指人民法院在调解无效的基础上，对有争议的诉讼标的所做的强制性的决定。人民法院在离婚案件调解无效、双方存在争议的情况下，应在查清案情的基础上，依照《婚姻法》的有关规定，做出判决。判决一经生效，就发生强制性效力，当事人必须执行。一审判决离婚的，当事人在判决发生法律效力前不得另行结婚。当事人不服一审判决的，有权依法提出上诉。双方当事人在 15 天的上诉期内均不上诉的，判决书发生法律效力。

第二审人民法院审理上诉案件可以进行调解。经调解双方达成协议的，自调解书送达时起原审判决失效。第二审人民法院做出的判决是终审判决。对于判决不准离婚或者调解和好的离婚案件，没有新情况、新理由，原告在 6 个月内又起诉的，人民法院不予受理。

婚姻是神圣的，双方一旦决定离婚，请慎重考虑夫妻感情是否确已彻底破裂。如果确实无法挽回，则做好财产分配工作。从法律角度，夫妻共同财产原则上各半分割，不因一方存在过错而少分或不分。离婚协议以登记离婚为生效要件，如果未办理离婚登记手续，双方已经签字的离婚协议中有关财产约定不具有法律效力。为避免登记离婚后解决遗留问题的麻烦，建议离婚协议书由律师代为起草与审查。

针对上述案例而言，根据我国《婚姻法》规定，夫妻双方感情不和，可以到婚姻登记机关办理离婚登记。如果一方要离婚，而另一方不同意，则需要通过诉讼的方式解除婚姻关系。

8.6 离婚后财产、债务如何分配？

（一）案例导读

李先生婚前通过银行按揭贷款购买了一套价值 70 万元的商品房，每月还款 2500 元，该房屋产权证登记为李先生的名字。1 年后，李先生与赵女士办理结婚登记，婚后两人共同还款。对于房产两人并无任何约定，目前房屋已升值到 100 万元。现两人协议离婚，赵女士认为虽然房屋产权证上只有李先生的名字，但由于两人婚后共同还贷，房屋应属于夫妻共同财产而要求分割。请问：赵女士的要求是否有法律上的依据？

（二）相关法律知识

1. 夫妻共同财产分割原则

离婚在解除婚姻关系的同时导致夫妻共同财产制的终止。根据《婚姻法》第39条规定，离婚对财产分割的范围仅指夫妻共同财产，夫妻个人的财产、子女的财产、其他家庭成员的财产以及不属于夫妻共同财产范围的其他财产，均不属于分割之列。夫妻双方对财产的所有权问题以书面形式约定的，或以口头形式约定双方无争议的，离婚时应按约定处理，不予分割；但规避法律的约定无效，如约定的内容规避法定义务，侵害国家、集体和他人的利益。人民法院认定夫妻财产约定无效的，按法定的共同财产制分割财产。

人民法院在审理离婚案件时，分割夫妻共同财产主要应遵循的原则包括：

（1）男女平等原则。在一个家庭中，夫妻两方的收入比例大多是有区别的，男方经济收入高于女方的情况较多。但在分割共同财产时，双方应有平等的权利，不能因为女方经济收入较低、没有经济收入而少分或不分给她财产。夫妻双方对共同所有的财产有平等的所有权，离婚时，任何一方对共同财产都依法享有平等分割的权利。

（2）照顾子女和女方利益的原则。在财产分割上适当照顾妇女和儿童的利益，才能保证妇女和儿童因分割财产所造成的生活水平下降和生活困难，保证儿童的健康成长。《婚姻法》尤为注重保护子女的权益，这是由于父母的离婚会给未成年子女的生活和学习带来一定的影响，也影响下一代的健康成长。所以，在分割夫妻共同财产时，给抚养未成年子女的一方适当多分一些财产，以照顾子女的实际需要。

（3）照顾无过错一方的原则。在离婚案件的处理过程中在财产分割时无过错方有权请求损害赔偿，适当多分。让过错方承担离婚损害赔偿责任，这是对受害方的法律救济，体现了法律的公平原则。

（4）公平原则。公平原则是《中华人民共和国民法通则》规定的原则。公平原则要求以利益均衡作为价值判断标准来调整民事主体之间的物质利益关系，确定其民事权利和民事责任。离婚不仅终止了婚姻关系，还涉及夫妻及子女等家庭成员的利益，在离婚财产分割时适用公平原则，一方面合理分割夫妻现有的共同财产；另一方面还应清算夫妻的经济利益，在公平的前提下进行分割。

（5）坚持不损害国家、集体和他人利益原则。离婚分割夫妻共同财产时不能把属于国家、集体和他人所有的财产当作夫妻共同财产进行分割，不能借分割夫妻共同财产的名义损害他人合法利益。

2. 离婚时财产分割的方法

（1）夫妻共同财产，一般应均等分割。也就是说，夫妻共同财产，原则上均等分割；根据生产、生活的实际需要和财产的来源等情况，具体处理时也可以有所差别。属于个人专用的物品，一般归个人所有。

（2）夫妻分居两地分别管理、使用的共同财产，分割时各归管理、使用方所有；相差悬殊的差额部分，由多得财产的一方以与差额相当的财产抵偿另一方。

（3）已登记结婚尚未共同生活，按照习俗给付的彩礼，或婚前给付导致给付人生活困难的，离婚时可以请求对方退还彩礼。

（4）一方以夫妻共同财产与他人合伙经营的，入伙的财产可以给一方所有，分得入伙财产的一方对另一方应给予相当于入伙财产一半价值的补偿。

（5）对夫妻共同经营的当年无收益的养殖、种植业等，离婚时应从有利于发展生产、有利于经营管理考虑，予以合理分割或折价处理。

（6）双方对婚前一方所有的房屋进行过修缮、装修、原拆原建，离婚时未变更产权，增值部分中属于另一方应得的份额，由房屋所有人折价补偿给另一方。

（7）借婚姻关系索取的财物，离婚时，如结婚时间不长，或者因索要财物造成对方生活困难的，可酌情返还。对取得财物的性质是索要还是赠与难以认定的，可按赠与处理。

（8）对不宜分割使用的夫妻共有的房屋，应根据双方住房情况和照顾抚养子女或无过错方等原则分给一方所有。分得房屋的一方对另一方应给予相当于该房屋一半价值的补偿。在双方条件相同的情况下应照顾女方。

离婚时对房屋的处理办法，夫妻共有房屋，原则上均等分割；属于一方个人所有的房屋，离婚时，归一方所有，他方无权要求分割。

3. 夫妻共同债务清偿

作为夫妻共同财产的共同共有人，夫妻双方对该项财产享有平等的权利，同时也要承担相同的义务。当夫妻共同财产关系因离婚而解体，对因共同生活所负之债，双方负有同等的清偿责任。对夫妻一方为个人需要单独所负之债，他方无代为清偿的义务，由其本人偿还。

夫妻共同债务是指双方或一方为共同生活需要所负的债务。夫妻共同债务主要包括：为履行抚养、赡养义务所负债务；为购置家庭生活用品、修缮房屋以及支付家庭生活开支所负债务；夫妻一方或双方为治疗疾病所负债务；夫妻一方或双方从事工商个体经营或农业承包经营所负债务；因双方共同生活所负的其他债务。

夫妻共同债务应当以夫妻共同财产清偿，夫妻一方死亡或离异，债权人仍有权就夫妻共同债务向男女双方或生存者主张权利。一方就共同债务承担连带清偿责任后，可以向另一方追偿。

对上述案例而言，根据《婚姻法解释（三）》的规定，夫妻一方婚前签订不动产买卖合同，以个人财产支付首付款并在银行贷款，婚后用夫妻共同财产还贷，不动产登记于首付款支付方名下的，离婚时若双方没有特别约定，该不动产归产权登记一方。尚未归还的贷款为产权登记一方的个人债务。婚后，共同还贷支付的款项及其相对应财产增值部分，离婚时应根据照顾子女和女方权益的原则，由产权登记一方对另一方进行补偿。所以该房屋仍属于王先生的个人财产，不因婚后两人共同还贷而转化为夫妻共同财产。赵女士可以要求返还自己已付的购房款及利息，对房屋增值部分可以要求李先生适当补偿，其补偿额以增值部分的一半为准，但不能主张分割房产。

8.7 法律对离婚后子女的抚养问题作了哪些规定？

（一）案例导读

王女士与杜先生于2006年10月登记结婚，2008年6月生育一子杜晓某。由于婚前缺乏了解，草率结婚，婚后发现双方在性格脾气、生活观念上相差太大，常常发生激烈争吵。2014年1月双方开始分居至今。并且，杜先生想方设法阻止王女士与孩子见面，无奈之下王女士提起诉讼请求离婚。原告请求法院判令：原告与被告离婚，婚生子由原告抚养，要求被告支付自2013年12月1日起至杜晓某18周岁之日止的抚养费；请求法院对双方的共同财产进行分割，包括：北京市某小区22号楼301室；北京市朝阳区4号楼201室；一辆吉普小汽车和一辆雷克萨斯小汽车。请问：法院应如何作出判决？

（二）相关法律知识

1. 离婚后的父母子女关系

父母子女关系，是基于子女出生的法律事实而形成的自然血亲关系，一旦形成，不能用人为手段解除。父母离婚后，对未成年子女的权利义务仍然存在，子女无论随哪方生活，仍然是父母双方的子女，离婚只解除夫妻关系，不能解除父母子女关系。所以，离婚所变更的只是父母对未成年子女的抚养形式，而不是父母子女关系，父母双方仍有抚养教育未成年子女的权利和义务。此最大限度保护子女利益也是各国立法的原则与目标。

2. 离婚后如何确定子女直接抚养方

离婚虽然不改变父母子女关系，但是变更了父母对子女的抚养形式，即子女只能随一方生活，他方以给付抚养费用及享有探望权来行使其抚养子女的权利和义务。

（1）哺乳期内子女直接抚养方的确定。在我国，为了更好地保护婴儿的利益，哺乳期内的子女，以随哺乳的母亲抚养为原则。最高人民法院在司法解释中将哺乳期限明确规定为 2 年。因此，2 周岁以内的子女，由哺乳的母亲抚养，既是其权利也是其义务，婴儿的母亲不能推卸责任，不尽义务。在特殊情况下，当母亲不宜或不能抚养子女时，婴儿的父亲必须尽抚养义务，与婴儿共同生活。

（2）哺乳期后未成年子女直接抚养方的确定。第一，由父母协商确定，确保直接抚养方能符合子女的利益和父母双方各自的情况。第二，子女 10 周岁以上的应考虑本人意见，这样有利于离婚后父母子女关系的融洽和该孩子的身心健康发展，最大限度地减少离婚对子女的伤害。第三，在有利于保护子女利益的前提下，父母双方以协议轮流抚养子女。第四，对于父母双方达不成协议的，由人民法院判决。

离婚后，由于父母的抚养条件发生重大变化，或者子女要求变更抚养关系的，可由父母双方协议变更，协议不成的，人民法院应根据子女利益和双方的具体情况判决。对离婚后子女直接抚养方的变更，不影响父母对子女的抚养义务，无论子女由何方抚养都是父母双方的子女，父母都应当承担相应的抚养义务。

3. 离婚后子女抚养费用的负担与变更

离婚后父母双方有平等的负担子女生活费和教育费的义务。根据《婚姻法》第 37 条的规定，离婚后一方抚养的子女，另一方应负担必要的生活费和教育费的一部分或全部，负担费用的多少和期限的长短，由双方协议，协议不成时由人民法院判决。

确定子女抚养费的数额，可根据子女的实际需要、父母双方的负担能力和当地的实际生活水平综合考虑，也要按照义务人收入的比例确定抚养费数额。负有给付义务的一方有固定收入的，抚养费一般可按其月总收入的 20% ～ 30% 的比例给付。负担两个以上子女抚养费的，比例可适当提高，但一般不得超过月总收入的 50%。负有给付义务的一方无固定收入的，抚养费的数额可依据当年总收入或同行业平均收入，参照上述比例确定。

子女抚养费的给付期限一般至子女 18 周岁为止。16 周岁以上不满 18 周岁，以其劳动收入为主要生活来源，并能维持当地一般生活水平的，父母可停止给付抚养费。另外，子女抚养费应定期给付，有条件的也可一次性给付，根据当事人的具体情况，可给付金钱或实物。

离婚后，由于父母一方或子女的情况发生变化，可另行起诉，要求变更。子女抚养费的变更包括增加、减少或免除。

4. 离婚后父母如何行使对子女的探望权

离婚后不直接抚养子女的父或母一方对其子女享有探望权。《婚姻法》第 38 条规定：“离婚后，不直接抚养子女的父或母，有探望子女的权利，另一方有协助义务。”行使探望权利的方式、时间由当事人协议；协议不成时，由人民法院判决。父或母探望子女，不利于子女身心健康的，由人民法院依法中止探望的权利，中止的事由消失后，应当恢复探望的权利。探望权制度的建立，对保护离婚后双方当事人的合法权益，减少纠纷、维护社会安定团结，对保护未成年人的身心健康，促进其愉快成长均是十分重要，必不可少的。

当一个家庭到了无法再延续下去的时候，承受苦果的往往是孩子。对于那些决定用离婚来了断的夫妻来说，在某种角度上说往往是无可厚非的，没有感情的婚姻是对双方的折磨和伤害。但是当两个人从这种伤害中解脱出来时，这种伤害往往转嫁给无辜的孩子。所以，请善待自己的婚姻。

对上述案例而言，法院经审查，被告没有固定住所，工作不稳定，收入较低，性格偏激。法院准予原、被告双方离婚，并根据有利于子女身心健康、保护子女合法权益出发，最终判决婚生子杜晓某由原告王女士抚养，杜先生每月给付抚养费 3000 元，直到杜晓某独立生活时止。登记在原告王女士名下的吉普小汽车归原告所有，登记在被告杜先生名下的雷克萨斯小汽车归被告所有；登记在原告王女士名下的 301 室房屋及位于北京市朝阳区 4 号楼 201 室房屋均归原告王女士所有，原告向被告支付前述两套房屋的房屋折价款项共计 3124518 元。

8.8 法律对无过错方的赔偿请求权是如何规定的？

（一）案例导读

黄女士与李先生于 2003 年结婚，双方均是再婚，婚后未生育子女。2012 年 4 月，李先生与他人发生不正当关系，黄女士起诉离婚，并提出了因男方过错导致女方精神损害的赔偿请求。因男方不同意离婚，并在法庭上明确表示愿意与女方今后好好过日子。请问：法院应如何作出判决？

（二）相关法律知识

离婚过错赔偿是指因过错配偶的过错行为，导致婚姻关系破裂，离婚时，由过错方向无过错方承担赔偿财产损失和精神损失的民事责任。为了体现公平，照顾无过错方的利益，《婚姻法》第 46 条规定了离婚损害赔偿制度。具体规定是：有下列情形之一，导致离婚的，无过错方有权请求损害赔偿：①重婚的；②有配偶者与他人同居的；③实施家庭暴力的；④虐待、遗弃家庭成员的。

1. 离婚损害赔偿的要件

一是行为人有过错。所谓过错并非是离婚行为本身，而是导致离婚的过错行为。《婚姻法》第 46 条规定，过错行为包括重婚、有配偶者与他人同居、实施家庭暴力、虐待、遗弃家庭成员等。

二是有损害事实。即因上述过错行为给配偶方造成财产损害、人身损害和精神损害。

三是过错行为与损害事实之间有因果关系。即过错行为导致了损害事实的发生。这种因果关系是过错方承担赔偿责任的前提和基础。

四是离婚的发生且损害赔偿请求权人无过错。《婚姻法》第 46 条规定，离婚无过错损害赔偿的请求主体是无过错方。因为无过错方是受害人，他（她）对分割人即过错方因过错给自己造成的经济损失和精神损失当然有权主张权利。司法解释第 29 条规定，承担损害赔偿责任的主体为离婚诉讼当事人中无过错方的配偶。显然，第三者不能成为损害赔偿责任的主体。这是因为，第三者不是离婚诉讼当事人。如果无过错方诉讼第三者，那就是另外一种法律关系，而非离婚之诉。这是离婚损害赔偿侵权责任的特殊要求。只有离婚的发生，无过错方始得行使损害赔偿请求权。无离婚事实的发生，离婚损害赔偿就无从开始，同时要求损害赔偿的请求权人必须无过错，本人如有相同的过错行为，则过失相抵，不得要求损害赔偿。

离婚过错赔偿既可适用于判决离婚，也可适用于协议离婚。离婚并不因判决离婚或协议离婚而有不同的效力。协议离婚时，双方可就损害赔偿进行约定，无约定的，也并不表示无过错方放弃损害赔偿请求权，协议离婚生效后，无过错方仍可提起损害赔偿之诉。判决离婚的，无过错方可在起诉离婚的同时，提起损害赔偿之诉。

2. 离婚过错赔偿形式

离婚过错赔偿，包括财产损害赔偿和精神损害赔偿两种方式。

财产损害赔偿主要是指，因过错方的过错行为导致无过错方所持财产的减少，无过错方可能失去的利益，如双方共同经营或者是可期待的利益以及人身伤害所支出的医疗费，因误工减少的收入，残疾者生活补助等费用。财产损害赔偿可根据《民法通则》及最高人民法院《关于贯彻执行〈民法通则〉若干问题的意见（试行）》的规定，对他人财产造成的损害，应按实际损失予以赔偿。离婚损害赔偿中的财产损害赔偿，应遵循全部赔偿原则，全部赔偿要求损害不仅要赔偿直接损失，而且对确定的间接损失也要予以赔偿。

精神损害具体是指配偶身份的纯正和感情专一的精神利益受到严重的损害，排他的性生活利益受到损害，家庭暴力或精神压抑所致的肉体伤害和痛苦以及名誉、人格尊严、社会地位等社会价值的贬损等。精神损害赔偿数额的确定较之财产损害难度较大，金钱买不了感情，但金钱能在一定程度上弥补婚姻中无过错方的损失。由于精神损害的无形性及其不可估价性特征，法官在裁量精神损害的赔偿金额时，则必须参照最高人民法院《关于贯彻执行〈民法通则〉若干问题的意见（试行）》第 150 条规定和最高人民法院关于精神损害赔偿的“解释”来确定赔偿金的数额。

3. 离婚无过错方提出离婚精神损害的赔偿

《婚姻法》第 30 条规定人民法院受理离婚案件时，应当将《婚姻法》第 46 条等规定中当事人的有关权利义务，书面告知当事人。在使用《婚姻法》第 46 条时，应当区分以下不同情况：

（1）符合《婚姻法》第 46 条规定的无过错方作为原告基于该条规定向人民法院提起损害赔偿请求的，必须在离婚诉讼的同时提出。

（2）符合《婚姻法》第 46 条规定的无过错方作为被告的离婚诉讼案件，如果被告不同意离婚也不基于该条规定提起损害赔偿请求的，可以在离婚后一年内就此单独提起诉讼。

（3）无过错方作为被告的离婚诉讼案件，一审时被告未基于《婚姻法》第 46 条规定提出损害赔偿请求，二审期间提出的，人民法院应当进行调解，调解不成的，告知当事人在离婚后一年内另行起诉。

离婚精神损害赔偿是因法定过错行为导致离婚而应该承担的法律责任，这种法律责任的承担不应受婚姻关系解除方式的限制，也就是说此精神损害赔偿也适用于协议离婚。需要指出的是，在协议离婚时，是否给予赔偿，由当事人双方协议约定。如果无过错方不愿意放弃该项请求权的，夫妻双方应该将赔偿问题与是否同意离婚、财产分割、子女抚育问题一并同时达成合意。否则，视为放弃赔偿请求权。

就本案而言，法院经审理后认为，从黄女士提交的照片等证据取得的时间来看，该组证据取得于双方婚姻关系解除前，此时双方正在离婚诉讼中，感情也趋于破裂边缘。拍摄于 2012 年 12 月的部分照片中记载的李先生的行为明显超越其所称的与他人系朋友关系，根据日常经验法则，二人一起逛公园、超市，晚上共居一室，符合“有配偶者与他人同居”的情形，法院有理由相信张先生的行为对双方婚姻感情的破裂起到了加剧作用，最终导致双方离婚。据此，法院判决李先生向黄女士支付精神损害赔偿金 5 万元。

思考题：

1. 联系实际，谈谈大学生应如何看待恋爱与婚姻问题。
2. 如何看等《婚姻法》司法解释中关于个人财产的问题？

第九讲 财产继承的方式

财产继承制是我国法律的重要组成部分，是调整社会关系的重要方式之一。我国的根本大法《宪法》明确规定了公民的合法财产应受到法律的保护，《继承法》中也有相应的法条保障公民的合法财产。但是随着我国社会的进步和经济的发展，公民拥有的财富越来越多，关于财产继承的状况也越发复杂，财产继承的方式多种多样。学习了解继承法，可以更好地帮助我们处理生活中关于财产继承的各种事项。

9.1 财产继承开始的时间如何界定？

（一）案例导读

中年男人赵某于 2013 年去世，留下一房屋，其妻王某、女儿赵小花相依为命。赵某的父亲于 1985 年已经去世；赵某的母亲在乡下与赵某的弟弟赵二一起生活。赵某还有两个妹妹赵三、赵四。现王某、赵小花二人想改善生活，卖掉该遗产房，请问：遗产如何分配？赵某的两个妹妹赵三、赵四是否有继承权？

（二）相关法律知识

我国《继承法》第 2 条规定：“继承从被继承人死亡开始。”根据这一规定，确定继承开始的时间，应以被继承人死亡的时间为准。“死亡”在法律上包括自然死亡与被宣告死亡。根据《关于贯彻执行〈中华人民共和国继承法〉若干问题的意见》第 1 条的说明：“继承从被继承人生理死亡或被宣告死亡时开始。失踪人被宣告死亡的，以法院判决中确定的失踪人的死亡日期，为继承开始的时间。”

1. 自然死亡

自然死亡，亦称生理死亡，或公民生命的绝对消灭。自然死亡，包括因病死亡、因意外事故死亡、因被杀害死亡，因依法剥夺生命权死亡等。在司法实践中，确定因公民自然死亡而继承开始的具体依据一般是：

（1）继承人或其他人目睹被继承人呼吸停止，心脏最后停止跳动的时间。

（2）医院的死亡证书中所记载的死亡时间。

（3）户籍管理登记册中所记载的公民死亡的时间。

2. 宣告死亡

宣告死亡是指法律对离开自己住所生死不明达到一定期间，人民法院根据利害关系人的申请，并按照民事诉讼法规定的特别程序宣告失踪人死亡。宣告死亡是人民法院依审判程序推定公民死亡的一种法律制度，它和公民自然死亡一样能够引起继承法律关系的发生，即继承的开始。

根据《中华人民共和国民法通则》规定，宣告死亡必须具备以下条件：

（1）被宣告死亡的人必须是下落不明的失踪人。

（2）失踪必须持续一定的期间。

（3）宣告失踪人死亡必须由利害关系人提出申请。

（4）宣告死亡必须由人民法院以判决的形式作出。

3. 两个以上互有继承权的人在同一事件中死亡，其死亡时间的确定

对两个以上互有继承权的人在同一事件中死亡，其死亡先后时间如何确定，这是一个较为复杂的问题，而且确定得正确与否直接影响着继承人的利益。我国继承法对此虽无明文规定，但《最高人民法院关于贯彻执行〈中华人民共和国继承法〉若干问题的意见》第 2 条作了补充说明："互有继承关系的几个人在同一事件中死亡，如不能确定死亡先后时间的，如几个死亡人辈分不同，推定长辈先死亡。死亡人各自都有继承人的，如几个死亡人辈分相同，彼此不发生继承关系，由他们各自的继承人分别继承。"

继承人所享有的继承权，在继承开始之前，是一种客观意义上的可能性权利，只有继承开始时，继承权才由不确定的状态转化为现实可行的状态，未丧失、放弃或被剥夺继承权的继承人，才有资格实际参加对被继承人的遗产继承。

4. 继承权的诉讼期限

继承开始的时间，也是确定遗产的范围及其数额的时间界限。《继承法》第 8 条规定："继承权纠纷提出诉讼的期限为 2 年，自继承人知道或者应当知道其权利被侵犯之日起计算。但是，自继承开始之日起超过 20 年的，不得再提起诉讼。"继承权保护的最长时效是 20 年，从继承开始时起算，超过此期限的，继承人不知道或者不可能知道其继承权受到侵犯的，也丧失司法保护的"胜

诉权”。

被继承人死亡后他所拥有的财产，就是他的遗产，他的继承人从他死亡开始进行财产继承。继承开始的时间，是计算继承权最长诉讼时效的一个起点。按我国继承法的规定，“继承权纠纷提起诉讼的期限为二年，自继承人知道或者应当知道其权利被侵犯之日起计算。但是，自继承开始之日起超过20年的，不得再提起诉讼。”这个20年，是一个最长的诉讼时效。

就上述案例而言，继承财产的时间由被继承人死亡之日开始计算，由于赵某生前没有留下遗嘱，因此继承自他死亡时开始，按法定继承办理。根据我国法律规定，该房子属于夫妻共同财产，其妻王某有一半的份额，在扣除其妻享有的一半份额后，其余按第一顺位继承进行分配。王某、赵小花与赵某母亲三人属于第一顺位继承人，由其三人平分。赵二、赵三、赵四属于第二顺位继承，对该房子不享有继承权。

9.2 财产继承的范围有多大?

（一）案例导读

某大学教授高某和妻子王某夫妇生前居住在该大学校园内的教职工宿舍，每月向学校缴纳承租房租金。高某和王某去世后，其已独立生活的儿子和女儿因继承遗产纠纷，诉至人民法院，请求人民法院判决由其儿子和女儿继续承租父母生前的住房。请问：本案如何处理?

（二）相关法律知识

遗产源于被继承人生前个人所有的合法财产。因而，遗产范围的划定就必然受到公民个人财产范围的限制。我国《继承法》第3条明确规定：“遗产是公民死亡时遗留的个人合法所有的财产，包括：公民的收入；公民的房屋、储蓄和生活用品；公民的林木、牲畜和家禽；公民的文物、图书资料；法律允许公民所有的生产资料；公民的著作权、专利权中的财产权利；公民的其他合法财产。对本条第7项所规定的“其他合法财产”的范围，《最高人民法院人民法院关于贯彻执行〈中华人民共和国继承法〉若干问题的意见》中第3条曾指出：“公民可继承的其他合法财产包括有价证券和履行标的为财物的债权等。”我国《继承法》

第 4 条规定："个人承包应得的个人收益，依照本法规定继承。个人承包，依照法律允许由继承人继续承包的，按照承包合同办理。"

概括起来说，我国继承法中所指明的遗产范围应当包括以下四大类。

1. 公民个人财产所有权及其他物权

《中华人民共和国民法通则》第 75 条规定："公民的个人财产，包括公民的合法收入、房屋、储蓄、生活用品、文物、图书资料、林木、牲畜和法律允许公民所有的生活资料以及其他合法财产。"公民的个人财产所有权，就是公民对自己所有的上述财产享有占有、使用、收益和处分的权利。公民的财产具有能够转移的性质，因而也可以作为遗产由继承人或其他人依法取得。

2. 公民的知识产权中的财产权利

（1）公民的著作权（版权）中的财产权利。

（2）公民的专利权中的财产权利。

（3）公民的商标专用权中的财产权利。

（4）公民的技术秘密权中的财产权利。

3. 公民的债权和债务

（1）因合同而产生的债权和债务。

（2）因侵权行为而产生的债权或债务。

（3）因不当得利而产生的债权和债务。

（4）因无因管理而发生的债权或债务。

（5）因单方法律行为所生之债中的债权和债务。

4. 公民的其他合法财产

根据我国的相关法律规定，"公民的其他合法财产"包括：第一，公民持有的有价证券。第二，复员、转业军人享有的资助金、复员费、转业费、医疗费。第三，公民的离退休金和养老金。第四，因工伤残抚恤费和革命残废军人抚恤费。第五，公民的最低社会保障金。

所谓遗产，就是公民死亡时遗留的个人合法财产。公民死亡后，其所遗留的财产中既可能有财产权利，也可能有财产义务。遗产即是财产权利和财产义务的统一。在本案例中，所涉及的单位职工对国有房屋的承租权，不属于公民个人财产的范围，当然也不属于遗产，其继承人不能基于继承关系而取得该项承租权。

9.3 法定继承人的范围有多大?

(一)案例导读

肖某(女)与林某(男)系夫妻关系,2012年3月15日,林某因车祸遇难。肖某和林某的父母均健在,二人有一女林小丽,且已结婚,林某另有两个哥哥和一个舅舅健在。林某去世时有房屋4套,价值500万元,均系婚后林某用开公司所获利润购买,据悉肖某工资收入一直很微薄。另悉,林某生前未立遗嘱。请问:哪些人是林某的继承人?遗产应当怎样分割?

(二)相关法律知识

法定继承是指根据法律规定的继承人范围、继承顺序和遗产分配方法,将被继承人的遗产移转给法定继承人和其他遗产取得人的继承方式。法定继承方式是我国所规定的继承的基本制度之一。

1. 法定继承人的范围

我国《继承法》确定的法定继承人是:配偶、子女、父母、兄弟姐妹、祖父母、外祖父母,以及对公、婆或岳父母尽了主要赡养义务的丧偶儿媳与丧偶女婿。

(1)配偶

配偶是处于合法婚姻关系中的夫妻相互间的称谓,丈夫以妻子为配偶,妻子以丈夫为配偶。配偶互有继承权的根据,是双方存在的合法夫妻关系。

(2)子女

子女是父母最近的晚辈直系血亲,父母与子女之间存在最为特殊的人身关系和财产关系。根据我国《继承法》的规定,子女作为法定继承人时,不分性别、长幼,亦不论婚生子女、非婚生子女或养子女、继子女,均有权继承父母的遗产。

(3)父母

父母与子女之间是血缘关系最近的直系血亲,彼此具有密切的人身关系和财产关系,由此决定了父母与子女在遗产问题上互有继承权。法律上所规定的父母子女关系,包括生父母子女、养父母子女和有抚养关系的继父母子女。因而,在遗产继承方面,生父母、养父母和有抚养关系的继父母,均有对其亲生子女、养子女和有抚养关系的继子女的遗产的继承权。

（4）兄弟姐妹

兄弟姐妹之间存在较为密切的关系，他们血缘亲近、生活中相互照顾，因此我国《继承法》将兄弟姐妹列为法定继承人，规定他们之间互相享有取得对方遗产的权利。依照我国《继承法》的规定，作为法定继承人的兄弟姐妹，包括同父母的兄弟姐妹、同父异母或者同母异父的兄弟姐妹、养兄弟姐妹及有抚养关系的继兄弟姐妹。至于堂兄弟姐妹、表兄弟姐妹，或者结拜关系的兄弟姐妹则不享有继承权。

（5）祖父母、外祖父母

我国《继承法》将祖父母、外祖父母列为其孙子女、外孙子女的第二顺序法定继承人。

（6）对公、婆或岳父母尽了主要赡养义务的丧偶儿媳与丧偶女婿

丧偶儿媳和丧偶女婿对公、婆、岳父母尽了主要赡养义务，才能作为第一顺序法定继承人，同时他们的继承权具有独立的性质，可以作为第一顺序法定继承人直接、独立地参加继承，既不受其子女是否代位继承的限制，也不影响其子女的代位继承权。同时丧偶儿媳和丧偶女婿对对公、婆、岳父母遗产的继承权，同他们再婚与否没有关系。

2. 法定继承人的继承顺序

我国《继承法》第 10 条中明确规定："遗产按照下列顺序继承：第一顺序：配偶、子女、父母。第二顺序：兄弟姐妹、祖父母、外祖父母。继承开始后，由第一顺序继承人继承，第二顺序继承人不继承。没有第一顺序继承人继承的，由第二顺序继承人继承。"该法第 12 条又规定："丧偶儿媳对公、婆，丧偶女婿对岳父、岳母尽了主要赡养义务的，作为第一顺序继承人。

一般情况下应当均等分配遗产，但特殊情况下可以不均等分配遗产，比如生活有特殊困难的缺乏劳动能力的继承人，对被继承人尽了主要抚养义务或者与被继承人共同生活的继承人，可以适当多分遗产。但有抚养能力和抚养条件的继承人，不尽抚养义务的，分配遗产时，应当不分或少分。

从本案例来看，根据法律规定，第一顺序法定继承人是父母、子女、配偶。故林某的继承人是：肖某、自己的父母、女儿林小丽。价值 500 万元的房屋是夫妻共同财产，其中的 250 万元应属于肖某所有，其余 250 万元由上述 4 位继承人平均分割。

9.4 遗嘱继承的法定条件法律作了哪些规定？

（一）案例导读

郭某育有三个子女，长子郭甲，次子郭乙，女儿郭丙，但郭丙患病，生活不能自理。郭某曾立下书面遗嘱，将其全部遗产 3 间房屋和 2 万元存款给长子郭甲继承。但弥留之际，郭某看到郭甲似乎在窃笑，巴不得自己赶快死，便宣布把自己的全部遗产给次子郭乙继承。当时在场人员有护士小王，郭甲、郭乙及郭某的女儿郭丙。请问两份遗嘱哪份有效？

（二）相关法律知识

遗嘱继承就是按照被继承人所立的合法有效的遗嘱而继承其遗产的继承方式。遗嘱是指被继承人生前按照法律规定的方式对其财产所作的处分，而于死亡时发生效力的民事法律行为。立遗嘱的被继承人叫做立遗嘱人，依遗嘱而取得继承权的人叫做遗嘱继承人。

公民立遗嘱是依法处分个人合法所有的个人财产的民事行为，所以，有效遗嘱必须具备以下实质要件。

1. 立遗嘱人必须具有立遗嘱能力

《中华人民共和国继承法》(简称《继承法》) 第 22 条规定“无行为能力人或限制行为能力人所立遗嘱无效。”无行为能力或限制行为能力人不具备真实表达自己意思的能力，也不具备与其相关的民事活动的责任能力，他们所立遗嘱，超越了法律规定的范围，法律规定其从事的民事活动无效，是为了保护他们的利益不受侵害。为此，最高人民法院关于贯彻执行《继承法》若干问题的意见第 41 条“遗嘱人立遗嘱时必须有行为能力。无行为能力人所立的遗嘱，即使其本人后来有了行为能力，仍属无效遗嘱。遗嘱人立遗嘱时有行为能力，后来丧失了行为能力，不影响遗嘱的效力”。也充分说明了立遗嘱人必须具有立遗嘱的能力。

2. 遗嘱内容必须是立遗嘱人的真实意思的表示

《继承法》第 20 条明确规定“遗嘱必须表示遗嘱人的真实意思，受胁迫、欺骗所立的遗嘱无效。伪造的遗嘱无效。遗嘱被篡改的，篡改的内容无效”。遗嘱人在遗嘱中确立的内容是处分自己生前合法所有的个人财产，立遗嘱人如果在胁迫等外在因素的压迫下所立遗嘱，或遗嘱被人篡改、伪造，均是他人的意思，他人无权处分财产所有人的遗产，只有遗产所有人才能处分自己合法所有的遗产，因此，遗嘱一定要表示遗嘱人真实的意思，这也是体现对公民个人所有的财产的保护。

3. 遗嘱处分的遗产只能是个人合法所有的财产，处分其他财产无效

《继承法》第16条第1款规定“公民可以依照本法规定立遗嘱处分个人财产”界定了遗嘱处分的财产是公民个人财产，凡是违反这一条规定的遗嘱无效。最高人民法院关于贯彻《中华人民共和国继承法》若干问题的意见第38条规定“遗嘱人以遗嘱处分了属于国家、集体或他人所有的财产，遗嘱的这部分无效”，充分说明遗嘱人在遗嘱中处分遗产只限于个人财产，凡超越这个界限的无效。

4. 遗嘱中不得取消缺乏劳动能力又没有生活来源的继承人的继承权

《继承法》第19条规定“遗嘱中应当为缺乏劳动能力又没有生活来源的继承人保留必要的份额”，这部分人缺乏劳动能力或者丧失劳动能力，没有生活来源或者有生活来源但不足以维持其基本生活。剥夺其继承权，无异于造成其生存危机，因此剥夺这种人继承权的遗嘱无效。

5. 遗嘱中应保留胎儿的继承份额

《继承法》第28条规定“遗产分割时，应保留胎儿的继承份额。”胎儿还未出生，被继承人死亡，在分割遗产时应保留胎儿的继承份额，这是因为被继承人死亡，承担抚育子女的责任、义务也随之消失，但胎儿是需要抚育的，保留胎儿的继承份额，可以最大限度地满足其成长需要，减轻生存压力。最高人民法院关于贯彻执行《中华人民共和国继承法》若干问题的意见第45条“应当为胎儿保留的遗产份额没有保留的，应当从继承人继承遗产中扣回”，也就是说，扣回胎儿应继承的份额后，其他继承人继承的遗产才有效。

根据《继承法》第19条的规定，遗嘱应当对缺乏劳动能力而又没有生活来源的继承人保留必要的份额。这一规定属于强行性规定，遗嘱取消缺乏劳动能力而又没有生活来源的继承人的继承权的，不能有效。遗产处理时，应当为该继承人留下必要的遗产，所剩余的部分，才能参照遗嘱确定的分配原则处理。因此应给女儿郭丙留够必要的生活费后，剩余的财产才能按其书面的遗嘱继承。

从上述案例来看，涉及两份遗嘱，一份口头，一份书面，但是只有书面遗嘱是有效的，且是部分有效。郭某在弥留之际的口头遗嘱，须符合法定条件之一即为：有两个以上见证人在场见证，法律规定与遗嘱有利害关系的人不能作为见证人。因此只有护士小王可以成为遗嘱见证人。但这是不够的，不符合有两个以上见证人在场见证这一法律规定，所以这份口头遗嘱是无效的。只能以书面遗嘱为

准，而书面遗嘱忽略了郭丙的需求，因此只能算部分有效。

9.5 法律对遗嘱继承的方式及顺位问题作了哪些规定？

（一）案例导读

赵明有房屋5间、存款50000元均系个人财产，有妻子和三个儿女及一个外孙。妻子有退休金，三个儿女均有工作，外孙正在上小学。2005年赵明立遗嘱一份，并经公证处公证。遗嘱的内容为：自己百年之后，房屋5间全部由长子继承，从存款中拿出10000元给外孙。当其他亲属得知遗嘱内容后大为不满，遂与其发生争吵，要求更改遗嘱内容。赵明无奈，遂于2007年3月12日当众亲笔书写新的遗嘱。新遗嘱的内容为：房屋5间由妻子及三个子女平分，存款50000元由妻子继承。该遗嘱不仅内容由赵明亲笔书写，而且亲笔签了名字和日期，但未办理公证手续。2010年1月15日，赵明病故。不久后因遗产分割问题再次发生争执，长子主张依据经过公证的遗嘱继承，其他人坚持按照后一个遗嘱继承。因争执不下遂诉至法院。请问：法院应当支持哪一方的主张？遗嘱未涉及的40000元存款应当如何处置？

（二）相关法律知识

1. 遗嘱继承的方式

遗嘱应依一定的形式而订立，遗嘱的形式是指遗嘱人表述自己意愿处分自己遗产的方式。由于遗嘱具有改变法定继承人范围、继承顺序和遗产份额的效力，对继承权和实际取得产生重大影响。所以法律要求遗嘱形式必须符合法律规定。《继承法》第17条规定，合法有效的遗嘱方式有多种，即：公证遗嘱、自书遗嘱、代书遗嘱、录音遗嘱、口头遗嘱。

第一种方式：公证遗嘱。所谓公证遗嘱，是指遗嘱人生前订立并经公证机关公证的遗嘱。公证遗嘱是形式严格、内容真实、证据力比较强的一种遗嘱形式。

（1）办理遗嘱公证，遗嘱人应当亲自到公证处办理，不能委托他人代办。

（2）立遗嘱人应神智清晰，能真实地表达自己的意思，无受胁迫或受欺骗等情况。

（3）原来已在公证处办过遗嘱公证的，现要变更或撤销原遗嘱公证的，应当提交原来的遗嘱公证书并到原公证处办理。

（4）立遗嘱人死亡后，遗嘱继承人应当持遗嘱公证书、死者死亡证明，及本人身份证件来本处办理继承权公证。如遗嘱受益人不在法定继承人范围的，为受遗赠人，则受遗赠人必须在知道受遗赠后二月内来本处办理接受遗赠的声明书公证。

第二种方式：自书遗嘱。自书遗嘱是指由遗嘱人亲笔书写，不需要见证人在场见证即发生继承的法律效力的遗嘱。《继承法》第17条第2款规定：“自书遗嘱由遗嘱人亲笔书写，签名，注明年、月、日。”根据这一规定，设立自书遗嘱必须具备下列条件：

（1）自书遗嘱，应由遗嘱人亲笔书写遗嘱全文。委托他人代写、记录或者用铅印、打字等印制的遗嘱，均不应认为是自书遗嘱。同时自书遗嘱应是正式的，对遗嘱人生前在日记或信件中所涉及的关于自己死后财产如何处理的打算，不应视为自书遗嘱。但是如果公民在死亡前留有遗书，遗书中表明自己死后对所遗财产如何处分的内容，经认定确为死者真实意愿的表示，有本人签名，并注明年、月、日，又无相反证据的，可以按自书遗嘱处理。

（2）自书遗嘱必须由遗嘱人亲自签名。需要注意的是，这里指的必须由遗嘱人亲自签名，是指遗嘱人亲笔签名，而不是指由遗嘱人加盖印章、捺指印或画押等。

（3）自书遗嘱要注明制作的年、月、日。有了制作遗嘱的准确时间，就能够审查确定遗嘱人在制作该份遗嘱的当时是否具有民事行为能力，进而确定该份遗嘱是否具有法律效力。

第三种方式：代书遗嘱。代书遗嘱是指因遗嘱人不能书写而委托他人代为书写的遗嘱。《继承法》第17条第3款规定：“代书遗嘱应当有两个以上见证人在场见证，由其中一人代书，注明年、月、日，并由代书人、其他见证人和遗嘱人签名。代书遗嘱需要具备以下条件：

（1）遗嘱人不能书写遗嘱，必须委托他人代写。

（2）须由遗嘱人指定两个以上的见证人在场见证。

（3）须由遗嘱人口述遗嘱要点，然后由见证人中的一人代为书写，写成书面遗嘱后，由代书人向遗嘱人宣读。

（4）经遗嘱人认定无误后，由代书人、其他见证人和遗嘱人签名，并注明年、月、日。如遗嘱人不能签名时，应以捺指印代替，不能由他人代为签名。

第四种方式：录音遗嘱。录音遗嘱是指遗嘱人用录音带录制的自己的口述遗嘱。为防止录音遗嘱被他人篡改或录制假遗嘱等弊端的发生，《继承法》在第

17 条第 4 款明确规定："以录音形式设立的遗嘱，应当有两个以上见证人在场见证。"见证的方法可以采取书面或录音的形式，录音遗嘱制作完成后，应当场将录音遗嘱封存，并由见证人签名，注明年、月、日。

第五种方式：口头遗嘱。口头遗嘱是指在特殊情况下，遗嘱人以口头形式设立的遗嘱。《继承法》第 17 条第 5 款规定："遗嘱人在危急情况下，可以立口头遗嘱。口头遗嘱应当有两个以上见证人在场见证。紧急情况解除后，遗嘱人能够用书面或者录音形式立遗嘱的，所立的口头遗嘱无效。"

2. 遗嘱继承的顺位问题

在这 5 种遗嘱形式中，以公证遗嘱效力最高。如果遗嘱人先后立了多份遗嘱，以最后所立的为准，但任何遗嘱都不能和已经公证过的遗嘱相抵触。比如说，一个人生前立了多份遗嘱，而每份遗嘱的内容都不太一样，其中第一份遗嘱是经过公证机关公证的，那么这种情况下就应该以公证遗嘱所立的内容为准进行遗产继承，而不是以最后立的那份遗嘱为准。因为在不同种类的遗嘱中，公证遗嘱的效力最高。

如果被继承人生前立有数份遗嘱，其中有公证遗嘱的，以公证遗嘱为准。如果没有公证遗嘱时，以后立的遗嘱的效力高于前立的遗嘱的效力为原则。如果立遗嘱人想改变所立的公证遗嘱，只能通过一个新的公证遗嘱加以修改或废除。

就本案而言，赵明的经过公证的遗嘱具有最高效力。法院应当支持长子的主张，承认公证遗嘱的效力。公证遗嘱当中指定外孙分享 10000 元是遗赠，因而也是有效的。另外，遗嘱未涉及的财产，按照法定继承处理，遗嘱当中指定的继承人仍然享有继承权。最终判决结果是长子依据公证遗嘱继承 5 间房屋，外孙接受 10000 元的赠与。其余的 40000 元存款按照法定继承的规定，由妻子及三个子女来继承，因没有存在生活困难的问题，故原则上平分。

9.6 什么叫代位继承？

（一）案例导读

被继承人王某与妻子陈莉于 1970 年结婚，生儿子王海和女儿王英。2010 年女儿王英意外死亡，有丈夫田军和两个孩子田奇和田莹健在。2011 年被继承人王某病故。据悉，王某是私营企业老板，陈莉是家庭妇女且无任何收入，房屋价值200万元，是王某和儿子王海于1997年各出资10万元购买的。王某生前有存款50万元，均来自其私营企业。请问：此笔财产应当如何继承？请结合法律规定加以说明。

（二）相关法律知识

代位继承，是指被继承人的子女先于被继承人死亡时，由被继承人子女的晚辈直系血亲代替先亡的长辈直系血亲继承被继承人遗产的一项法定继承制度。先于被继承人死亡的子女称为被代位继承人，代替被代位继承人取得遗产的晚辈直系血亲，称为代位继承人。由于代位继承不是由继承人直接亲自继承，而是由继承人的晚辈直系血亲取得被继承人的遗产，因而代位继承又称为“间接继承”。

1. 被代位继承人只限于被继承人的先死子女

被代位继承人只限于被继承人的先死子女，其他被继承人的继承人若先于被继承人死亡时，不发生代位继承。只有在被继承人的子女先于被继承人死亡时才发生代位继承。于继承开始后被继承人的子女才死亡的或者先于被继承人死亡的人不是继承人的子女而是其他继承人的，均不能发生代位继承。当然，这里的子女包括被继承人的亲生子女、养子女和有抚养关系的继子女。

2. 代位继承人只限于被代位继承人的晚辈直系血亲

即只有被代位继承人的子女、孙子女、外孙子女等，才可以成为代位继承人，并不受辈分限制。被继承人的养子女、已形成抚养关系的继子女的生子女可以代位继承；被继承人的亲生子女的养子女可以代位继承；被继承人养子女的养子女可以代位继承；与被继承人已形成抚养关系的继子女的养子女可以代位继承。但被代位继承人的其他近亲属不得代位继承。被代位继承人的配偶若具备成为第一顺序法定继承人条件的，则依现行法的规定其独立地作为第一顺序法定继承人参加继承，并且其是否能够继承不影响其晚辈直系血亲的代位继承权。

3. 代位继承人作为第一顺序继承人参加继承，一般只能继承被代位继承人应继承的遗产份额

代位继承人虽作为第一顺序的继承人参加继承，但其并不是直接继承自己应继承的遗产份额，而是代位继承被代位继承人应继承的遗产份额，正因为如此，代位继承又称为间接继承。所以，代位继承人为数人的，原则上由数个代位继承人平分被代位继承人应继承的份额，而不能由数个代位继承人与其他继承人一同按人分配被继承人的遗产。

4. 先于被继承人死亡的子女具备丧失继承权的条件且被法院判决丧失继承权的，其晚辈直系血亲不得代位继承

关于代位继承权的性质有固有权与代位权两种不同学说。依固有权说，代位继承人参加继承是其本身固有的权利，并不以代位人是否有继承权为转移。依代位权说，代位继承人继承被继承人的遗产不是基于其本身固有的权利，而是以被代位继承人的身份参加继承的，因此被代位继承人丧失或者放弃继承权的，一般不应发生代位继承。

我国现行法采取代位权说。依现行法的规定，继承人丧失继承权的，其晚辈直系血亲也不得代位继承。如该代位继承人是缺乏劳动能力又没有生活来源的人，或者是对被继承人尽赡养义务较多的，可适当分给遗产。因此，只有在被代位继承人不具备丧失继承权的法定事由时，才能发生代位继承。当然，也有学者提出，对代位继承权应以采固有权说为宜，被代位继承人丧失继承权的，不应影响代位继承人的代位继承权。

代位继承只适用于法定继承，不适用于遗嘱继承。只有在法定继承中才能发生代位继承，在遗嘱继承中不发生代位继承。如果遗嘱继承人为被继承人的子女并且先于遗嘱人死亡，则该遗嘱继承人的晚辈直系血亲不能代位继承该遗嘱继承人依遗嘱应继承的遗产；但遗嘱中指定该继承人继承的遗产应按法定继承处理，在法定继承中该继承人的晚辈直系血亲可代位继承。

本案涉及代位继承的问题。如果王英不意外死亡，应有三个继承人，各分遗产 25 万元，但因王英意外死亡，其应继承的遗产份额由其晚辈直系血亲代位继承，即由两个孩子田奇和田莹继承，各自分得 12.5 万元，与丈夫田军无关。因陈莉是家庭妇女且无任何收入，在分割遗产时应当适当照顾。遗产价值 200 万元的房屋，因系与儿子王海各出资一半建造，故应先从中分出。余下的 100 万元应为夫妻共同财产，其中的 50 万元系陈莉所有，50 万元为遗产；王某生前存款 50 万元为夫妻共同财产，25 万元是遗产。以上两项遗产共计 75 万元。

9.7 什么是遗赠抚养协议？

（一）案例导读

李安与赵元有一女儿李秀，但女儿在其他省市工作，不方便照顾老人。于是

两老人雇请了王某夫妇照顾自己的生活，并与对方签订了遗赠抚养协议，其主要内容："李安的两套房屋在其夫妇死后归王某夫妇所有；王某夫妇负责李安两人的吃、穿、护理、丧葬，并每月给李安夫妇500元零用钱。"2013年3月，李安、赵元夫妇病故，由王某负责安葬，用去30000元。此后，李秀以王某夫妇尽抚养义务少而得到报酬多为由，要求继承父母的二套房屋，并向法院提起请求继承二套房屋的诉讼。请问：本案应如何处理？

（二）相关法律知识

遗赠抚养协议是指由遗赠人与抚养人签订的，由遗赠人立下遗嘱，将自己所有的合法财产，指定在其死后转移给抚养人所有，而由抚养人承担遗赠人生养死葬义务的协议。遗赠抚养协议有两种，一是公民与公民签订的遗赠抚养协议，二是公民与集体经济组织签订的遗赠抚养协议。

遗赠抚养协议的法律要求是：

（1）遗赠抚养协议是双方订立的合同关系。协议的成立需要遗赠人与抚养人双方意思表示相一致。即需要由遗赠人做出遗赠并接受抚养和由抚养人做出接受遗赠并承担抚养义务的意思表示，并且就遗赠的具体财产、抚养的具体条件、要求，双方的具体权利和义务等内容达成协议，遗赠抚养协议才能成立和发生法律效力。这与遗赠不同，遗赠是单方法律行为，遗嘱人设立遗嘱，只要有遗赠人依法律规定的一定方式对自己财产作处分并于死后生效的意思表示，这项遗赠即产生法律效力，并不需要征得遗赠人的同意。而遗赠抚养协议是双方的意思达到一致才行。

（2）遗赠抚养协议的双方当事人均承担合同义务。遗赠抚养协议的双方当事人建立的是一种有偿、互利的关系，彼此的权利义务是对等的。即双方当事人既有权利，也承担义务。在遗赠抚养协议中，遗赠人在用设立遗嘱的方式将自己财产指定于其死后转归抚养人所有的同时，也取得了抚养人对其生养死葬承担义务的权利；抚养人在签订协议、承担遗赠人至死亡的义务的时候，也取得受领遗赠人遗赠财产的权利。

（3）遗赠抚养协议一经签订立即发生法律效力。既然遗赠抚养协议所规定的财产所有权的转移，也要到遗赠人死后才能实现。但是协议一经订立，遗赠抚养协议中的抚养部分，即抚养人在协议中承担对遗赠人生养死葬义务的那一部分内容，则在协议达成之后，遗赠人活着时就要履行。从这一意义上说，这部分内容属于生前的法律行为。

（4）遗赠抚养协议必须以书面形式设立。由于遗赠抚养协议涉及遗赠人的财产处分和抚养人的抚养责任，特别是财产转移要延到遗赠人死亡方能实现。为了保障遗赠抚养的顺利执行，根据《继承法》第 31 条规定，遗赠抚养协议应当以书面形式签订。

（5）遗赠抚养协议的法律效力高于法定继承和遗嘱继承。《继承法》第 5 条规定："继承开始后，按照法定继承办理；有遗嘱的，按照遗嘱继承或遗赠办理；有遗赠抚养协议的，按照协议办理。"这说明遗赠抚养协议的法律效力不仅高于法定继承，也高于遗嘱继承。由于遗赠抚养协议的受赠方于立遗嘱人生前就承担了合同的义务，其效力高于遗嘱继承。而对法定继承来说，只有在死者生前未立遗嘱的情况下，法律基于推定而设立的一种制度，尊重了死者的意愿。其效力自然在遗嘱继承之后。

（6）遗赠抚养协议双方必须履行协议约定的义务。被抚养人对协议中指明的财产，在其生前可以占有、使用，但不能处分，如出卖、交换、赠予等。如果遗赠的财产因此而灭失，抚养人有权要求解除遗赠抚养协议，并要求补偿已经支出的抚养费用。抚养人则必须认真履行抚养义务，如果抚养人不尽抚养义务，或者以非法手段谋夺遗赠人之财产，经遗赠人的亲属或有关单位的请求，人民法院可以取消抚养人的受遗赠权。如果抚养人不认真履行抚养义务，致使被抚养人经常处于生活缺乏照料的情况时，人民法院可以酌情对遗赠财产的数额给以限制。

随着社会的发展和城市化的进程，越来越多的子女基于地理位置的原因不能在老人身边尽孝，如何让老人安度晚年，遗赠抚养协议也是我们今天社会的一个重要选择。但是在签订协议时，双方一定要注重协议内容的有效性和合法性，尽量照顾双方的合法利益。就本案而言，人民法院审理认为李秀本是李安夫妇遗产的唯一法定继承人，但由于李安夫妇与王某夫妇签订了遗赠扶养协议，按照协议，抚养人承担了对遗赠人的生养死葬义务，享有受遗赠的权利，应按遗赠扶养协议执行。经法院调解，双方达成如下协议：李安的两套房屋归王某夫妇；李安的其他遗产由李秀继承。

9.8　继承人对被继承人的债务的承担的范围有多大？

（一）案例导读

金某与邹芬系夫妻，并育有一子金勇、一女金福。金某于 2008 年 5 月向李清借款 25000 元，并向李清出具了 2 张借条，在 2 张借条的借款人落款处签名均为金某、邹芬。金某于 2012 年 4 月 17 日死亡，留有个人财产 80000 元。生前金某偿还了李清 12000 元，尚欠 13000 元未归还。金某死亡后，李清在多次向金某的妻子邹芬和子女金勇、金福追收余款未果的情况下，遂将三人诉讼到法院，要求三被告偿还借款 13000 元。请问：本案法院应如何判决？

（二）相关法律知识

《继承法》第 33 条第 1 款规定："继承遗产应当清偿被继承人依法应当缴纳的税款和债务，缴纳税款和清偿债务以他的遗产实际价值为限，超过遗产实际价值的部分，继承人自愿偿还的不在此限。"这一法律规定表明，我国的财产继承制度在对待被继承人债务清偿的问题上，亦是贯彻"限定继承遗产"原则的。

1. 被继承人所欠债务的范围

被继承人所欠债务，是指被继承人生前以个人名义欠下的完全用于被继承人个人需要的或其他依法应当由其个人承担清偿责任的债务。根据我国法律的有关规定，遗产债务主要有以下几类：

（1）被继承人生前依照税收法规应当缴纳的各种税款，如个人所得税、车船使用税、营业税等。

（2）被继承人生前因未履行合同所负的债务，如买卖合同中未支付的货款，借贷合同中未偿还的本息等。

（3）被继承人生前因实施侵权行为而对受害方所承担的损害赔偿的债务。

（4）被继承人生前因实施不当得利而负担的返还不当得利的债务。

（5）被继承人生前因是无因管理的受益人，而对管理人所承担的补偿其必要费用的债务。

（6）其他应由被继承人承担的债务，如个人合伙或合伙企业的债务中，属于被继承人应当承担的部分；又如夫妻为共同生活所负的债务，应当共同偿还。

2. 清偿被继承人债务的法律要求

（1）承担清偿被继承人债务之责任的必要前提条件。继承人接受继承，是其承担清偿被继承人债务之责任的必要前提条件，这是由遗产的总体性所决定的。遗产作为被继承人所遗留的财产和财产义务的统一体，要求承受者必须将其中的财产权连同财产义务一同继承。

（2）清偿被继承人债务的通告。继承开始后，为了保护被继承人之债权人的合法利益，继承人或其他遗产管理人应当及时通告债权人声明债权，以便分割遗产时给予清偿。如果被继承人的债权人在接到通告后的法定期限内不主张债权，则失去了人民法院依法强制继承人向其履行清偿债务的权利。

（3）继承人承担清偿被继承人债务的责任范围以其所接受的遗产实际价值为限。依照限定继承原则，继承人在接受了遗产的情况下，他对于被继承人所遗留的债务并不负担无限，而仅在其所接受的遗产的实际价值范围内负责清偿债权人的债务。法律上要求继承人承担清偿被继承人债务应以遗产的实际价值范围为限的原则规定，并不排斥和否定继承人自愿偿还被继承人所欠的超过遗产实际价值的部分行为的有效性。

（4）共同继承人按照各自继承遗产的份额比例分担清偿被继承人债务的责任。如果接受继承的不止一人，则共同继承人必须按照各自继承遗产的份额，比例分担清偿被继承人债务的责任。

（5）清偿被继承人债务不得取消特定继承人必要的遗产份额。依照我国《继承法》确立的养老育幼原则，分割遗产时，应当为缺乏劳动能力又没有生活来源的继承人保留必要的遗产份额。同样，在清偿被继承人的债务时也必须遵循这一法律准则。无论被继承人的遗产能否完全清偿其所负的债务，都不得取消继承人中缺乏劳动能力又没有生活来源的人必要的遗产份额，而应当为其保留适当的遗产，以保障其最低的实际生活需要。

（6）清偿被继承人的债务优先于执行遗赠。在被继承人负债的情况下，为了保障债权人的合法权益，必须对被继承人的遗赠行为加以必要限制，防止被继承人利用遗赠方式转移财产，从而损害其债权人的财产利益。

3. 遗产已被分割后的债务清偿

根据《最高人民法院关于贯彻执行〈中华人民共和国继承法〉若干问题的意见》第 62 条规定，遗产已被分割而未清偿债务时，如有法定继承又有遗嘱继承和遗赠的，首先由法定继承人用其所得遗产清偿债务；不足清偿时，剩余的债务由遗嘱继承人和受遗赠人按比例用所得遗产偿还；如果只有遗嘱继承和遗赠的，由遗嘱继承人和受遗赠人按比例用所得遗产偿还。

继承遗产应当清偿被继承人依法应当缴纳的税款和债务，缴纳税款和清偿债务以他的遗产实际价值为限。超过遗产实际价值部分，继承人自愿偿还的不在此限。继承人放弃继承的，对被继承人依法应当缴纳的税款和债务可以不负偿还责任。因此“父债”不一定要“子还”，而是有条件的偿还。就本案而言，法院审理认为，金某的妻子邹芬和子女金勇、金福未表示放弃继承，且继承的数额为80000元，而金某的债务仅为13000元，在所继承的财产的实际价值范围内，故法院作出判决，要求邹芬与其子金勇、金福偿还原告李清的借款。

思考题：

1. 请思考并说明遗赠抚养协议与遗赠的区别。
2. 请简单叙述法定继承人的范围和顺序。

第十讲　商业保险的风险与责任

众所周知，未来充满着变数，没有人能准确预知自己将来会发生什么。有些人一觉醒来便一贫如洗，有些人一出家门就生离死别。往往这样一些意外就能使一个原本幸福的家庭或一个原本兴旺的企业陷入困顿之中。中国有句古话："人无远虑必有近忧"，而保险就是一种未雨绸缪的智慧，是化解未来可能发生质风险的有力手段，能使人们明天的生活免受剧烈波动的困扰。

10.1 如何理解保险制度？

（一）案例导读

陈某有私家车一辆，价值20万元。2011年3月18日，陈某以该车为保险标的分别向A保险公司足额投保了车辆损失险，保险金额20万元，以及第三者责任险，保险金额为4万元，保险期为1年。3月20日，又以该车向B保险公司投保车辆损失险，保险金额为15万元，第三者责任险和保险期限同前一合同。A保险公司为了分散风险，又将该车价值的60%即12万元向C保险公司投保。陈某的妻子杨某考虑到陈某开车风险较大，于同年4月10日向D保险公司为陈某投保了人寿险，保险金额为15万元，指定其儿子小陈为受益人，保险期为2年。请思考：保险对我们人生的重要性？

（二）相关法律知识

保险，是指投保人根据合同约定，向保险人支付保险费，保险人对于合同约定的可能发生的事故因其发生所造成的财产损失承担赔偿保险金责任，或者当被保险人死亡、伤残、疾病或者达到合同约定的年龄、期限等条件时承担给付保险金责任的商业保险行为。

结合上述案例我们可以看出：保险就像一个蓄水池，在平时投保人一起进行点滴积累，一旦谁需要时就可以直接去用，并且去用的量是其投入量的数百倍、数千倍，甚至数万倍。当然，在保险集合体中的每个保险人虽然都只付了一定的保险费，但只有遭遇保险事故的被保险人才有可能获得保险赔偿。“一方有难，八方支援。”保险也是“仁爱”的化身，是“责任”的体现，是“尊严”的延伸。保险不仅仅能提供一种物质补偿，更重要的是，它还能折射出人与人之间的和谐关系。为家人购置保险是对亲人的爱，为员工购置保险是对社会的责任，为自己购置保险则是自我尊严的延伸。

10.2 保险合同应包括哪些内容？

（一）案例导读

某厂工人裘解放于 2010 年 5 月投保了一份终身寿险。投保后的第二年，裘解放因在家中聚众赌博受到公安机关询查。被询查后，裘解放看到事情已为周围邻居、朋友们知道，大家议论纷纷，为此感到没有颜面，精神压力很重，担心自己有可能被监禁，于是思来想去，觉得还是一了百了。一时想不开，竟然服毒自杀身亡。事实上，公安机关经过各方面调查，认为裘解放在家中与他人聚赌，一来赌博金额还不是很大，二来他在询查时能如实交代，尚不构成犯罪，因此建议厂里对他进行批评教育，给予记过处分。裘解放自杀身亡后，他的家属在裘解放所在单位的支持下，以公安机关的定性为依据向保险公司提出了给付保险金的申请。请思考：保险公司应该履行自己的责任吗？

（二）相关法律知识

1. 保险合同的基本条款

保险合同的基本条款主要包括：保险人的名称、住所；投保人的名称、住所以及人身保险的受益人的名称和住所；保险标的；保险责任和责任免除；保险价值；保险金额；保险期间及责任开始时间；保险费、保险赔偿或者给付办法；违约责任和争议处理；订立合同的时间等。

2009 年修订的《保险法》新增了不可抗辩条款，该条款适用于人身保险合同和财产保险合同。其基本内容是：投保人故意或者因重大过失未履行《保险法》规定的如实告知义务，足以影响保险人决定是否同意承保或者提高保险费率的，保险人有权解除合同。但是，此项合同解除权，自保险人知道有解除事由之日起，超过 30 日不行使而消灭；自合同成立之日起超过 2 年的，保险人不得解除合同；发生保险事故的，保险人应当承担赔偿或者给付保险金的责任；保险人在合同订立时已经知道投保人未如实告知的情况的，保险人不得解除合同；发生保险事故的，保险人应当承担赔偿或者给付保险金的责任。

2. 人身保险合同的特别条款

人身保险合同除了保险合同基本条款外，还有如下一些特别条款。

（1）不丧失价值条款

不丧失价值条款，是指投保人或被保险人交足 2 年保险费的，投保人请求退保时，保险单具有的现金价值并不因此而丧失的条款。人寿保险具有储蓄功能，保险人由投保人缴纳的保险费所提取的责任准备金，仍然属于被保险人所有，保险人最终应当将其退还或者返还给被保险人。

（2）宽限期条款

人身保险合同具有长期性的特点，大多采用分期缴纳的形式，但是，在实践中，投保人疏忽或其他原因不能按时缴纳保费，如果因此而使保险合同失效，将给投保人和被保险人的利益造成损害。因此，法律对人身保险合同到期续缴保费给予了一定期间的宽限期。《保险法》第 36 条规定，合同约定分期支付保险费，投保人支付首期保险费后，除合同另有约定外，投保人自保险人催告之日起超过 30 日未支付当期保险费，或者超过约定的期限 60 日未支付当期保险费的，合同效力中止，或者由保险人按照合同约定的条件减少保险金额。被保险人在前款规定期限内发生保险事故的，保险人应当按照合同约定给付保险金，但可以扣减欠交的保险费。

（3）复效条款

保险合同的复效是指保险合同效力中止以后重新开始生效。投保人在保险合同规定的宽限期内仍未缴纳保费，则保险合同中止。保险合同中止后投保人可在一定的期限内申请恢复保险合同的效力。《保险法》第 37 条规定，合同效力依照本法第 36 条规定中止的，经保险人与投保人协商并达成协议，在投保人补交保险费后，合同效力恢复；但是，自合同效力中止之日起满 2 年双方未达成协议的，保险人有权解除合同。保险人依照前款规定解除合同的，应当按照合同约定退还保险单的现金价值。

（4）自杀条款

自杀条款一般规定，在包含死亡责任的人寿保险合同中，保险合同生效后的一定时期内被保险人因自杀死亡属除外责任，保险人不给付保险金，仅退还所缴纳的部分保险费；而保险合同生效期满一定期限之后被保险人因自杀死亡，保险人要承担保险责任，按照约定的保险金额给付保险金。《保险法》第 44 条规定，以被保险人死亡为给付保险金条件的合同，自合同成立或者合同效力恢复之日起 2 年内，被保险人自杀的，保险人不承担给付保险金的责任，但被保险人自杀时为无民事行为能力人的除外。保险人依照前款规定不承担给付保险金责任的，应当按照合同约定退还保险单的现金价值。

综合上述案例分析，其实人的死亡与人的年老一样，同属生命风险，是客观存在的。一般而言，保险所承保的风险事故必须是属于偶然的或不可预料的。在生命风险中，死亡对于每个人来说都是必然要发生的，但何时发生还是不可知的，仍属于不确定的事件。所以，死亡风险不仅客观存在，而且是可保风险。人身保险承保的死亡风险，要求其在一定时期内的发生必须具有偶然性。例如，意外伤害保险承保被保险人的意外伤亡；健康保险承保被保险人的疾病死亡；定期死亡保险承保被保险人的意外伤害死亡和疾病死亡。自杀虽然是人的死亡事件，但它与意外死亡、疾病死亡的发生不同，其发生不具有偶然性，因此一般在以死亡为给付保险金条件的人身保险合同中，自杀被列为责任免除。当然该案例也给我们大学生进一步的思考，那就是应该远离“赌博”、“毒品”这两样洪水猛兽，努力干好本职工作，不断提高自身的修养和精神境界，做一个有益于家庭、友谊与企业，有益于社会的人，把我们有限的时间，用于无限的自我提升当中，才会有所作为，才会不负这个伟大的时代。

10.3 什么是保险利益原则？

（一）案例导读

自小“青梅竹马”的夏仲青和邱小眉一起离开农村到城里打工。两人在打工生活中萌生爱意。几年后，两人于 1999 年 5 月未经登记便以夫妻名义开始同居生活。2002 年初，为使两人今后的生活获得保障，“丈夫”夏仲青以“妻子”邱小眉为被保险人向某寿险公司买了一份 20 年期限的两全保险，保险金额为 10 万元。投保人夏仲青在保险合同中指定受益人为他自己和邱小眉两人。投保后不久，灾难降临到这对小“夫妻”头上。邱小眉在外出购物时遭遇车祸意外死亡。

事后，悲痛万分的夏仲青以受益人身份向保险公司提出了给付保险金的申请。但是，他万万没有想到，保险公司竟然以他与被保险人的婚姻形式不合法为由拒绝给付。夏仲青索赔不成，便向法院提起诉讼。期望通过法律手段来获得他应享有的合同权利。但是法院最后驳回了夏仲青要求被告某寿险公司给付 10 万元保险金的诉讼请求。请思考：保险公司的做法是否符合法律规定？

（二）相关法律知识

保险利益也称可保利益，是指投保人对保险标的具有的法律上承认的利益，即在保险事故发生时可能遭受的损失或失去的利益。因此，保险利益从本质上说是某种经济利益。这种经济利益既可以是现有的，也可以是可期待的；可以是一定的财产或与财产相连的利益，也可以是因保险事故的发生而丧失的权利或法律上的赔偿责任，但它必须与经济利益相连。

《保险法》第 12 条规定，人身保险的投保人在保险合同订立时，对被保险人应当具有保险利益。财产保险的被保险人在保险事故发生时，对保险标的应当具有保险利益。人身保险是以人的寿命和身体为保险标的的保险。财产保险是以财产及其有关利益为保险标的的保险。被保险人是指其财产或者人身受保险合同保障，享有保险金请求权的人。投保人可以为被保险人。保险利益是指投保人或者被保险人对保险标的具有的法律上承认的利益。

《保险法》第 31 条规定，投保人对下列人员具有保险利益：本人；配偶、子女、父母；前项以外与投保人有抚养、赡养或者扶养关系的家庭其他成员、近亲属；与投保人有劳动关系的劳动者。

除前款规定外，被保险人同意投保人为其订立合同的，视为投保人对被保险人具有保险利益。订立合同时，投保人对被保险人不具有保险利益的，合同无效。

对上述案例而言，对于保险公司的拒绝赔偿和法院的判定结果是错误、不当的。原因有以下：其一，本案中的投保人和被保险人未经登记而以夫妻名义同居，尽管未进行登记，他们的婚姻是违法婚姻，不受法律保护。但是，他们两人的婚姻关系仅仅是不具备婚姻成立的形式条件（即没办理结婚登记），却符合结婚成立的实质条件的，他们双方完全志愿、达到法定结婚年龄、符合一夫一妻制、没有禁止结婚的血亲关系和疾病，除此之外没有妨碍到公共秩序；其二，保险人和被保险人的不是法律意义上的配偶，不适用《保险法》关于配偶之间具有保险利益的规定。但是夏仲青、邱小眉二人同居在一起，生活在一起，两人在经济上具有较密切的联系这一点是不能忽视的。夏仲青出于对保障自己的合法利益和保障与她一起生活、同居的邱小眉的利益而决定投保，应是合理的，并且夏仲青为邱小眉投保人身保险是征得了作为被保险人的邱小眉的同意的，所以保险公司不能否定夏仲青对邱小眉因获得后者同意而有保险利益的这一事实。以这点来讲保险公司违反了保险利益原则；所以夏仲青和某寿险公司订立的人身保险合同时具有法律效力的，保险公司应当按照合同履行给付保险金的责任。

10.4 如何理解保险法的损失补偿原则？

（一）案例导读

张某2010年8月新购一辆桑塔纳轿车，市场价为13万元，并以此向保险公司投保了车损险，期限一年。2011年5月张某在高速公路上驾车，因跟车过近，不慎撞上前面一辆集装箱货车，造成桑塔纳车全部报废，张某当场死亡。张某的继承人持保险合同向保险公司提出索赔。保险公司认定事故属于保险责任，但双方在具体索赔金额上未达成协议。原因在于桑塔纳轿车的价格已于2011年初在全国范围内进行了大幅度调整，新车价格于2010年的13万元降至11.8万元。张某家属要求按车损险保险金额13万元索赔。保险公司则以被保险人不应获利为由，坚持调整后价值11.8万元计算索赔。

（二）相关法律知识

损失补偿原则，指保险人在保险事故发生时，依据保险合同约定通过向被保险人给付赔偿金来填补被保险人遭遇保险事故所受到的经济损失。这种损失的填补，在保险中称为“补偿”。保险补偿原则包括两层含义：①被保险人在保险事故发生后，有权依保险合同从保险人处获得全面、充分的赔偿；②保险赔偿以被保险人的实际损失为限，被保险人不能因保险赔偿而获得额外利益。

损失补偿原则仅适用于财产保险，而不适用于人身保险。其原因在于人身保险的标的是身体、生命或健康。依传统的伦理观念来看，这些均不能用确定的货币来衡量，保险人向被保险人给付保险金的目的不是补偿损失，而是满足被保险人的特定需要。

对上述案例而言，在保险条款中明确规定，机动车辆在全部损失的情况下，按保险金额计算索赔，但保险金额高于实际价值时，以不超过出险当时的实际价值赔偿。根据保险的损失补偿原则，保险人应当在责任范围内对被保险人所受的实际损失进行补偿，其目的在于通过补偿使保险标的恢复到保险事故发生前的状况，被保险人不能获得多余或少于损失的补偿。本案中保险人按调整后价值 11.8 万元计算赔偿，足以使被保险人在当时的市场上购买与保险车辆同型号的新车，已经使被保险人的损失得到了充分有效的损失补偿，因此是正确和合理的。

10.5 如何理解机动车的第三者责任险？

（一）案例导读

2005 年 5 月 29 日，祝先生驾驶一辆二手的优利欧小轿车，沿 110 省道由武汉往孝感方向行驶。当行至 30km ＋ 100m 处时，为避让横穿马路的行人，祝先生驾车驶入逆行道，与对向正常行驶的一辆出租车相撞，造成 2 名司机及出租车内 4 名乘客受伤及双方车辆受损的重大交通事故。交警认定：祝先生驾车超速行驶，应承担此事故的全部责任；出租车司机在本事故中不负责任；乘坐出租车的 4 名乘客无责任。随后，经交警主持调解，三方当事人达成《交通事故损害赔偿调解协议》。但是，当祝先生收齐各种理赔证据后，保险公司却向祝先生出具了《拒赔通知书》。4 名受伤乘客一直未能得到实际赔偿，于是将保险公司和祝先生共同告上法庭。请思考：保险公司的做法是否符合法律规定？

（二）相关法律知识

1. 机动车辆第三者责任险

机动车辆第三者责任险简称为第三者责任险，是指被保险人或其允许的驾驶人员在使用保险车辆过程中发生意外事故，致使第三者遭受人身伤亡或财产直接损毁，依法应当由被保险人承担的经济责任，保险公司负责赔偿。同时，若经保险公司书面同意，被保险人因此发生仲裁或诉讼费用的，保险公司在责任限额以外赔偿，但最高不超过责任限额的 30%。绝大多数的地方政府将第三者责任险列为强制保险险种，不买这个保险，机动车便上不了牌也不能年检。

在机动车交通强制保险（以下简称交强险）出台后，第三者责任险已成为非强制性的保险。因为交强险在对第三者的财产损失和医疗费用部分赔偿较低，可考虑购买第三者责任险作为交强险的补充。

2. 保险责任

（1）被保险人允许的合格驾驶员。这里有两层含义，一是被保险人允许的驾驶员，指持有驾驶执照的被保险人本人、配偶及他们的直系亲属或被保险人的雇员，或驾驶员使用保险车辆在执行被保险人委派的工作期间，或被保险人与使用保险车辆的驾驶员具有营业性的租赁关系。二是合格，指上述驾驶员必须持有效驾驶执照，并且所驾车辆与驾驶执照规定的准驾车类相符。只有“允许”和“合格”两个条件同时具备的驾驶员在使用保险车辆发生保险事故造成损失时，保险人才予以赔偿。保险车辆被人私自开走，或未经车主、保险车辆所属单位主管负责人同意，驾驶员私自许诺的人开车，均不能视为“被保险人允许的驾驶员”开车，此类情况发生肇事，保险人不予赔偿。

（2）使用保险车辆过程。保险车辆作为一种工具被运用的整个过程，包括行驶和停放。例如，保险吊车固定车轮后进行吊卸作业，可称“使用保险车辆过程”。

（3）第三者。在保险合同中，保险人是第一方，也叫第一者；被保险人或致害人是第二方，也叫第二者；除保险人与被保险人之外的，因保险车辆的意外事故而遭受人身伤害或财产损失的受害人是第三方，也叫第三者。

（4）人身伤亡。人的身体受伤害或人的生命终止。

（5）直接损毁。保险车辆发生意外事故，直接造成事故现场他人现有财产的实际损毁。

（6）依法应当由被保险人支付的赔偿金额。依照道路交通事故处理办法规定和有关法律、法规，按被保险人或其允许的合格的驾驶员承担的事故责任所应当支付的赔偿金额。

在我国，交通事故一般由公安交通管理部门处理。但对在非公路地点发生的车辆事故，公安交通管理部门一般不予受理。这时可请出险当地政府有关部门根据道路交通事故处理规定研究处理，对公安交通管理部门或出险当地政府有关部门的处理意见有严重分歧的案件，可提交法院处理解决。

对上述案例而言，肇事车于 2004 年 11 月 20 日与保险公司签订了保单，其有效期限为 2004 年 11 月 16 日至 2005 年 11 月 16 日，并注明了厂牌型号、发动机号、车架号；而发事车辆上的这三个关键数据与投保车辆完全一致，因此，充分证明该车已向保险公司投保了第三者责任险。《道路交通安全法》第 17 条、第 76 条和《道路交通安全法实施条例》第 5 条第 5 项、第 90 条均明确规定，第三者责任险就是强制保险合同。否则，这个车就不能注册登记、更不能转让过户、亦不准上道行驶。据此，保险公司应当在车辆第三者责任强制保险责任限额范围内赔付；祝先生应当承担超过限额部分和超越第三者责任强制保险范围外部分损失的赔偿。

10.6 什么是产品责任保险？

（一）案例导读

江苏某生产升降机设备的 A 公司就其生产产品向保险公司投保产品责任险。期间，河北某家公司工作人员 B 在使用 A 公司出产的升降机从事作业时，由于升降机侧翻，不幸从 15 米多高处摔下，致使颅骨骨折、脑部损伤，花去医疗费及各项费用 30 多万元。A 公司据此向保险公司索赔。保险公司接到报案后即派人对现场进行了查勘，对机器及现场均认真勘验，最后发现事故发生是属于明显的操作不当，给予拒赔。B 向 A 公司索赔，A 公司认为在保险公司同意赔偿之前，自己不会赔偿。请思考：保险公司的做法是否合法？

（二）相关法律知识

1. 产品责任保险

产品责任，是指产品在使用过程中因其缺陷而造成用户、消费者或公众的人身伤亡或财产损失时，依法应当由产品供给方（包括制造者、销售者、修理者等）承担的民事损害赔偿责任。

产品责任保险，是指以产品制造者、销售者、维修者等的产品责任为承保风险的一种责任保险，而产品责任又以各国的产品责任法律制度为基础。

产品的制造者包括产品生产者、加工者、装配者；产品修理者指被损坏产品或陈旧产品或有缺陷的产品的修理者；产品销售者包括批发商、零售商、出口商、进口商等各种商业机构，如批发站、商店、进出口公司等。此外，承运人如果在运输过程中损坏了产品并因此导致产品责任事故时，亦应当承担起相应的产品责任。

2. 产品责任保险主要特点

（1）保险标的无形。产品责任保险的保险标的是被保险人的法律责任，为无形标的。

（2）采取“索赔发生制”。即只要被保险人在保险期限内向保险公司提出索赔，如果属于保险事故，保险公司就要承担赔偿责任。

（3）独立处理理赔。保险公司对索赔处理具有绝对控制权。

（4）与“公众责任险”的差异。事故须发生在被保险人制造或销售场所以外，且产品所有权已转移至用户或销售者。

3. 产品责任保险责任范围

保险人承保的产品责任风险，是承保产品造成的对消费者或用户及其他任何人的财产损失、人身伤亡所导致的经济赔偿责任，以及由此而导致的有关法律费用等。

（1）保险责任

①被保险人生产、销售、分配或修理的产品发生事故，造成用户、消费者或其他任何人的人身伤害或财产损失，依法应由被保险人承担的损害赔偿责任，保险人在保险单规定的赔偿限额内予以赔偿。

②被保险人为产品责任事故支付的法律费用及其他经保险人事先同意支付的合理费用，保险人也负赔偿责任。

（2）除外责任

①被保险人承担的违约责任，除非经过特别约定。

②被保险人根据劳工法或雇佣合同对其雇员及有关人员应承担的损害赔偿责任。这种责任应由劳工保险或雇主责任保险承保。

③被保险人所有或照管或控制的财产损失。这种损失应由财产保险承保。

④产品或商品仍在制造或销售场所，其所有权尚未转移至用户或消费者之前的责任事故损失。这种损失应由公众责任保险承保。

⑤被保险人故意违法生产、销售的产品发生的事故责任损失。

⑥被保险产品或商品本身的损失及被保险人因收回有缺陷产品造成的费用及损失。这种损失应由产品保证保险承保。

⑦不按照被保险产品说明书要求运输、安装、使用或在非正常状态下使用造成的责任事故损失。

责任期限通常为 1 年，到期可以续保。对于使用年限较长的产品或商品，也可以投保 3 年、5 年期的产品责任保险，但保险费逐年结算。产品责任保险的索赔有效期限应按保险单规定或当地有关法律规定的时间区间为准，如我国按法律规定为 1 年，有的国家或地区规定的为 3 年。

对上述案例而言，依据《保险法》第 50 条之规定，保险公司需要直接向第三者支付保险赔偿金。既然法律规定保险人有直接向第三者赔偿保险金的义务，那么，原告就有权起诉保险公司并享有向保险公司请求直接赔偿的权利。

10.7 商业保险与社会保险的不同点在哪里？

（一）案例导读

某外商独资公司，高薪聘用了一位博士毕业生赵某担任副总经理。当时，在谈到工资待遇时，公司说："董事会给你定的工资为 1.2 万元。不过，我们是一家外资公司，之所以工资定得这么高，是因为除了工资以外，再没有其他福利待遇了。像什么医药费报销、养老等问题都得自己解决，公司概不负责。"听了这话，赵博士心里盘算开了："这个公司给我的工资的确是够多的，可就是将来万一得了什么大病或者老了怎么办呢？"但他转念又一想："我刚 30 多岁，一般也不会有什么大病，至于养老问题，现在考虑还为时过早。倒不如趁年轻多挣些钱实惠。"工作以后，赵博士为了解除自己的后顾之忧，每月从工资中拿出 1000 元，向保险公司投了一份养老保险。这样一来，他在这家公司工作，也觉得踏实多了。几个月后，由于赵博士与董事长在公司的经营管理等重大问题上产生了分歧，被董事长炒了"鱿鱼"。赵博士不服，双方为此打到了劳动争议仲裁委员会。请思考：公司的做法是否合法？

（二）相关法律知识

商业保险是由人们自愿为降低未来可能发生的风险，而付出一定的费用给商业保险公司，与保险公司签订合同，约定双方权利义务的商业行为，而社会保险是政府强制施行地为了保障社会稳定，给予人们在失业、年老、生育等方面的经济补偿制度，它为人们在社会生活中各方面提供一个基础的保障，两者之间存在四大不同点。

1. 实施目的不同

社会保险是为社会成员提供必要的基本保障，不以赢利为目的；商业保险则是保险公司的商业化运作，以利润为目的。

2. 实施方式不同

社会保险根据国家立法强制实施，商业保险遵循“契约自由”原则，由企业和个人自愿投保。

3. 实施主体和对象不同

社会保险由国家成立的专门性机构进行基金的筹集、管理及发放，其对象是法定范围内的社会成员；商业保险是由保险公司来经营管理的，被保险人可以是符合承保条件的任何人。

4. 保障水平不同

社会保险为被保险人提供的保障是最基本的，其水平高于社会贫困线，低于社会平均工资的 50%，保障程度较低；商业保险提供的保障水平完全取决于保险双方当事人的约定和投保人所缴保费的多少，只要符合投保条件并有一定的缴费能力，被保险人可以获得高水平的保障。

对上述案例而言，养老保险是国家为了保障职工退休后的基本生活而建立的一种社会保障制度，也是社会保险的一种。劳动法规定的社会保险，不同于保险公司的金融保险，主要区别在于：首先，前者是在与用人单位发生劳动关系时，劳动者应享有的权利，但后者却不是；其次，前者是强制性的，即企业和劳动者必须依法参加，而后者是自愿性的，即是否参加，完全凭企业或劳动者自愿。所以，赵博士自己向保险公司投保的养老保险，不能代替社会保险中的养老保险。

10.8 如何理解保险活动中的代位求偿权制度？

（一）案例导读

德国 MY 公司（卖方）与捷高公司（买方）达成 CIF 买卖合同，货物通过集装箱装运，从德国经海路运至上海，交给买方指定的收货人捷高公司。货物运抵上海后，收货人凭提单在港区提货，运至其所在地的某园区内存放。上海新兴技术开发区联合发展有限公司（以下简称联合公司）在该园区内为收货人拆箱取货时，货物坠地发生全损。

涉案货物起运前，MY 公司向德国某保险公司（以下简称保险公司）投保，保险公司向 MY 公司签发了海上货物运输保险单，保险单背面载明：被保险人为保险单持有人；保险责任期间“仓至仓”，但未载明到达仓库或货物存放地点的名称。事故发生后，保险公司支付 MY 公司保险赔款 19 万德国马克后取得权益转让书，并向联合公司提起海上货物运输保险合同代位求偿之诉。

（二）相关法律知识

保险代位求偿权，是指当保险标的发生保险事故造成损失，依法应由第三者承担责任时，保险公司自支付保险赔偿金之日起，在赔偿金额限度内，相应地取得向第三者请求的权利。

《保险法》规定，因第三者对保险标的的损害而造成保险事故的，保险人自向被保险人赔偿保险金之日起，在赔偿数额范围内，代位行使被保险人对第三者请求赔偿的权利。因此，保险代位求偿权是保险人的一项独立的法定权利。被保险人应当向保险人提供必要的文件或其知道的有关情况协助保险人行使代位求偿权。代位求偿权的法律特征主要有以下三方面。

1. 债权人代位权是债权的从权利

代位权不能脱离债权人的债权而存在，是依附于债权的一种特别权利，随债权的产生、转移和消灭而产生、转移和消灭。代位权与代位追偿权不同。代位追偿权通常是指在连带之债中某一连带债务人向债权人清偿全部债务后，即取代了债权人的位置，享有要求其他负有连带义务的债务人偿还其应当承担的份额的权利。债权人代位权代位追偿权是主权利，债权产生的时候，代位追偿权并不同时产生，只有在债权因保证人、其他连带债务人等履行了债务而消灭的时候，保证人及已负清偿债务责任的债务人才对原债务人或未负清偿债务责任的债务人产生代位追偿权。

2. 债权人代位权是实体权利

代位权是债权人在债务人怠于行使其权利害及债权人的权利实现时所行使的权利，尽管债权人与次债务人之间不存在直接的权利义务关系，但法律赋予债权人直接追索次债务人的权利，这不仅具有程序意义，而且具有实体意义。即在债权人与债务人之间创设了新的有直接后果的权利义务关系，一旦提起代位权诉讼，则可越过债务人而将次债务人视为债权人的债务人。债权人行使代位权，其目的仅在于保全债务人的财产，增大债权的一般担保资力，而非是以强制扣押债务人的财产直接使债权得到满足为目的（如申请诉讼保全、强制执行等）。因此，代位权是一项实体权利，而非诉讼上的权利。

3. 债权人代位权是债权人自己的权利

代位权的行使是以债权人自己的名义，代债务人之位向债务人的债务人即次债务人主张权利。这种权利来源于法律的规定，属于债权人自己的权利，而不是债权人以债务人的代理人身份行使债务人的权利，因而，债权人代位权不同于代理权。代理权是代理人以被代理人的名义实施民事法律行为，代理人的权限是委托受权或者是在指定、法定的范围之内，代理人实施民事法律行为后产生的法律效果归于被代理人。

保险人行使代位求偿权应注意以下几点：①保险事故是由第三人的行为所致，被保险人因保险事故而对第三人享有赔偿请求权；②保险人只有在向被保险人支付了保险金后才能行使对第三人的代位求偿权。③保险人行使代位求偿权向第三人追偿的金额不得超过其向被保险人支付的保险金。④代位求偿权仅适用于财产保险，不适用于人身保险。而且，保险人一般不得对被保险人的家庭成员或其组成人员行使代位请求赔偿的权利，但故意造成保险事故的除外。⑤保险事故发生后，在保险人未赔偿保险金之前，被保险人放弃对第三人赔偿请求权的，保险人不承担赔偿保险金的责任；保险人向被保险人赔偿保险金后，若被保险人未经保险人同意而放弃对第三人的赔偿请求权的，该放弃行为无效。

对上述案例而言，债权转让之说基于合同法的规定，而海上货物运输保险合同及由此产生的代位求偿法律关系应当优先适用特别法——《海商法》的规定。《海商法》第 252 条规定："保险标的发生保险责任范围内的损失是由第三人造成的，被保险人向第三人要求赔偿的权利，自保险人支付保险赔偿之日起，相应转移给保险人。"本条规定已将保险人代位求偿的范围明确限定为第三人所造成的保险标的发生在"保险责任范围内"的损失，而"保险责任范围"正来源于保险合同的约定。因此，代位求偿权是保险人对属于保险责任的损失予以赔偿后，依照法律规定取得的权利，不属于当事人自由转让的范畴。海上货物运输保险合同是代位求偿的依据和基础，法院在代位求偿诉讼中应当对海上货物运输保险合同特别是其中关于保险责任范围的约定进行审查。对于无效保险合同或发生在合同约定的保险责任范围之外的损失，保险公司即使予以赔偿，也不能据此获得代位求偿权。

10.9 什么情况下保险公司不承担保险责任？

（一）案例导读

付某于2009年体检发现患有慢性肾功能不全的疾病，其妻子杨某于2011年7月为其投保了重大疾病人身保险。签订保险合同时，保险公司业务人员仅告知并要求投保人和被保险人签名。投保书、投保声明及投保问卷等材料的其余内容均为保险公司业务员所填写。2013年7月，被保险人付某因尿毒症不治身亡，杨某要求保险公司赔偿保险金。保险公司以投保人隐瞒病情，未履行如实告知义务为免责事由拒绝赔偿。

（二）相关法律知识

保险公司的责任免除是保险人依法不承担保险责任的情形，包括：

（1）在保险合同成立前，被保险人已知保险标的已经发生保险事故的，保险人不承担保险责任。

（2）投保人或者被保险人故意造成保险标的损害的，保险人不承担保险责任。

（3）保险事故发生后，投保人、被保险人或者受益人以伪造、变造的有关证明、资料或者其他证据，编造虚假的事故原因或者夸大损失程度的，保险人对其虚报的部分不承担赔偿或者给付保险金的责任。

（4）因保险人不履行防灾减损义务而造成保险标的的扩大损失的，保险人不承担保险责任。

（5）在合同有效期内，保险标的危险程度增加，被保险人未履行及时通知义务的，因保险标的危险程度增加而发生的保险事故，保险人不承担保险责任。

（6）对于保险标的因其性质或者瑕疵或者因其自然损耗而发生的损失，保险人不承担保险责等。

对上述案例而言，首先，保险人对格式条款有明确说明的义务。根据《保险法》第17条规定：“订立保险合同，采用保险人提供的格式条款的，保险人向投保人提供的投保单应当附格式条款，保险人应当向投保人说明合同的内容。对保险合同中免除保险人责任的条款，保险人在订立合同时应当在投保单、保险单或者其他保险凭证上作出足以引起投保人注意的提示，并对该条款的内容以书面或者口头形式向投保人作出明确说明；未作提示或者明确说明的，该条款不产生效力”。其次，保险人对其履行了明确说明义务负有举证责任。根据《最高人民法院关于适用〈中华人民共和国保险法〉若干问题的解释（二）》第 13 条的规定：“投保人对保险人履行了符合本解释第 11 条第 2 款要求的明确说明义务在相关文书上签字、盖章或者以其他形式予以确认的，应当认定保险人履行了该项义务。但另有证据证明保险人未履行明确说明义务的除外。”最后，保险单中提示投保人注意的文字不应视为保险人已履行“明确说明”的义务。投保人及被保险人在未经专业人员解释的情况下，对合同中的“保险条款”、“投保单各项及告知事项”等专业术语很难准确理解。而本案保险合同中的投保书等材料除投保人及被保险人签名外，其余内容均系保险公司业务员所填写。保险业务人员并未对条款加以详细说明和解释。综合上述情况，保险合同虽约定了投保人的如实告知病史的义务，但保险人未对“免责条款”尽到明确说明的义务。因此，“免责条款”无效，保险公司应当赔偿保险金。

思考题：

1. 简述社会保险与商业保险的区别。
2. 如何理解代位求偿权？
3. 如何理解保险公司的免责条款？

第十一讲 具体行政行为及其救济

自党的“十八大”以来，依法治国提到了前所未有的高度。治理一个国家、一个社会，关键是立规矩、讲规矩、守规矩。中国要成为世界强国，就必须依法行政。同时依法行政也是当今社会解决基层建设问题特别是农村各类问题的关键。政府依法行政是保证公权力的有效行使，防止政府越界损害公民合法权益的重要手段。其最终目的是保护广大人民群众的根本利益。

11.1 如何理解依法治国的制度？

（一）案例导读

2015 年 6 月 10 日，大同云冈县的叶家兄弟叶大、叶小不满政府强拆欲到北京上访却被拦在机场，最后只得躲在厕所中苦等媒体前来解救。兄弟俩来到大同云冈机场，打算乘坐 10 日上午 9 时 30 分的飞机到北京反映被强拆的情况，可是却遇到云冈县委书记等政府官员 20 余人的围捕，被抓挣脱然后再被抓又挣脱，飞机是赶不上了，无奈最后他们只能躲在厕所里，于是通过手机向媒体求救，终于熬到记者赶到解救，才得以离开厕所。可见，这些政府官员在依法行政，依法治国上的处理是不当的，如若都依法处理、依法拆迁，又何惧上访，所以依法治国是保障人民人身、财产和社会安定的需要。

问题：什么是依法治国？

（二）相关法律知识

依法治国，是指在党的领导下，广大人民群众依照宪法、法律的规定，通过各种形式、途径管理社会事务，管理经济文化事业，管理国家事务，从而保证国家各方面事项都能依法开展，逐步实现法律化、社会主义民主制度化，保证能用法律治理国家，不会因个人意志影响而发生改变。

依法治国包括：①依法治国的根本目的是要保证人民能够充分行使自己当家

做主的权利，要维护人民能够自己当家做主的地位。这一根本目的也使得依法治国成为所有国家机关开展各项事务时所必须遵循的基本原则；②依法治国的本质是树立宪法、法律等在国家政治、经济、社会生活中的权威地位，否定“人治”，确立法高于权、法大于人的原则，从而使社会主义民主、法律制度能不受个人意志的影响；③明确依法治国的主体是党的领导下的广大人民群众；④立法机关在立法时要严格按照立法法去制定、认可法律，建立各个法律部门，从而能逐步建立完备的法律体系，使得国家各方面事项都有法可依。⑤行政机关在行政时要严格依法行政。这要求各级政府、政府工作人员严格依法履行其职责，依法处理国家各方面事项。依法治国的重要环节是依法行政。⑥司法机关要求司法机关在司法时必须公正司法与严格执法。总而言之，在依法治国的理念之下，各国家机关都需做到有法必依、违法必究、执法必严。

依法治国的意义：①依法治国是党治国理念的重大转变。1999 年宪法修正案写入“依法治国，建设社会主义法治国家”，确定了法治思想。这表明我党执政理念的进步，最终成功摒弃中国多年的“人治”理念，也是中国法制的进步。②依法治国是发展社会主义民主政治的基本要求。实行依法治国是将社会主义法制和社会主义民主紧密结合，实现民主的法律化、制度化，从而让人民真正当家做主。③依法治国是制约政府权力过大的需要。新中国成立以来的很长一段时间，法制不健全，而国家的事务却又多，存在政府的权利过大，缺乏来自人民的有效监督，立法、司法民主都不能起到很好的作用，这些都使得我国对于依法治国的紧迫需要。我们认为只有在依法治国的基础上，树立起宪法、法律的权威性，从而实现对政府权力过大的监督、制约，这才能更好地约束政府的权力，使公民的权益得到最大的维护。④依法治国是实现国家长治久安的重要保障。只有国家长治长安，才能更好地发展具有中国特色社会主义事业，这也才能实现 13 亿中国人的最大利益。

这些年随着国家经济的发展，原先的住房、交通、生产设施等都已经不适应社会的需求，为了能使我国经济发展顺利及让人民过上好日子，最近几年各地都加入了拆迁行列，这本是好事，但是政府的拆迁工作却给被拆迁的人民更大的痛苦，由于没有依法行政，使部分人的利益没有得到有效地保障，引发了社会矛盾。上述案例中，叶家的权益保护需要相关法律出台，不应该是像现在这样还处于没有法律的空缺状态。

11.2 政府可作出哪些具体行政行为?

(一)案例导读

原告:胡某,男,农民。

原告:王某,女,农民。

被告:某县人民政府

原告胡某与原告王某,是同一个村的两户农民,他们的住宅相邻。两家对于宅基地的画线问题早已有多年的纷争。其实他们已经在当地政府部门的主持下签过协议。但是今年2月,由于胡某翻建住宅,违背当时立的协议,于是两家矛盾再次被激发。乡政府亦试着再次调解,可惜多次协调均以失败告终。王某因不满到县政府上访,该县政府在接到上访后出面协调,最后做出一个决定,“关于胡家与王家宅基地画线问题的处理决定”。该《决定》的内容大致是:“胡王两家宅基地的画线以胡家西房后墙角线向西为一点,以西房门前角外线向西为另一点,两点成一线向北延伸至两户北院墙角,此线以西归王家使用;线以东归胡家使用。”而胡某与王某在收到县政府的《决定》后,二人都表示不服,遂向当地人民法院提起诉讼。

问题:当事人能否因对行政机关的行政裁决行为不服而提起行政诉讼?

(二)相关法律知识

1. 具体行政行为的概念

具体的行政行为是指国家行政机关、法律法规所授权的组织及行政机关所委托的组织以及这些组织中的工作人员,在日常行政管理活动中行使其行政职权时,针对行政管理活动中特定的公民、法人、其他组织,就该特定的具体事项,对这些特定的对象作出的有关其权利义务的单方行政行为。当公民、法人、其他组织等行政相对人对具体行政行为有异议时,可提起行政复议或行政诉讼。

2. 具体行政行为的分类

(1)行政征收,是指行政机关根据特定的法律规定,依法无偿或强制地取得行政相对人财物的行政行为。行政征收行为有税收征收行为和行政收费行为。行政收费是指行政机关提供国家资源使用权、提供公共服务、进行行政管理等行为而依法收取的费用,如教育附加费、排污费、水资源费。

（2）行政征用，是指行政机关依照法定程序，为追求公共利益的实现而强制征用行政相对人的财产、劳务，同时给予行政相对人一定补偿的具体行政行为。

（3）行政给付，是指行政机关依法对特定的行政相对人提供物质利益的具体行政行为，比如依法发放最低生活保障费、社会保险金、抚恤金。

（4）行政奖励，是指对为国家与社会作出重大贡献的公民、法人、其他组织，行政机关依照法定条件与程序给予物质、精神鼓励的具体行政行为。

（5）行政裁决，是指当事人之间发生民事纠纷，行政机关依法对这些与行政管理活动紧密联系行为进行特定的审查和裁决的行为。包括对拆迁补偿安置有争议的；因违反行政管理行为而造成损害的赔偿争议；国有资产的产权争议；土地、矿产、草原等自然资源的权属争议；专利强制许可使用费争议。

（6）行政处罚，是指行政机关对构成行政违法行为的公民、法人、其他组织实施的行政法上的处罚。

（7）行政确认，是指行政机关依法对相对方的法律事实、法律关系和法律地位进行确认，从而得到法律效果的行政行为。

（8）行政许可，是指行政机关经依法审查，对公民、法人、其他组织提出的申请准予其从事所申请的特定活动的行为。

（9）行政强制措施，是指行政机关对特定的行政相对人、特定的物所作出的限制权利和加强义务为内容暂时的强制性行为从而达到其行政目的，包括为了保障行政机关检查监督工作正常进行，而对公民、法人、其他组织的财产、人身等采取的临时性强制措施；为制止、预防正在或可能发生的公共安全危险或者违法行为而对公民、法人、其他组织的财产、人身等采取的暂时性强制措施。

（10）行政监督检查，是指行政机关依法对公民、法人或者其他组织执行行政命令、决定的情况，遵守法律、法规、规章等进行监督、核查的行为。

上述案例中县政府对于王某和胡某两家关于宅基地的画线的纠纷，做出“关于胡家与王家宅基地画线问题的处理决定”，这是行政确认，确认了两家对于宅基地使用权的界线，这份《决定》便是县政府对于两家的纠纷所做出的行政裁决，行政裁决是具体行政行为。如果行政相对人对于行政机关的具体行政行为有异议时，可以提出行政复议或者行政诉讼。王某和胡某因对《决定》不服，向人民法院提起诉讼，属于合法行为，人民法院应予以支持。

11.3 行政复议的范围有多大?

(一)案例导读

经有关部门批准，某个体加油站经营加油作业，在某县境内公路边上为车辆加油。2015 年 1 月 11 日，该县政府下发通知《某县政府关于印发〈某县公路环境整顿治理工作实施方案〉的通知》。根据该通知，该县政府决定成立公路环境整治小组，对公路两边的加油站、门面房、收费站、商业摊点、加水站等进行规范化管理，拆除违规建筑。2015 年 2 月 1 日，县公路环境整治小组扣押了某个体加油站正在运作的加油泵 6 台，并以该小组的名义出具了一份《没收暂扣物品清单》，同时在现场下发一份《强制拆除通知书》，限某个体加油站在三日内主动拆除相关违规建筑及机器设备。而在限期内该个体加油站并未组织自行拆除工作。于是在 2015 年 2 月 4 日，该县公路环境整治小组就组织相关的路政执法人员对该个体加油站开始实施强制拆除工作。该个体加油站对该行政行为表示不服，遂申请行政复议，附带请求行政赔偿。

复议机关经过审查认为，某县公路环境整治小组既不是受委托执法，又不是法定执法主体，不能以自己名义作出《强制拆除通知书》，并作出暂扣该个体加油站的机器设备的行为。而该个体加油站进行加油业务对公路环境产生了污染，该行为违反了政府部门的相关规定。经过复议机关的调解，双方就赔偿问题自愿达成和解协议，同时签订了赔偿协议。该县公路环境整治小组亦撤销了所做的《强制拆除通知书》，退还扣押的机器设备，复议机关根据《行政复议法实施条例》的相关规定，终止了该案的审理。

问题：哪些情况属于行政复议的受理范围?

(二)相关法律知识

1. 行政复议的概念

行政复议是指公民、法人或其他组织不服行政主体作出的具体行政行为，其认为行政主体的具体行政行为侵犯了其合法权益，依法向法定的行政复议机关提出行政复议申请，行政复议机关依法对该具体行政行为进行合法性、适当性审查，并对该具体行政行为作出行政复议决定的行政行为。这是公民、法人或其他组织通过行政救济途径解决行政争议的一种方法。

2. 行政复议的适用情形

《行政复议法》第 6 条规定：有下列情形之一的，公民、法人或者其他组织可以依照本法申请行政复议：

（1）对行政机关作出的警告、罚款、没收违法所得、没收非法财物、责令停产停业、暂扣或者吊销许可证、暂扣或者吊销执照、行政拘留等行政处罚决定不服的。

（2）对行政机关作出的限制人身自由或者查封、扣押、冻结财产等行政强制措施决定不服的。

（3）对行政机关作出的有关许可证、执照、资质证、资格证等证书变更、中止、撤销的决定不服的。

（4）对行政机关作出的关于确认土地、矿藏、水流、森林、山岭、草原、荒地、滩涂、海域等自然资源的所有权或者使用权的决定不服的。

（5）认为行政机关侵犯合法的经营自主权的。

（6）认为行政机关变更或者废止农业承包合同，侵犯其合法权益的。

（7）认为行政机关违法集资、征收财物、摊派费用或者违法要求履行其他义务的。

（8）认为符合法定条件，申请行政机关颁发许可证、执照、资质证、资格证等证书，或者申请行政机关审批、登记有关事项，行政机关没有依法办理的。

（9）申请行政机关履行保护人身权利、财产权利、受教育权利的法定职责，行政机关没有依法履行的。

（10）申请行政机关依法发放抚恤金、社会保险金或者最低生活保障费，行政机关没有依法发放的。

（11）认为行政机关的其他具体行政行为侵犯其合法权益的。

这 11 项就是可以申请行政复议的具体行政行为。所谓具体行政行为指的是行政机关对行政管理相对人作出的具体针对某种行为的决定。我们也可以通过排除行政复议的受理范围来确认某种行政行为是否是行政复议的受理范围。根据《行政复议法》第 8 条规定“不服行政机关作出的行政处分或者其他人事处理决定的，依照有关法律、行政法规的规定提出申诉。不服行政机关对民事纠纷作出的调解或者其他处理，依法申请仲裁或者向人民法院提起诉讼”。也就是行政机关内部处分行为、民事主体之间的纠纷。这些不是行政复议的受理范围。

上述案例属于行政复议受理范围。某个体加油站可以以行政机关违反《行政复议法》第 6 条第 1 款的规定提出行政复议，不过该案例中县公路环境整治小组的行政主体地位首先是不成立的，再者它以该小组作出《强制拆除通知书》，暂扣该个体加油站的机器设备的行为也是不合法的，遂该个体加油站提出的行政复议得到了支持，县公路环境整治小组撤销了所作《强制拆除通知书》，退还扣押的机器设备。

11.4 如何理解行政复议的原则？

（一）案例导读

王某是某县甲车厂职工，是刘某的丈夫，2014 年 5 月 3 日下午 3 点多，在修车时不小心摔倒，头部撞在地上后跌入修车厂的水池中。随后，王某感到不舒服，于是请假回家休息。5 月 4 日上午，王某突然昏倒，到医院抢救无效，于当天傍晚死亡。该县人民医院作出的死亡医学证明结论显示王某为猝死。申请人刘某认为：王某的猝死是由于在工作岗位上在工作时间受伤导致的，并且死亡时间未超过法律规定的 48 小时，应认定为工伤。被申请人认为：县人民医院作出的死亡医学证明结论显示王某为猝死，证明王某不是在 48 小时之内经抢救无效死亡或在工作岗位和工作时间突发疾病死亡。此外，也没有证据证明王某跌入修车厂的水池时受伤，没有证据证明王某的死亡是跌入修车厂的水池中导致的。因此，其作出不认定为工伤的决定事实清楚、程序合法。行政复议机关认为：被申请人于 2014 年 5 月 13 日受理了对王某的工伤认定申请，后于 2014 年 7 月 2 日作出了工伤认定决定。该工伤认定作出期限超出了《工伤认定办法》第 15 条及《工伤保险条例》第 20 条对于工伤认定期限的规定，属于违反法定程序的情形。于是作出了撤销被申请人原具体行政行为，并责令其重新作出工伤认定的复议决定。被申请人重新作出了工伤认定决定，把王某的死亡认定为工伤。申请人刘某也领到了其丈夫王某的死亡赔偿金。

问题：此案体现了行政复议的哪些原则？

（二）相关法律知识

1. 行政复议原则的概念

行政复议的原则是指在行政机关受理行政复议案件时，要始终遵守的具有普遍指导意义的原则。《行政复议法》第 4 条规定“行政复议机关履行行政复议职责，应当遵循合法、公正、公开、及时、便民的原则，坚持有错必纠，保障法律、法规的正确实施。”

2. 行政复议应遵循的原则

（1）合法原则。合法原则是指在进行行政复议活动时，行政复议机关必须以事实为依据、以法律法规为准绳，根据法定程序与权限作出处理决定。

（2）公正原则。公正原则是指在进行行政复议活动时，行政复议机关在作出客观公正的处理决定时既要考虑被申请复议的具体行政行为的合法性，又要考虑其合理性。

（3）公开原则。公开原则是指在进行行政复议活动时，行政复议机关为了使利害关系人能及时清楚了解相关情况、监督行政复议活动进程，必须尽量公开进行行政复议活动，以免出现误解。

（4）及时原则。及时原则在进行行政复议活动时，为了能使行政复议机关及时作出复议决定，必须在法律规定好的期限内及时审查完行政复议案件。

（5）便民原则。便民原则在进行行政复议活动时，为了公民、法人及其他组织能尽量利用行政复议实现对其合法权益的追求，必须尽最大努力为行政复议当事人，尤其是为作为申请人的行政相对人以及第三人在行使各项权利时提供必要的便利。

（6）对具体行政行为进行全面审查的原则。这一原则是指在进行行政复议活动时，行政复议机关除了要审查具体行政行为有无违法，还得审查其有无不适当的地方。

（7）复议期间具体行政行为不停止执行的原则。行政行为一旦作出就具有公定力，在行政复议决定作出前该维护其公定力，因此在行政复议期间实践中并不要求原行政机关停止执行具体行政行为，不过也有例外。根据《行政复议法》第 21 条规定：行政复议期间具体行政行为不停止执行；但是，有下列情形之一的，可以停止执行：

①被申请人认为需要停止执行的。

②行政复议机关认为需要停止执行的。

③申请人申请停止执行，行政复议机关认为其要求合理，决定停止执行的。

④法律规定停止执行的。

（8）司法审查的原则。除法律另有规定的以外，一般情况下，行政复议的决定并不是最终裁决，如果行政相对人对于行政复议决定仍不服的，还可以向人民法院提起诉讼。

上述案例中，复议机关认为工伤认定期限超出了《工伤认定办法》第 15 条及《工伤保险条例》第 20 条对于工伤认定期限的规定，属违反法定程序，遂作出了撤销被申请人原具体行政行为，并责令其重新作出工伤认定的复议决定，这体现了合法原则、及时性原则。

11.5 行政诉讼的范围有哪些？

（一）案例导读

2013 年 11 月 30 日王一之父王大到隔壁张家村村民张二家要货款，因还款事宜两人发生纠纷。王大在张二家自杀身亡，王家拒绝拉走尸体，尸体就停放在路边，已有多日，严重影响了邻居和路人的日常生活。张家村村委会报警要求当地公安局对此事进行调解，而在处理时该公安局并未通知王家参加调解，仅有王甲（系王一之堂兄）、张二参与（王甲也没有王一的授权委托），该公安局于 2013 年 12 月 10 日与王甲达成调解协议，由张二支付王大费用 5000 元整。在签订协议的时候，第三人王甲要求公安局在协议上写明 5000 元钱是作为拉走尸体的费用，并要保证其他民事权益的起诉权，而公安局并未写明，王甲不同意在调解协议上签字，公安局则称如果不签收，以后也不会给王家出示证据，那么即便打官司也不会赢，王甲没办法只好签收了协议，领取 5000 元钱，那么第三人张二就按调解协议内容主动履行完毕。王家后来以人身伤害赔偿向法院提起民事诉讼，但是法院依据调解协议并未予以立案，王家于是在 2014 年 3 月 22 日向法院提起行政诉讼，请求法院依法撤销该公安局作出的调解协议。

问题：这个案例是不是属于行政诉讼范围？

（二）相关法律知识

1. 行政诉讼的概念

行政诉讼是个人、法人或者其他组织，认为行政主体机关作出的具体行政行为侵犯到其合法权益而向法院提起的诉讼。这是公民、法人或其他组织通过行政救济途径解决行政争议的一种方法。行政诉讼也是诉讼的一种有效方法。

2. 行政诉讼的适用情形

《行政诉讼法》第11条规定：人民法院受理公民、法人和其他组织对下列具体行政行为不服提起的诉讼：

（1）对拘留、罚款、吊销许可证和执照、责令停产停业、没收财物等行政处罚不服的。

（2）对限制人身自由或者对财产的查封、扣押、冻结等行政强制措施不服的。

（3）认为行政机关侵犯法律规定的经营自主权的。

（4）认为符合法定条件申请行政机关颁发许可证和执照，行政机关拒绝颁发或者不予答复的。

（5）申请行政机关履行保护人身权、财产权的法定职责，行政机关拒绝履行或者不予答复的。

（6）认为行政机关没有依法发给抚恤金的。

（7）认为行政机关违法要求履行义务的。

（8）认为行政机关侵犯其他人身权、财产权的。

除前款规定外，人民法院受理法律、法规规定可以提起诉讼的其他行政案件

《行政诉讼法》第12条规定：人民法院不受理公民、法人或者其他组织对下列事项提起的诉讼：

（1）国防、外交等国家行为。

（2）行政法规、规章或者行政机关制定、发布的具有普遍约束力的决定、命令。

（3）行政机关对行政机关工作人员的奖惩、任免等决定。

（4）法律规定由行政机关最终裁决的具体行政行为。

上述案例属于行政诉讼受案范围，法院应判决依法撤销被告公安局作出的调解协议。案中公安局不尊重当事人的意志借调解之名，以职权之便进行调解，但是其行为并不属于调解行为，当时当事人是不在场的，公安局强行让当事人堂哥王甲签订协议，这是违背当事人意志作出的行政命令，如果当事人对这种所谓的调解行为不服提起行政诉讼的，法院应受理。公安局在原告王一不在场，王甲没有王一委托授权的情况下，强迫王甲签收协议属于违法行政行为，应依法撤销公安局作出的调解协议。

11.6 法律对行政诉讼的原则作了哪些规定？

（一）案例导读

2014年9月18日、19日，罗某作为国家司法考试应试人员在陕西省西安市西安交通大学考点参加了2014年国家司法考试。2014年11月22日，中华人民共和国司法部向陕西省司法厅国家司法考试处发函称包括罗某在内的44名应试人员，由于试卷为雷同试卷，考试成绩被确认为无效。罗某在得知上述情况后，于2015年1月2日直接向北京市第一中级人民法院提起行政诉讼，请求撤销司法部的决定。北京市第一中级人民法院经审理认为，评卷机构作出的证明认定罗某等人试卷答案大多错误相同，是答案雷同的情形，所以司法部据此依照《国家司法考试违纪行为处理办法（试行）》第10条的规定作出确认罗某考试成绩无效的决定，事实清楚，适用法律正确，于是判决驳回罗某的诉讼请求。罗某不服，向北京市高级人民法院上诉，北京市高级人民法院维持了一审判决。

问题：本案体现了哪些行政诉讼的原则？

（二）相关法律知识

行政诉讼的原则，是指由宪法和法律规定的，对行政诉讼具有普遍指导意义，反映行政诉讼的基本特点，体现并反映着行政诉讼的客观规律和法律的精神实质的基本规则。

1. 行政诉讼的一般原则

行政诉讼与其他诉讼制度有一些共同的司法原则，主要有：①人民法院依法独立行使审判权原则；②以事实为根据，以法律为准绳原则；③合议、回避、公开审判原则；④两审终审制原则；⑤当事人法律地位平等原则；⑥使用本民族语言文字进行诉讼原则；⑦辩论原则；⑧人民检察院实行法律监督原则。

2. 行政诉讼的特殊原则

行政诉讼是不平等主体之间发生纠纷时，提交法院进行裁判的诉讼制度。由于法律主体的地位不平等，使得行政诉讼跟其他诉讼的原则也有些不同，不同之处在于：①具体行政行为的合法性审查原则；②被申请行政机关负举证责任原则；③申请人选择复议原则；④诉讼期间不停止具体行政行为的执行原则；⑤不适用调解原则；⑥显示公平变更判决原则等。

上述案例中北京市第一中级人民法院依法进行审判，体现人民法院依法独立行使审判权原则及以事实为根据、以法律为准绳原则。该法院经审查认为司法部确认罗某考试成绩无效的决定，是根据评卷机构认定罗某等人试卷答案大多错误相同，是答案雷同的情形，并依照《国家司法考试违纪行为处理办法（试行）》第10条的规定，作出事实清楚，适用法律正确，于是判决驳回罗某的诉讼请求，体现具体行政行为的合法性审查原则及被申请行政机关负举证责任原则。罗某不服，上诉于北京市高级人民法院，北京市高级人民法院维持了一审判决，体现两审终审制原则。

思考题：

1. 与具体行政行为相对应的抽象行政行为是什么？
2. 请思考并说明行政复议与行政诉讼的区别。

第十二讲 犯罪构成法律制度

刑法中的核心知识是对行为是否构成犯罪以及如何对罪犯进行处罚的问题，也就是平常所说的什么是犯罪？如何处罚？由于各方面的原因，大学生犯罪现象时有发生，既影响了其学业，也对其家庭及本人造成了重大的危害。本讲从行为的社会危害性入手分析了我国刑法总则中的关键性知识，希望在有限的时间内把握我国刑法的基本原理。

12.1 罪与非罪如何区分？

（一）案例导读

何去、何大二人是父子关系，山西人，在山西大同创办了一家名为“人生赢家”的老板培训俱乐部。在俱乐部认识了山西日出酒业有限公司（以下简称日出公司）的老板伍某。何去、何大得知伍某欲将日出公司转让，欲购买，经双方协商，以 2000 万元左右价格达成转让协议。买下日出公司后，父子俩感觉力不从心，经营得并不像想象中的顺利，没有想象中指点江山客似云来的景象，于是对购买公司的事情开始反悔，并多次与转让方伍某协商解除转让合同事宜，打算把公司还给伍某，同时收回转让款，伍某却予以拒绝。在经营上父子俩陷入困境，完全没有信心通过经营公司收回投资款。经过商量，父子俩打算用其他方法补偿自己的付出。酒业也开始恢复生产（表面上），大肆装修，并且更换高档办公设施，请社会上一些文人雅士过来切磋琴棋书画，经常有各种不同文雅的聚会，很快在当地积攒了一些人气，但其实父子俩根本就没有去拓展销售业务，主要把精力用在借贷等方式上融资，在2015年春节前，将价值1000万元的酒装上卡车后，说是要运往客户处，此后两父子就再也没回来。经核实，该父子俩采用多次重复抵押日出公司等欺诈手段，累计欠下 2 亿元的货款和融资款。

该案发生后，受害人报案但是公安机关却不予立案，公安机关认为何氏父子俩并不构成合同诈骗或其他犯罪，理由是债权人都有合同、借据等书面材料，这说明何氏父子承认借款事实，遂不构成合同诈骗。

问题：何氏父子的行为有没有犯罪？

（二）相关法律知识

我国《刑法》第 13 条规定“一切危害国家主权、领土完整和安全、分裂国家、颠覆人们民主专政的政权和推翻社会主义制度、破坏社会秩序和经济秩序、侵害国有财产或者劳动群众集体所有财产、侵犯公民私有财产、侵害公民的人身权利、民主权利和其他权利，以及其他危害社会的行为，依照法律规定应当受到刑罚处罚的，都是犯罪。但是，情节显著轻微危害不大，不认为是犯罪。”从上述规定可以看出犯罪需具备的三个基本特征：一是严重的社会危害性；二是刑事违法性；三是刑事处罚性。犯罪的这三个基本特征是区分罪与非罪的标准和原则，能把犯罪与非犯罪行为区别开来。

我国的行为构成犯罪需具有严重的社会危害性、刑事违法性和刑事处罚性。

1. 严重的社会危害性

行为人的行为造成公私财产的损害、对人身安全造成威胁，并且这种行为的社会危害性必须要达到严重的程度才能构成犯罪。当然是否达到严重程度还需要考虑以下因素：行为人侵害社会的行为具有何种性质；行为的手段、实施行为的时间地点；被害人的情况；行为人的情况、心理状态等。

2. 刑事违法性

有无犯罪是用刑法规定的，要判断一个行为是否是犯罪行为，除了看它的社会危害性，还要看这一行为是否是刑法所禁止的犯罪行为，这体现了罪刑法定原则。罪刑法定原则由刑法总则和分则共同实现。刑法总则是规定一切犯罪所必须具备的要件，而刑法分则是规定具体某种犯罪所特别具备的要件。

3. 刑事处罚性

既然已经能认定是犯罪行为，具有刑事违法性，那么就应该受到刑法上所规定的处罚，这就是刑事处罚性。

上述案例中，何氏父子表面上恢复酒厂的生产但并没有拓展销售业务，主要精力在于跑贷款、通过民间借贷等方式大力融资，获取资金后，携款潜逃。可以看出何氏父子以非法占有为目的，通过各种手段骗得融资款，在主观上有诈骗的故意。他们多次重复抵押等欺诈手段，共计借款融资及欠下货款 2 亿元，给当事人造成重大财产损失，这在刑法上规定为合同诈骗罪，应当受到刑法处罚。

12.2 司法实践中如何认定行为的社会危害性及其程度？

（一）案例导读

被告人万某，男，20岁，待业青年。检察机关以盗窃罪对被告人万某提起公诉。一审法院经公开审理查明：被告人万某家中人多住不下，于2014年2月开始到其叔叔万甲家住宿。同年4月1日，万某在万甲家午睡过后想看本小说打发时间，于是开始在万甲书房里找书，书桌没上锁，万某打算打开抽屉找书，打开后发现抽屉内有一叠崭新的100元面值人民币，万某经受不了诱惑趁着家中无人，悄悄抽走一张人民币。由于万甲大意，没有发现抽屉里的现金少了一张。有一便有二，万某第一次偷钱没被发现，于是又分别于当年6月、8月两次趁万甲不注意，共窃取其人民币1000余元。万某于2015年2月3日又欲趁万甲家无人之机下手，当他打开抽屉寻找现金时，不料却被万甲之子万乙发现，万乙正逃学躲在家里，于是案发。随后万某的家属代其偿还了万甲的损失，万甲也曾到公安机关要求不要处理万某。

一审法院依照《中华人民共和国刑法》第13条“但是”的规定，对被告人万某宣告无罪。一审人民法院认为，被告人万某虽主观上具有非法占有的目的，客观上实施了秘密窃取他人财物的行为，但其所窃取的系其亲属的财物，社会危害性不大，情节显著轻微，可以不作为犯罪处理。

问题：怎么去判断有无社会危害性呢？

（二）相关法律知识

1. 社会危害性的含义

我国《刑法》第13条规定“一切危害国家主权、领土完整和安全、分裂国家、颠覆人们民主专政的政权和推翻社会主义制度、破坏社会秩序和经济秩序、侵害国有财产或者劳动群众集体所有财产、侵犯公民私有财产、侵害公民的人身权利、民主权利和其他权利，以及其他危害社会的行为，依照法律规定应当受到刑罚处罚的，都是犯罪。但是，情节显著轻微危害不大，不认为是犯罪。”

社会危害性是指行为人的行为侵害了刑法保护的社会关系，就是侵害了社会各方面的利益。具体侵害表现为《刑法》第13条规定的情形，一个行为有无构成犯罪，必须先看它是否具有社会危害性。同时注意《刑法》第 13 条中的“但是”条款，“情节显著轻微危害不大，不认为是犯罪”，也就是说虽然行为有一定的危害性，但是如果危害不大的，可以不认为是犯罪。那么当行为人的行为有社会危害性出现的时候，要怎么判断是否犯罪，在司法实践中是如何判断其社会危害性及其程度的呢？

2. 如何判断社会危害性及其程度

第一，判断行为的社会危害性得看当下的刑法规定。社会是不断向前发展的，一个行为损害某种社会关系在以前或许是犯罪，但是如果现在的刑法并不认为它侵害到了刑法保护的社会关系，那么不能认定为犯罪。

第二，判断行为的社会危害性应结合各种情况，全面分析。有社会危害性的行为对社会关系起到破坏作用，方式有多种。

第三，判断行为的社会危害性，应看清行为人的主观恶性大小。需要透过行为人的行为看清事情及此人的本质，以及行为人再次犯罪的可能性。

上述案例中，万某以非法占有为目的，窃取财物的事实清楚，证据确凿，但是他偷的是亲属的财物并且其家人已替他偿还了亲属的损失，社会危害性不大，根据《刑法》第 13 条的“但是”规定可以不予以追究。

12.3 如何判定行为是故意犯罪还是过失犯罪？

（一）案例导读

2015 年 6 月 10 日上午 9 时 24 分左右，黄某在家门前无聊发呆，见同村的范某骑三轮车经过，便开玩笑地说“狗子（指范某），你的座驾不错嘛，还能带两个人装一袋货”，并朝三轮车后载的货物踢了一脚。三轮车走过几米后，搭乘车坐在柴木上的万某叫范某停车，并下车搬起一块重约 6 斤的大石头向黄某的脚下砸去。黄某跳起躲开后，情绪激动随即冲上前去，从后面抱住万某的脖子，然后将万某摔倒在地。万某头部撞在地上的石头上，当即不省人事，并伴有呕吐翻白眼等症状。黄某将万某扶起，并拦了一辆出租车由万某的妻子送万某去就近的诊所治疗，自己则主动到派出所投案，如实交代了主要犯罪事实。同月 24 日，万某经医治无效死亡。经法医鉴定，万某是颅脑损伤致死。

问题：黄某的行为是构成故意伤害（致死）罪还是过失致人死亡罪？

（二）相关法律知识

《刑法》第 14 条规定“明知自己的行为会发生危害社会的结果，并且希望或者放任这种结果发生，因而构成犯罪的，是故意犯罪。故意犯罪，应当负刑事责任”。

《刑法》第 15 条规定“应当预见自己的行为可能发生危害社会的结果，因为疏忽大意而没有预见，或者已经预见而轻信能够避免，以致发生这种结果的，是过失犯罪。过失犯罪，法律有规定的才负刑事责任”。

1. 故意犯罪

故意犯罪是指行为人在实施犯罪的时候在主观方面存在故意的心理。故意犯罪必须同时具备以下两个特征：

（1）行为人必须是明知自己的行为会导致危害社会的结果出现。明知既包括明知肯定会导致危害社会的结果出现，也包括明知可能会导致危害社会的结果出现。

（2）行为人必须是希望或放任危害结果的出现。不管行为人明知肯定会导致危害社会的结果出现或明知可能会导致危害社会的结果出现，只要行为人希望或放任危害结果的出现，就构成故意犯罪。希望危害结果出现与放任危害结果出现在主观恶性程度上是有区别的，行为人主观恶性的大小程度的判断，对于量刑有所帮助。而这种区别通常在刑法理论上称为直接故意和间接故意。直接故意是指行为人明知自己的行为肯定或可能会导致危害社会的结果出现，在心理上希望这种结果的出现。例如某甲希望某乙死亡，而对某乙实施了谋杀行为。间接故意是指行为人明知可能会导致危害社会的结果出现，在心理上放任这种结果的出现，在行为上表现出听之任之、漠不关心的态度，对于结果的发生与否，行为人都可以接受。例如某甲想杀妻子某乙，在饭菜里下了毒，某甲明知儿子某丙也可能会吃到有毒的饭菜，却并没有阻止，其在心理上放任了儿子的生死。我们可以看出直接故意与间接故意在心理上是不同的，直接故意的行为人犯意更加强烈，所以在司法实践中，直接故意比间接故意的主观恶性更大，那么一般在量刑上对于直接故意也会更重。

2. 过失犯罪

过失犯罪是指行为人应当预见自己的行为可能会导致危害社会的结果出现，在主观上有因为疏忽大意而没有预见或者已经预见但轻信能够避免的心理态度。

即过失犯罪是在主观心理上存在过失态度并且根据刑法的规定能构成犯罪的行为。过失犯罪包括疏忽大意的过失、过于自信的过失两种类型。例如高楼抛物（扔垃圾），不小心砸死了路人甲。也就是说行为人在主观上根本不希望结果的发生，对于危害结果的出现是没有预料到或者自信能够避免的，但事实上却是出现了他所不希望或不能够预料的危害结果。这个小例子中行为人不希望死亡结果的发生，心理上觉得不会那么凑巧正好砸到人，却偏偏砸到人，甚至致人死亡，这应该属于过于自信的过失。当然如果要定罪进行处罚，这种过失犯罪得是在刑法分则里明确规定有过失犯罪的。总之，故意犯罪或是过失犯罪的判断，可以从其犯罪主观方面进行认定。

在上述案例中，黄某调侃范某，使得万某大打出手，在打斗中致使万某头部撞在石头上，黄某随即拦车让万某妻子送万某去医院，结果还是抢救无效死亡。可以看出黄某在主观上并不希望万某死亡，不存在致人死亡的故意，但是打斗难免会有伤亡，也就是黄某应当是能够预见到死亡结果的，不过却轻信这种小打斗不会出现严重后果，在主观上应该是存在轻信能够避免的过失心态。案例中黄某的行为构成过失致人死亡罪。

12.4 什么情况下存在注意义务？

（一）案例导读

福浙沪高速公路二期工程建成通车后，通车范围从福建省到浙江省绍兴市终止。高速公路的指示牌上虽有通向上海的指引，不过其实这属于高速公路在建的三期工程。福浙沪高速公路绍兴收费站是机动车在绍兴进入福浙沪高速公路唯一的入口。2013 年 4 月 22 日，绍兴当地人王某从收费站拿到高速公路通行卡并驾驶自己的小轿车，由绍兴高速路口进入高速公路后，根据标示驶入了通往上海方向的但并未开通而且警示未开通的设施不在位的匝道，最终在绍兴路段的断头路上坠落，车损人伤。事故经交警部门认定，王某未安全驾驶应负全部责任。据悉在本次交通事故前，绍兴某医院曾多次在此事故地点抢救过多名伤员都是因同类交通事故受伤的。于是王某以高速公路营运公司并未在与绍兴互通上海的主线或匝道上明显设置引导设施警示未开通，应承担管理失职的过错责任，诉至法院，要求该公司赔偿其全部损失。而高速公路营运公司辩称，交通事故认定书已经确定事故是由王某未安全驾驶引起的，王某负全责，那么损失应由王某承担。本案争议焦点在于高速公路营运公司是否有过错及应否承担责任。

第一种意见认为，高速公路营运公司除了负有保障道路安全畅通的责任，还有对未通车路段负有设置未开通警示设施的日常管理与维护职责。高速公路营运公司没有尽到上述责任是导致本次事故的主要原因，应承担主要责任。

第二种意见认为，高速公路营运公司即便有未设置警示和隔离义务的过失，也还不足以直接导致本案事故发生。王某为绍兴当地人，也有主动了解道路通行状况的义务，而作为驾驶员也应多观察路面、小心驾驶，故王某过错更大，应承担主要责任。

问题：高速公路营运公司是否要尽注意义务？

（二）相关法律知识

1. 什么是注意义务

注意义务是指行为人在作为时须注意是否侵害到某种权益，不作为时是否违反了特定的义务、责任。注意义务在疏忽过失中是指对于侵害到的权益、违反的义务责任所引起的结果，是否有预见此种结果发生的注意义务。

2. 注意义务的内容

注意义务的内容包括结果预见义务和结果避免义务。前者是指行为人具有预见对社会有危害结果的义务；后者是指行为人在预见可能发生某种危害结果后，具有避免危害结果发生的义务。首要的注意义务是预见危害结果的发生，可以通过预见行为的性质来预见危害结果的发生。但是预见危害结果才是我们需要的，只是预见行为的性质而没有预见危害结果的发生，还是需要承担疏忽注意的责任。而危害结果的避免才是注意义务的要点，危害结果的避免是注意义务的实质，不管是预见行为性质还是预见危害结果的发生，我们的目的是要去避免危害结果。如果没有预见到行为的性质、预见到危害结果的发生，可是却避免了结果的发生，也视为有尽到注意义务责任。如果行为人已经尽自己最大的努力去避免危害结果的发生还是不能避免危害结果发生，也视为违反注意义务，但因为行为人在主观上没有避免危害结果发生的能力，不能让行为人负担刑事责任。也就是说行为人违反注意义务并具有注意能力，那么行为人在主观上有犯罪的过失，可是行为人如果虽然违反注意义务，却不具有注意能力的，不能认定其有犯罪过失。总之，有无注意能力是判断行为人能否履行注意义务的关键。

上述案例中，高速公路本来应该是畅通无阻的，如果有尚未完工的地段存在，高速公路的经营管理人员应该对于过往驾驶人员作出提醒安全警示，而这个案例中的高速经营管理人员却没有起到这样的注意义务警示，应对这起事故负主要责任。而驾驶员王某没有及时获取高速通行信息，也负有一定的责任。

12.5 如何认定主犯与从犯？

（一）案例导读

被告人凌某，男，22 岁；被告人叶甲，男，20 岁；被告人伍某，女，17 岁；被告人万某，男，20 岁。

2014 年 9 月 12 日，凌某同其女友伍某商量，绑架某铝厂厂长楚某之子楚甲（14 岁）作人质，弄点钱花花，伍某没有意见，表示同意。第二天，凌、伍二人一起找到万某家，与万某商量绑架人质一事，万某也表示同意。凌某让万某准备口罩、绳索、摩托车等作案工具，让万某于 9 月 14 日上午与其汇合商量细节然后一起行动。9 月 14 日上午，万某未与凌某汇合，商量后发现需要更多的帮手。于是，凌某又找到了叶甲商量绑架楚甲的事情，叶甲也同意。9 月 20 日晚 6 时左右，正值下课时间，凌某携带绳索、口罩、刀子、伤湿止痛膏等作案工具，骑摩托车带着叶甲到楚甲就读的学校附近一个偏僻的角落，凌某就在此等候，由叶甲到学校去把楚甲骗出来。当楚甲放学走到学校门口时，叶甲就立即上前搭话，顺利把楚甲骗至凌某等候的角落，凌某即刻拿刀威胁楚甲不准其叫喊，然后二人合力把楚甲按倒在地，并用绳索捆住楚甲的双手，还用伤湿止痛膏把楚甲的嘴封住使其不能喊叫，而叶甲更是用自己的上衣蒙住楚甲的头，凌某驾驶着摩托车与叶甲一起把楚甲带到甲村，留下叶甲，由叶甲看守楚甲。凌某回到家写了封恐吓信索要 5 万元人民币，并把信交给薛某（男，14 岁）、楚乙（男，16 岁），由女朋友伍某带路，把恐吓信塞进楚甲家的门内。接着，凌某和叶甲把楚甲转移到叶甲的住处。9 月 21 日，凌某、叶甲轮流看着楚甲，但并没有对楚甲实施侮辱、殴打、虐待等行为。21 日晚上 9 点整，楚甲的母亲在指定的时间和地点按照恐吓信的指示把 5 万元人民币交给凌某。凌某回到家里，对等候多时的伍某说钱已拿到，然后二人点清楚钱数后，凌某从 5 万元中取出 5 千元送到叶甲家，并谎称只勒索 10000 元，并交给叶甲 5 千元。两人于当晚 10 时左右，把楚甲放回家。

作案后，凌某把作案事实告诉了万某。万某拿着20000的赃款分别以自己的名字在银行代凌某存入10000元和10000元两笔赃款。

问题：谁是主犯？谁是从犯？

（二）相关法律知识

1. 什么是主犯、从犯

《刑法》第26条规定："组织、领导犯罪集团进行犯罪活动的或者在共同犯罪中起主要作用的，是主犯。三人以上为共同实施犯罪而组成的较为固定的犯罪组织，是犯罪集团。对组织、领导犯罪集团的首要分子，按照集团所犯的全部罪行处罚。对于第三款规定以外的主犯，应当按照其所参与的或者组织、指挥的全部犯罪处罚。"第27条规定："在共同犯罪中起次要或者辅助作用的，是从犯。对于从犯，应当从轻、减轻处罚或者免除处罚。"

从法条中可以看出，主犯是指组织、领导犯罪集团进行犯罪活动或者在共同犯罪中起主要作用的犯罪分子。从犯，从其在共同犯罪中所处的地位看，从属于主犯；从其在共同犯罪中所起的作用来看，起次要或辅助作用。

2. 如何区分主犯、从犯

根据法条对于主犯的规定可以把主犯分为两种，一是组织、领导犯罪集团进行犯罪活动的，二是在共同犯罪中起主要作用的。从犯则是在共同犯罪中起次要或者辅助作用的。

在实践中，有时候因为犯罪行为复杂并不容易判断哪些罪犯是主犯、哪些罪犯是从犯，这就需要从主客观方面去判断。

从主观上来看：①主犯会发起共同犯罪的犯罪意图，即在共同犯罪中进行教唆行为。而这种行为是形成共同犯罪故意的最根本原因；②主犯策划共同犯罪，如选择犯罪行为、制订犯罪计划、选择犯罪目标等。可想而知如果共同犯罪是有预谋的会更加容易既遂，比突发的共同犯罪有更多的基础。让犯罪行为中的主犯和从犯更加确定犯罪的进程，犯罪团伙的凝聚力更强，危害性也会更大。

从客观上来看：①物色共同犯罪人。既然是共同犯罪，那么最起码需要二人以上共同实施犯罪行为，所以首先需要有共同犯罪人，这是成立共同犯罪的前提；②协调其他人的行为。不论是怎样的犯罪，主犯会在当中起着指挥整个犯罪行为的作用，为的是能达到其犯罪目的；③共同犯罪的主要实行者和积极参加者。有些共同犯罪人在共同犯罪中虽说未担任组织、策划、指挥等功能，但是他们的积极性明显高于其他共同犯罪人，在积极促成犯罪目的的实现，具有极大的危害性，应认定为主犯；④在共同犯罪人中对犯罪结果起决定性作用的。如果符合上述主客观条件的，可以认定为共同犯罪中的主犯，其他的为从犯。

在上述案例中凌某首先具有绑架的犯意，教唆伍某，纠集叶甲与其共同实施绑架行为，从发起犯意、物色共同犯罪人、实施对楚甲的绑架、到勒索楚甲的母亲，都是凌某组织、策划、指挥，可以很清楚地认定凌某为此案的主犯；伍某在凌某的教唆后同意实施这一犯罪行为，并参与送恐吓信，可以认定为从犯；万某同意凌某的教唆后表示要参与绑架，虽然后来未参与，不过其有预谋行为，可以认定为从犯；叶甲从被凌某教唆后与凌某一起实施了绑架楚甲、看守楚甲的行为，是主要的实施犯。

12.6 对犯罪中止行为如何加以认定？

（一）案例导读

被告人薛某2003年与被害人万某结婚，婚后育有一子一女，婚后相处和谐。2010年被告人薛某由于外出打工期间与一洗头妹有染，致使与其妻感情每况愈下，后更发展至长年不归。2011年10月8日被告薛某提出离婚，法院以感情尚未破裂为由判决不准予离婚。2012年7月薛某再次提出离婚，万某一哭二闹三上吊以死相要挟，无奈薛某撤诉，从此对家庭不闻不问，再也没回来。2015年1月4日薛某突然回家，并对妻儿表现得异常热情。第二天早上万某到村外小溪打水，被告人薛某趁机尾随，趁万某低头打水的一刹那，被告人薛某拿起铁棍对着万某的背部猛击，由于不敌这一外力冲击，万某跌入小溪，头部撞到石头上，当即血如泉涌，陷入昏迷，被告人薛某亦被吓呆住，而后良心发现立马送万某去医院急救，幸亏抢救及时万某脱离生命危险。

问题：薛某的行为是否构成犯罪中止？

（二）相关法律知识

1.犯罪中止的概念及情形

《刑法》第24条规定：“在犯罪过程中，自动放弃犯罪或者自动有效地防止犯罪结果发生的，是犯罪中止。对于中止犯罪，没有造成损害的，应当免除处罚；造成损害的，应当减轻处罚。”

从这条规定可以看出犯罪中止是指犯罪分子在实施犯罪过程中，自动放弃犯罪或者自动有效地防止犯罪结果的发生的行为。犯罪中止有两种情形：一是在犯罪预备阶段或者在实行行为还没有实行终了的情况下，自动放弃犯罪；二是在实行行为实行终了的情况下，自动有效地防止犯罪结果的发生。

2. 构成犯罪中止的要素

（1）在主观上有中止犯罪的意识。一般是行为人在客观上本来是能够继续犯罪或实现犯罪结果的，行为人自动放弃犯罪或不实现犯罪结果。行为人知道自己是能够继续犯罪或实现犯罪结果的；自动放弃犯罪或不去实现犯罪结果；作出的中止犯罪意思必须是彻底的、无条件的，而不是暂时的、有条件的。不管行为人是因为良心发现、被人劝说、对被害人的怜悯，或是怕受到法律的制裁，都不影响犯罪中止的成立。也就是说不论行为人中止犯罪的原因是什么，只要其中止了犯罪，就是犯罪中止。

（2）在客观上有中止犯罪的行为。中止犯罪行为是指停止犯罪的行为，会使得正在进行的犯罪行为中断。这种中止行为可以以不作为的形式实施出现，也可以以作为的形式实施出现。

（3）在时间上中止犯罪必须发生在犯罪过程中。这里的犯罪过程，是指犯罪的始终包括预备犯罪、实行犯罪，及犯罪结果发生的过程。其他的时间实施的行为不属于犯罪中止行为。

（4）在结果上必须是能有效地停止犯罪行为，或者是能有效地避免危害结果，而这种结果原先是行为人想要的并通过行为去追求的结果。

在上述案例中，薛某在用铁棍猛击妻子，使其撞向石头，血流如注，薛某本可以继续实施犯罪行为，或者是任由其妻流血，不过薛某选择了送妻子到医院救治，而后其妻子也并没有生命危险，也就是他的送医行为有效地防止犯罪结果的发生，可以认定为犯罪中止。

12.7 构成正当防卫行为的标准有哪些？

（一）案例导读

2013年3月，在成都小有名气的“锦里”茶馆，发生了一起命案。有人用枪射击了茶馆老板和他的一位友人，使得一死一重伤。2014 年 4 月，上海在查暂住证时发现一个使用假身份证信息的人，通过审讯得知他是 2013 年“锦里”茶馆命案中逃走的犯罪嫌疑人。警方随后联系上成都警方，使得这起血案终于能够水落石出。

2013 年 3 月 12 日（巴黎时间），陈大在饭局中得知好友陈鸿的哥哥在茶馆赌博，并且欠了茶馆老板薛国高达 10 万元的高利贷。随后陈大和陈鸿找到薛国，主要是想和他商量一下看有无解决的办法，可惜事与愿违，双方最终动起了手，当时被茶馆的客人拉开了。之后，薛国就一直打电话威胁陈大他们，如果不还钱就要骚扰陈大他们的家人。

第二天下午，陈大和陈鸿按照之前跟薛国的约定来到了茶馆。可是等他们到了茶馆后，薛国与其友人立马对他们拳脚相向。薛国拿出一把土制手枪称要开枪打死陈大他们，情急之下，陈大拿出借来的土制手枪，对着薛国和其友人让他们别动。即便如此，薛国仍旧举枪瞄准陈大，并无放过陈大他们的意思。慌乱的陈大对着薛国连开数枪，而在一旁的薛国友人欲上前夺枪，陈大又朝其开了几枪，随后立马逃离现场。

陈大对自己的行为供认不讳，可是他认为自己是在迫不得已的情况下才开枪的。陈大的辩护人认为，陈大的行为应当属于正当防卫。而陈大在当时的情况下所作出的行为如何定性，成了后来法院审判时争论的焦点。

问题：如何认定防卫过当？

（二）相关法律知识

我国《刑法》第 20 条规定：“为使国家、公共利益、本人或者他人的人身、财产和其他权利免受正在进行的不法侵害，而采取的制止不法侵害的行为，对不法侵害人造成损害的，属于正当防卫，不负刑事责任。正当防卫明显超过必要限度造成重大损害的，应当负刑事责任，但是应当减轻或者免除处罚。对正在进行行凶、杀人、抢劫、强奸、绑架以及其他严重危及人身安全的暴力犯罪，采取防卫行为，造成不法侵害人伤亡的，不属于防卫过当，不负刑事责任。”

1. 正当防卫

正当防卫是指为使国家、公共利益、本人或者他人的人身、财产和其他权利免受正在进行中的不法侵害，而采取的制止不法侵害的行为，对不法侵害人造成损害的，属于正当防卫，不负刑事责任。正当防卫不同于无限正当防卫。无限正当防卫是指对正在进行行凶、杀人、抢劫、强奸、绑架以及其他严重危及人身安全的暴力犯罪，而采取防卫行为，造成不法侵害人伤亡的，不属于防卫过当，仍然属于正当防卫，不负刑事责任。正当防卫超过必要限度造成重大损害的，应当负刑事责任，但是应当减轻或者免除处罚。

2. 正当防卫应具备的条件

根据上述规定可以看出，不是所有的防卫都能构成正当防卫的，防卫过当也是要负刑事责任的，那么构成正当防卫有哪些条件呢？或者说，构成正当防卫行为的标准有哪些？

（1）现实存在的不法侵害。不法侵害应由人实施，但并不是对所有的犯罪行为都能进行正当防卫，那些不具有攻击性和紧迫性的犯罪，一般不可以适用正当防卫。假使此时的危害是防卫人主观上即自认为是存在的而进行防卫，那么这种防卫称之为假想防卫。

（2）实施正当防卫的时候不法侵害正在进行。只有当不法侵害处在正在进行的状态之下，才会使合法权益受到威胁，才能使防卫人实施的防卫行为合法。怎么样来判断不法侵害正在进行呢？可以看两个时间点，不法侵害的开始时间与不法侵害的结束时间。不法侵害的开始时间是指从不法侵害人开始着手实施具有攻击性和紧迫性的侵害行为，并且这种行为会带来极大的危害时，不法侵害行为就已经开始。不法侵害的结束时间是指所侵害的正当权益不再处于受威胁的状态时，不法侵害就已经结束。比如不法侵害人主动中止侵害，或已经逃离现场，或丧失侵害能力，或被制服等，其已无法造成或继续造成危害结果。那么对于不是正在进行的不法侵害进行防卫就不是正当防卫，这被叫做防卫不适时。有事前防卫、事后防卫，不管哪种都不属于正当防卫，严重的还可能会构成犯罪。

（3）具有防卫认识、防卫意志。防卫认识是指防卫人认识到有正在进行的不法侵害；防卫意志则是指防卫人之所以防卫是出于对合法权益的保护。而相互斗殴、防卫挑拨、偶然防卫等都是不具有防卫意识的行为。在相互斗殴时，双方都在进行伤害对方的打斗，不具备防卫意识，不是正当防卫。可是如果在打斗结束后，其中一方表示求饶或者试图逃走，而另一方却继续实施侵害，那么有可能会构成正当防卫。防卫挑拨是指一方为了侵害对方，故意挑衅使对方先对自己侵害，接着以自己合法权益受到侵害为由需实施正当防卫，从而侵害对方。因防卫挑拨从一开始就有侵害对方的意识，故而不能成为正当防卫。偶然防卫是指一方原先欲故意伤害被人的行为，偶然地符合了正当防卫的行为，亦不能成为正当防卫。例如某甲用刀捅死某乙，此时某乙其实正准备刺死某丙，其实某甲对某乙的犯罪行为并不知情，也就是并没有保护合法权益的意图，他的行为不能构成正当防卫，属于犯罪行为。

（4）必须针对侵害人进行防卫。因为侵害是由侵害人对被害人正在进行的行为，正当防卫也只能是针对侵害人进行，才能保护被侵害人所侵害的合法权益。如果对不是侵害者本人进行防卫，而是对在场的他人进行，那么就有可能构成假想防卫、故意犯罪或者紧急避险。

（5）防卫行为不能明显超过必要限度，要不然就是防卫过当。例如某甲捅死某乙，某丙发现后将某甲打昏，接着拿起砖头将某甲打死。此时某乙已处于昏迷状态不会对某甲构成威胁，某丙的行为明显超过必要限度，就不再属于正当防卫。不过这里可以提一下并不是只要超过必要限度，都会构成防卫过当，只有当明显超过必要限度同时造成了重大损害结果的，才构成防卫过当。而对于那些会严重危及到人身安全的暴力行为所进行的防卫，则不存在构成防卫过当的问题。例如，某甲欲捅死某乙，某乙在防卫过程中将某甲捅死，是正当防卫。

上述案例中虽然陈大受到了薛国的威胁，并举枪威胁到了其生命，当时确实有不法侵害行为正在进行，由于这种威胁，陈大用自己带的枪进行防卫，而且这种防卫是针对危险人身安全的暴力行为所为，表面看上去其行为符合了正当防卫的要件，不过他为什么会带着枪去呢？也就是说他本身就设想过自己可能会需要用到枪，那么他的用枪行为就不是在紧急情况下所采取的紧急的正当防卫，而是一开始就准备好的。也就意味着这可能构成假想防卫或者防卫过当，最后公诉机关以故意杀人罪追究其刑事责任。

12.8 如何界定坦白还是自首？

（一）案例导读

被告人周某，男，30 岁，西安市居民。被告人周某于 2013 年 5 月从西安市流窜到山西省大同市。同月 21 日上午，他在山西省大同市杨府山公园抢劫了美国人大卫和澳门人陈冲两人的美国支票、澳币以及护照等物，数额巨大。周某作案后迅速逃回西安。山西省大同市公安局向有关公安机关发出《协查通知》，并布置侦查。周某在其居住地向邻里吹牛说在山西抢劫有多容易，一下手就能抢到一大笔钱，根本不需要在乡下辛苦劳作。在邻里中正好有一个是公安的线人，听了周某的话，立即向公安局反映了这一情报。公安局根据线人提供的这一线索，迅速开展侦探。经过周密调查，证实周某 4 月份到过山西省，锁定其为犯罪嫌疑人，便对其进行审讯。经过审讯，周某交代了于 4 月 21 日，与万某、王乙三人在山西省大同市杨府山对两人实施抢劫的全部过程，经调查核实与实际情况相符合。

问题：周某的行为是坦白还是自首？

（二）相关法律知识

根据《刑法》第 67 条规定："犯罪以后自动投案，如实供述自己的罪行的，是自首。对于自首的犯罪分子，可以从轻或者减轻处罚。其中，犯罪较轻的，可以免除处罚。被采取强制措施的犯罪嫌疑人、被告人和正在服刑的罪犯，如实供述司法机关还未掌握的本人其他罪行的，以自首论。犯罪嫌疑人虽不具有前两款规定的自首情节，但是如果如实供述自己罪行的，可以从轻处罚；因其如实供述自己罪行，避免特别严重后果发生的，可以减轻处罚。"

《刑法》第 67 条第 1 款规定的是一般自首，需要具备两个条件：①犯罪分子犯罪以后自动投案；②能如实供述自己的罪行。第 67 条第 2 款规定的是特别自首，需要具备两个条件：①只有三种人能成为特别自首的主体，即"被采取强制措施的犯罪嫌疑人、被告人和正在服刑的罪犯"；②如实供述司法机关还未掌握的本人的其他罪行。也就是说如果不能同时满足两个条件的，不能被认定为一般自首或特别自首，尤其是对那些被动归案的，即便配合如实供述本人的犯罪事实，也只能认定为坦白。坦白从宽，是指对于虽然是被动投案，但却能如实供述自己罪行的，或如实供述了司法机关还未掌握的本人的罪行，避免特别严重后果发生的，人民法院可以减轻处罚。2011 年 2 月 25 日，全国人大常委会制定通过《刑法修正案（八）》，将坦白从宽纳入《刑法》的自首条款，即《刑法》第 67 条增加了第 3 款。

在上述案例中，周某经过审讯，交代了与万某、王乙三人在山西省大同市杨府山实施抢劫的全部过程，但是这一行为并不符合一般自首或者特别自首所需具备的条件，他不是自动投案的，所交代的案件也不是司法机关还未掌握的本人其他罪行的，而是公安机关怀疑他所犯的罪行。他的这一交代行为是在被动归案后所做出的如实供述自己的罪行，应该属于坦白。

思考题：

1. 请简单叙述故意犯罪与过失犯罪的区别。
2. 请联系实际，谈谈罪与非罪的认定。

第十三讲 个人所得税的交纳

随着我国经济发展步伐的加快，居民的收入日益增多。在对何种收入要纳个人所得税，纳多少税的问题上，普遍存在的现象是大多数居民不了解。这既损害了法律权威性，又减少了国家的财政收入，也不利于公民纳税意识的确立。本讲在阐述税收的概念和功能的基础上，通过对个人所得税的征税对象及征收的比例的分析，以期确立宪法所要求的公民的纳税义务的意识。

13.1 税收的概念与职能是什么?

（一）案例导读

杨某是浙江省温州市某公司的员工，与公司约定的月工资为5000元（扣除了其养老保险等费用后），可是当他去领工资时，却只拿到了4555元，他大为不解，向公司财务人员交涉，是否财务人员算错了。财务人员告诉他公司为其代交了45元的个人所得税。杨某认为工资是其劳动所得，其权利受国家保护，而国家又没有付出劳动，也未与我签订合同，凭什么要征收我工资收入的税款?征收税款又有什么用?

（二）相关法律知识

1.税收的概念

税收是国家基于社会公共利益的需要，凭借其政治权力，强制、无偿地参与国民收入分配以取得财政收入的特殊分配关系。

税收是政府财政收入的最重要来源，它是人类社会经济发展到一定阶段的产物。社会剩余产品的出现和国家的存在是税收产生的基本前提。税收的含义需从以下五个方面来理解：

（1）税收是国家取得财政收入的主要形式。现代社会，国家组织财政收入的形式除了税收外还有多种非税收入，如国有资产收入、债务收入、规费收入、罚没收入等。其中，税收是当今各国最主要的财政收入形式，占财政收入的比重最大。

（2）国家征税凭借的是政治权力。税收本质上是一种以国家为主体的特殊分配关系，解决的是社会产品的归属问题。而社会产品分配可基于多种原因而发生。根据民法理论，社会产品分配有基于劳动而产生，有基于生产资料的所有权而产生，有基于风险而产生，也有基于赠与而产生等。若基于国家政治权力而产生即为税收。税的本质，是国家作为一方主体无偿地参与国民收入分配而形成的特殊分配方式。

（3）国家税收的目的是满足社会公共利益的需要。税收是为履行国家职能，满足社会公共利益的需要。在历史上曾存在的多种不同国家形态，为了维持自身的存在与发展，都需要一定的资金和财物，都需要国家以一定的方式向社会征收各种赋税。现代社会，国家的职能不断地扩大，除传统的行政、国防职能外，文化教育、科学卫生、社会保障、环境保护、城市建设等的发展都需要国家介入并提供大量的财力和物资。税收的目的正是满足社会公共利益的需要。

（4）税收属于分配范畴，分配的对象是社会产品和国民收入。税收作为国家组织财政收入的重要手段，在社会再生产过程中属于分配环节，其分配的对象自然是社会产品，其价值形态为国民收入。征收是社会产品从纳税人手中变为国家所有的过程。

（5）税收具有强制性、无偿性、固定性的特征。税收的强制性，指符合课税条件的主体应按税法的规定，在缴纳的税额、环节、方式、时间等方面履行自己的义务，否则会受到法律的制裁。

税收的无偿性，指国家作为征收主体对具体纳税人所征的税款不需要直接偿还。恰如列宁所说："所谓税收，就是国家向居民无偿地索取"。但也应当注意，税收的无偿性不能绝对化，它具有相对性的特性。对具体的纳税人而言是无偿的，但国家从提供的多种社会公共利益方面又在一定程度上起返还的作用，所谓"取之于民，用之于民"，此也在一定程度上反映了税收有偿性的一面，只是所起的是一种间接的有偿性的作用。

税收的固定性，指对课税对象、征收的比例或数额、课税的环节等以法律的形式加以确定。税的固定性也是相对的，会随着客观情况的变化，基于国家的政策和社会的考量通过合法程序进行调整。

2. 税收的职能

税收的职能是通过国家的税款征收在社会生活中所发生的作用。税收具有如下的主要职能。

（1）组织国家的财政收入。税收是国家行使其权力参与国民收入的分配，其结果是把纳税人所创造的部分价值变为国家的财政资金，以用于国家的职能发挥所需的支出，维护国家机器的有效运转，并满足人民群众不断预期的社会公共利益的需要。

（2）调控社会经济运行。税收作为一种经济杠杆，具有调节经济活动各个主体的利益，从而达到控制社会经济运行的目的。国家通过纳税主体、纳税对象、税率的高低的不同设定来调节社会的利益关系，达到影响经济的职能。它对社会资源的有效配置、对社会收入的分配的调节和经济稳定增长的实现等方面都具有重要的作用。同时，国家在征收税款的过程中能及时发现纳税人在生产经营过程中存在的问题，并通知政府有关部门及时解决。

（3）维护社会安定和谐。税收在参与国民收入分配的过程中，可以通过立法环节对高收入群体设定超额累进税率，对一次劳务收入过高的进行加成征收，对奢侈品额外征收高税率，并设定减免税的规定等手段对社会收入分配不公的现象进行调整，缩小贫富差距，以维护社会安定和谐。

上述案例中，由杨某所在单位从杨某的工资中扣除了当月的个人所得税 45 元，由于税收的法定性与强制性的要求，不需与杨某约定在先，而征收税款也是取之于民，用之于民。

13.2 为什么要交纳个人所得税？

（一）案例导读

我国自新中国成立以来多次对税法规范进行修改，征收对象从小变大，也有的不作为征税的对象，或给予一定时期的优惠税率，税率也变动不居，如工资收入的个人所得税的起征点由原来的每月 800 元，到现在的每月 3500 元，是否政府想征税就征税。试思考：政府征收个人所得税的正当性依据是什么？

（二）相关法律知识

税收是国家凭借其政治权力，强制、无偿地参与国民收入分配的一种方式。国家征税权的实现无疑会加重纳税人的负担，纳税人会考虑国家凭什么要向我们征税，其正当性依据是什么？

1. 税产生的客观基础

税产生、存在的客观基础是什么？税的根据又是什么？这是各国税收理论的基础。居民独立财产的存在、产品剩余的出现是税产生、存在的客观基础。若居民没有独立的财产，或者产品没有剩余的情况下，税的产生是不可想象的。

2. 税收的正当性

在私有财产的出现，尤其是在产品出现剩余的情况下，伴随着国家的产生。国家基于何种理由向居民征税？其正当性依据是什么？

（1）国家的存在，尤其是国家职能的发挥需要大量的资金。

国家的存在需要数额巨大的资金，以利于国家机器自身的正常运转，确保其统治地位。但国家所需资金，向哪里去筹集？在阶级社会早期，通过战争掠夺别国的财产，通过国有土地收取地租，通过国民的捐献或赠与得到一部分资金。但是随着国家的发展，仅凭上述的筹资方式已不能满足国家经常性支出的需要，于是国家开始征税。

（2）居民的利益需要国家的保护。

马克思指出，“赋税是政府机器的经济基础，而不是其他任何东西”，此精辟地指出了税存在和发展的正当性根据。也就是说，税收在维持公共权力，维护其统治的目的外，还要履行满足社会公共服务需要的目的，起到保护居民的财产、生命、自由和幸福，达到社会的进步与和谐。就此而言，税其实是纳税人享用国家所提供的公共产品的一种非完全性对价，并不能理解为是单一地为国家作出的牺牲。

13.3 个人所得税的纳税义务人是谁？

（一）案例导读

2014 年 4 月浙江省宁波市某作家在外国出版一部长篇小说，取得稿酬 12 万元，并按该国税法的规定向该国交纳了个人所得税计人民币为 1 万元。想不到过不了多久，我国税务机关通知他交纳个人所得税。他认为自己已在外国交过税款，为什么还要交税。请问，他的想法正确吗？我国的个人所得税的纳税义务人的范围到底是如何规定的？

（二）相关法律知识

个人所得税的纳税义务人依据住所和居住时间两个标准，区分为居民纳税义务人和非居民纳税义务人。

1. 居民纳税义务人

个人所得税的纳税人的确定一般取决于一国采用的税收管辖原则。税收管辖原则通常分两类，即属人主义原则与属地主义原则。从世界各国的具体情况看，有的国家和地区采用属人主义原则，而有的国家和地区则采用属地主义原则。目前，国际上普遍的做法是把这两种征收原则结合起来，对本国公民或居民采用属人主义原则征税，对非本国公民或本国非居民采用属地主义原则征税。按照国际通行的做法，我国现行个人所得税纳税人的确定也是按照上述两种原则来确定的。属人原则与属地原则相结合，既包括有应税所得的我国居民，也包括从我国境内取得所得的非居民。根据个人所得税法的规定，凡符合下列条件之一的，为居民纳税义务人：

（1）在中国境内有住所的个人。即因户籍、家庭、经济利益关系，而在中国境内习惯性居住的个人。习惯性居住，是指个人因学习、工作、探亲等原因消除之后，没有理由在其他地方继续居留时，所要回到的地方，而不是指实际居住或在某一个特定时期内的居住地。在税收意义上，习惯性居住是判定纳税义务人是居民或非居民的一个法律意义上的标准。如个人因学习、工作、探亲、旅游等原因而在中国境外居住，这些原因消除之后，必须回到中国境内居住的，那么，中国就是该人的习惯性居住地。对居民的确定，加上“住所”的条件，可以将因公或其他原因到境外工作的人员纳入征税范围，堵塞了征收漏洞，也符合国际惯例。

（2）在中国境内无住所而在境内居住满 1 年的个人。所谓在境内居住满 1 年，是指在一个纳税年度（即公历 1 月 1 日起至 12 月 31 日止）内，在中国境内居住满 365 天。在计算居住天数时，对临时离境应视同在华居住，不扣减其在华居住的天数。临时离境，是指在一个纳税年度内，一次不超过 30 日或者多次累计不超过 90 日的离境。

2. 非居民纳税义务人

非居民纳税人，是指不符合居民纳税人判定标准（条件）的纳税人。根据个人所得税法的规定，凡符合下列条件之一的属于非居民纳税义务人：

（1）在中国境内无住所又不居住但有来源于中国境内所得的个人。这种在中国境内没有住所，又没有来中国的外籍个人，他们从中国境内取得所得的形式一般是由于资金、技术或财产在中国境内被使用而获取的。

（2）在中国境内无住所，并且在一个纳税年度中在中国境内居住不满 1 年的个人。一般是指短期行为来华的外籍人员，如承包工程中短期作业的外籍个人，到中国境内演出或表演的演员或运动员等。自 2000 年 1 月 1 日起，个人独资企业和合伙企业投资者也为个人所得税的纳税义务人。

就上述案例而言，宁波市某作家认为自己已在外国交过税款，无须再在国内交税的想法是不正确的。因为我国现行个人所得税纳税人的确定是按照属人原则与属地原则相结合来确定的。根据该原则，只要在国外的纳税数额低于国内标准的应纳税额，就要在我国补交差额部分。至于我国的个人所得税的纳税义务人的范围既包括居民纳税人，也包括非居民纳税人。

13.4 个人所得税的征税范围有哪些?

（一）案例导读

金某于 2015 年 3 月 5 日出于献爱心而用 100 元人民币向其所在地的福利彩票销售点购买了 10 张连的彩票，没想到居然中奖，中奖数额为人民币 500000 元，于是向兑现机构兑奖，没想到只领取了 400000 元。试问：中奖所得也要纳税吗？我国的个人所得税的征税范围有哪些?

（二）相关法律知识

按应纳税所得的来源划分，现行个人所得税的应税项目，大致可以分为 3 类，共 11 个应税项目。

1. 工资、薪金所得

工资、薪金所得是指个人因任职或者受雇而取得的工资、薪金、奖金、年终加薪、劳动分红、津贴、补贴以及与任职或者受雇有关的其他所得。

2. 个体工商户的经营所得

个体工商户的生产、经营所得包括：

（1）个体工商户从事工业、手工业、建筑业、交通运输业、商业、饮食业、服务业、修理业以及其他行业取得的所得。

（2）个人经政府有关部门批准，取得执照，从事办学、医疗、咨询以及其他有偿服务活动取得的所得。

（3）个体工商户和个人取得的与生产、经营有关的各项应税所得。

（4）其他个人从事个体工商业生产、经营取得的所得。

（5）个人独资企业和合伙企业比照执行。

3. 企业、事业单位的承包经营、承租经营所得

企业、事业单位的承包经营、承租经营所得，是指个人承包经营或承租经营以及转包、转租取得的所得，还包括个人按月或按次取得的工资、薪金性质的所得。

4. 劳务报酬所得

劳务报酬所得是指个人独立从事非雇佣的各种劳务所取得的所得。

5. 稿酬所得

稿酬所得是指个人因其作品以图书、报刊形式出版、发表而取得的所得。

6. 特许权使用费所得

特许权使用费所得是指个人提供专利权、商标权、著作权、非专利技术以及其他特许权的使用权取得的所得。

7. 利息、股息、红利所得

利息、股息、红利所得是指个人拥有债权、股权而取得的利息、股息、红利所得。

8. 财产租赁所得

财产租赁所得是指个人出租建筑物、土地使用权、机器设备、车船以及其他财产取得的所得。

9. 财产转让所得

财产转让所得是指个人转让有价证券、股票、建筑物、土地使用权、机器设备、车船以及其他财产取得的所得。

10. 偶然所得

偶然所得是指个人得奖、中奖、中彩以及其他偶然性质的所得。

11. 其他所得

除上述规定以外的其他应纳税所得。

本案中，金某中奖数额人民币500000元，属于偶然所得的税目，应纳税额

为中奖所得的20%，由兑现机构代扣代缴。

13.5 个人所得税的税率是如何规定的？

（一）案例导读

杨某与夏某同为浙江省温州市某制鞋公司的员工，与公司约定的月工资是杨某为5000元，夏某为10000元（扣除了其养老保险等费用后），可是当他们去领工资时，杨某拿到了4955元，公司为其代交税款45元，而夏某拿到工资9255元，夏某大为不解，为什么杨某交税是45元，而我的工资是杨某的二倍，应该交税是90元，为什么自己要交745元，于是向公司财务人员交涉，是否财务人员算错了。请问：该公司的财务人员有没有计算错误？为什么？

（二）相关法律知识

我国目前采用的税率为累进税率与比例税率并用。其中工资、薪金所得采用七级超额累进税率，个体工商户、承包、承租所得采用五级超额累进税率，其他税目一般适用比例税率，税率为20%。

1. 超额累进税率

工资、薪金所得适用5%～45%的七级超额累进税率，税率如表13-1所示。

表13-1　个人所得税税率表（工资、薪金所得适用）

级数	全月应纳税所得额	税率/%	速算扣除数/元
1	不超过1500元的	3	0
2	超过1500元至4500元的部分	10	105
3	超过4500元至9000元的部分	20	555
4	超过9000元至35000元的部分	25	1005
5	超过35000元至55000元的部分	30	2755
6	超过55000元至80000元的部分	35	5505
7	超过80000元的部分	45	13505

个体工商户的生产经营所得和对企事业单位的承包经营、承租经营所得适用5% ～ 35% 的超额累进税率如表 13-2 所示。

表13-2 个体工商户的生产经营所得和对企事业单位的承包经营、承租经营所得适用税率

级数	全年应纳税所得额	税率 / %	速算扣除数 / 元
1	不超过 15000 元的	5	0
2	超过 15000 ～ 30000 元的部分	10	750
3	超过 30000 ～ 60000 元的部分	20	3750
4	超过 60000 ～ 100000 元的部分	30	9750
5	超过 100000 元以上的部分	35	14750

个人独资企业和合伙企业的个人投资者取得的生产经营所得，也适用5% ～ 35% 的超额累进税率。

2. 比例税率

稿酬所得，适用比例税率，税率为 20%，并按应纳税额减征 30%，所以其实际税率为 14%。

劳务报酬所得，适用比例税率，税率为 20%。对于劳务报酬所得一次收入畸高的，可以加成征收。“劳务报酬所得一次收入畸高”是指个人一次取得劳务报酬，其应纳税所得额超过 20000 元。对应纳税所得额超过 20000 ～ 50000 元的部分，依照税法规定计算应纳税额后再按照应纳税额加征 5 成；超过 50000 的部分，加征 10 成。所以劳务报酬所得实际上适用 20%、30%、40% 的三级超额累进税率如表 13-3 所示。

表13-3 稿酬和劳务报酬所得税率

级数	每次应纳税所得额	税率 / %	速算扣除数 / 元
1	不超过 20000 元的部分	20	0
2	20000 ～ 50000 元的部分	30	2000
3	超过 50000 元的部分	40	7000

但此表中所指每次应纳税所得额，是指每次收入减除费用 800 元（每次收入不超过 4000 元）或者减除 20%（每次收入超过 4000 元）的费用后的余额。

特许权使用费所得，财产租赁所得，财产转让所得，每次收入减除费用 800

元（每次收入不超过 4000 元）或者减除 20%（每次收入超过 4000 元）的费用后的余额适用比例税率，税率为 20%。

利息、股息、红利所得，偶然所得和其他所得，适用比例税率，税率为 20%，不扣除任何费用。自 2008 年 10 月 9 日（含）起，暂免征收储蓄存款利息所得的个人所得税。从 2008 年 3 月 1 日（含）起，对个人出租住房取得的所得暂减按 10% 的税率征收个人所得税。

上述案例中，杨某拿到了 4955 元，公司为其代交税款 45 元，而夏某拿到工资 9255 元，公司为其代交税款 745 元，该公司的财务人员计算没有错误。因为我国的个人所得税实行的是超额累进税率，月收入越高，税负越重。

13.6 什么情况下个人所得税有优惠？

（一）案例导读

浙江省某高校教师何某 2014 年因在教学活动中成绩显著，被评为年度校优秀教师，学校给予其一次性奖金人民币 10000 元，同时也被评为省优秀教学名师，获得奖金人民币 20000 元。学校财务人员在计算何某的当月所得纳税时，把学校给予其的奖金人民币 10000 元纳入月工资中计算应纳税款，但没有将省人民政府给予的 20000 元奖金纳入月工资中计算应纳税款，请问：学校财务人员的做法是否正确？为什么？

（二）相关法律知识

根据《个人所得税法》的规定，下述情况之一的，免征个人所得税：

（1）省级人民政府、国务院部委和中国人民解放军军以上单位，以及外国组织颁发的科学、教育、技术、文化、卫生、体育、环境保护等方面的奖金。

（2）国债和国家发行的金融债券利息。

（3）按国家统一规定发给的补贴、津贴。

（4）福利费、抚恤金、救济金。

（5）保险赔款。

（6）军人的转业安置费、复员费。

（7）按国家统一规定发给干部、职工的安家费、退职费、离退休工资、离休生活补助费。

（8）各国驻华使馆、领事馆的外交人员、领事官员等免税。

（9）中国政府参加的国际公约以及签订的协议中规定免税的所得。

（10）个人取得的教育储蓄存款利息。

对上述案例而言，学校财务人员的做法是正确的。省人民政府给予的20000元奖金属于免征个人所得税的项目。

13.7 如何计算个人所得税的税额？

（一）案例导读

某证券公司员工杨帆2013年11月份取得工资4500元，奖金1500元，计算其当月应纳个人所得税税额。

分析如下：

刘丽本月工资与奖金合计6000元，扣除费用3500元后应纳税所得额为2500元，查表得税率10%，速算扣除数105。

应纳税所得额＝月工资、薪金收入－3500元＝（4500＋1500－3500）＝2500（元）

应纳税额＝（月工资、薪金收入－3500元）×适用税率－速算扣除数

＝2500×10%－105＝145（元）

（二）相关法律知识

1. 工资、薪金应纳税额的计算

工资、薪金应纳税额的计算首先要解决应纳税所得额的确定问题。

首先，应纳税所得额的确定。

（1）费用减除3500元的适用范围

一般情况下，对工资、薪金所得以个人每月收入额固定减除3500元费用后的余额作为应纳税所得额。其计算公式为：

应纳税所得额＝月工资、薪金收入－3500元

（2）附加减除费用1300元的适用范围

对在中国境内无住所而在中国境内取得工资、薪金所得的纳税人和在中国境内有住所而在中国境外取得工资、薪金所得的纳税人，税法根据其平均收入水

平、生活水平以及汇率变化情况，确定其除了减除了3500元费用外，再附加减除费用1300元，即共减除费用4800元。其计算公式为：

应纳税所得额＝月工资薪金收入－3500元－1300元

附加减除费用所适用的具体范围是：在中国境内的外商投资企业和外国企业中工作的外籍人员；应聘在中国境内的企业、事业单位、社会团体、国家机关中工作的外籍专家；在中国境内有住所而在中国境外任职或者受雇取得工资、薪金所得的个人；财政部确定的其他人员。华侨和香港、澳门、台湾同胞参照上述附加减除费用标准执行。此外，附加减除费用也适用于华侨和香港、澳门、台湾同胞。

其次，应纳税额的计算问题。

应纳税额计算公式为：

应纳税额＝应纳税所得额×适用税率－速算扣除数

＝（月工资、薪金收入－3500元或4800元）×适用税率－速算扣除数

工资、薪金所得适用的速算扣除数。

2. 劳务报酬应纳税额的计算

歌星张某于2013年10月外出参加营业性演出，一次取得劳务报酬60000元。计算其应缴纳的个人所得税（不考虑其他税费）。

分析如下：

该纳税人一次演出取得的应纳税所得额超过20000元，按税法规定应实行加成征税。

（1）应纳税所得额＝60000×（1－20%）＝48000（元）

（2）应纳税额＝48000×30%－2000＝12400（元）

劳务报酬所得，是指个人从事设计、装潢、安装、制图、化验、测试、医疗、法律、会计、咨询、讲学、新闻、广播、翻译、审稿、书画、雕刻、影视、录音、录像、演出、表演、广告、展览、技术服务、介绍服务、经纪服务、代办服务以及其他劳务报酬的所得。

（1）费用扣除标准。每次收入不超过4000元的，定额减除费用800元；每次收入在4000元以上的，定额减除20%的费用。每次收入不足4000元的，应纳税所得额＝每次收入额－800元；每次收入4000元以上的，应纳税所得额＝每次收入额×（1－20%）。

（2）劳务报酬次的规定。属于一次性收入的，以取得该项收入为一次，按次确定应纳所得额；属于同一项目连续性收入的，以一个月内取得的收入为一次，据以确定应纳税所得额。此外，获得劳务报酬所得的纳税人从其收入中支付给中介人和相关人员的报酬，除另有规定者外，在定额扣除 20% 的费用后，一律不再扣除。

（3）加成征税。如果纳税人的应税劳务报酬所得一次收入畸高，应实行加成征税。“劳务报酬所得一次收入畸高”是指个人一次取得劳务报酬，其应纳税所得额超过 20000 元。对应纳税所得额超过 20000 ～ 50000 元的部分，依照税法规定计算应纳税额后再按照应纳税额加征 5 成；超过 50000 的部分，加征 10 成，其应纳税总额应依据相应税率和速算扣除数计算，计算公式为：

应纳税额＝应纳税所得额 × 适用税率－速算扣除数

所以劳务报酬所得实际上适用 20%、30%、40% 的三级超额累进税率。

3. 稿酬所得应纳税额的计算

2013 年某作家出版一部长篇小说，1 月份取得预付稿酬 2 万元，4 月份小说正式出版，取得稿酬 2 万元，同年该小说在一家晚报连载 100 次，每次稿酬 420 元。该作家应缴纳个人所得税。

分析如下：

稿酬不论是预付还是分笔支付，均应合并为一次征税。

出版取得所得应纳个人所得税＝（20000 ＋ 20000）×（1 － 20%）×20%×（1 － 30%）＝ 4480（元）

个人的同一作品在报刊上连载，应合并其因连载而取得的所得为一次。

连载取得的所得应纳个人所得税＝ 100×420×（1－20%）×20%×（1－30%）＝ 4704（元）

合计应缴纳个人所得税＝ 4480 ＋ 4704 ＝9184（元）

稿酬所得是指个人因其作品以图书、报刊形式出版、发表而取得的所得。

首先，应纳税所得额的计算问题。

应纳税所得额的确定问题：

（1）每次收入不足 4000 元的，应纳税所得额＝每次收入额－ 800 元。

（2）每次收入 4000 元以上的，应纳税所得额＝每次收入额 ×（1 － 20%）。

要注意的是，稿酬所得，以每次出版、发表取得的收入为一次。

具体可分为：

（1）同一作品再版取得的所得，应视为另一次稿酬所得计征个人所得税。

（2）同一作品在报刊上连载取得收入的，以连载完成后取得的所有收入合并为一次，计征个人所得税。

（3）同一作品在出版和发表时，以预付稿酬或分次支付稿酬等形式取得的稿酬收入，应合并计算为一次。

（4）同一作品出版、发表后，因添加印数而追加稿酬的，应与以前出版、发表时取得的稿酬合并计算为一次，计征个人所得税。

（5）同一作品先在报刊上连载，然后再出版，或者先出版，再在报刊上连载的，应视为两次稿酬所得征税，即连载作为一次，出版作为另一次。

其次是应纳税额计算。稿酬所得，适用比例税率，税率为 20%，并按应纳税额减征 30%，所以其实际税率为 14%。

（1）每次收入不足 4000 元的：

应纳税额＝应纳税所得额 × 适用税率 ×（1 － 30%）

　　　　＝（每次收入额－ 800）×20%×（1 － 30%）

（2）每次收入额在 4000 元以上的：

应纳税额＝应纳税所得额 × 适用税率 ×（1 － 30%）

　　　　＝每次收入额 ×（1 － 20%）×20%×（1 － 30%）

4. 偶然所得

陈某在参加购买某福利彩票活动过程中，中奖所得共计价值 20000 元。陈某领奖时告知福利彩票机构，从中奖收入中拿出 4000 元通过教育部门向某希望小学捐赠。请按照规定计算代扣代缴个人所得税后，陈某实际可得中奖金额。

分析如下：

（1）根据税法有关规定，陈某的捐赠额可以全部从应纳税所得额中扣除（因为 4000÷20000 ＝ 20%，小于捐赠扣除比例 30%）。

（2）应纳税所得额＝偶然所得－捐赠额＝ 20000 － 4000 ＝ 16000（元）。

（3）应纳税额（即福利彩票机构代扣税款）＝应纳税所得额 × 适用税率＝16000×20% ＝ 3200（元）。

（4）陈某实际可得金额＝ 20000 － 4000 － 3200 ＝ 12800（元）。

偶然所得包括个人偶然得奖、中奖取得的所得。个人取得单张有奖发票奖金不超过 800 元（含 800 元）的，暂免征收个人所得税；个人取得单张有奖发票所得超过 800 元的，应全额按照“偶然所得”征收个人所得税。应纳税所得额的计算是偶然所得以每次收入额为应纳税所得额。关于“次”的规定，是以每次收入为一次。应纳税额计算为：应纳税额＝应纳税所得额 × 适用税率＝每次收入额×20%。

思考题：

1. 如何理解税收的含义？
2. 现实生活中体现税收的职能的表现有哪些？

第十四讲 法官构建裁判事实与适用法律

以事实为依据，以法律为准绳是我国的审判原则，也是法律实现公平与正义的要求。可以说公正与正义在社会生活中的实现在很大的程度上取决于法官对事实的认定和法官对法律的理解和适用。在具体的个案中，法官根据法规范构建裁判的事实，并面对个案对法规范进行解释，目光往来于事实与法律之间，从而寻找到对个案而言相对正确的法律上的解决结果。本讲在对裁判事实形成上的因素进行分析的基础上，主要关注法官在具体的法律事务中法律的判决的作出的过程，以利于大家对法律适用过程的理解。同时，也可以使自己在合法权益受侵时如何通过相关证据材料的收集以保护自身的合法权益。

14.1 裁判事实就是客观事实吗？

（一）案例导读

2014 年 5 月 4 日某私营企业老板张明因经营需要与同村的村民郭因伟签订了一份借款合同。合同约定：张明向郭因伟借款人民币伍万元，月利息为 1 分 2 厘，借款期限为 3 个月，款项通过中国工商银行转账的方式打入到张明的个人银行账户上。后因张明经营不善无法按期归还借款，郭因伟诉至当地人民法院，请问：法院是如何构建裁判事实的？

（二）相关法律知识

以事实为依据，以法律为准绳是我国的审判原则。在刑事案件中，没有符合犯罪构成要件的相应事实，不可能对犯罪嫌疑人作出有罪判决；在行政过程中，没有违反行政法的事实也不可能对行政相对人作出行政处罚的决定；在民事案件中同样是一个道理，不用说民事案件的审判得基于事实的基础上，就是原告的起诉也得有一个大略的事实上的依据，否则案件进不了法院。法官对案件的判决是基于裁判的事实，而不是基于客观的事实。事实上，裁判事实与客观事实是两个不同的概念。

客观事实是实际发生的事实，但已是一去而不复返的。但可以通过事件过程所遗的细节、残片来理性地重构所发生的事实，而这些用以证明客观事实存在的材料称之为证据材料，如违法超速驾驶这一事实可以通过雷达测速仪上的记录加以证实。双方之间的借款事实上存否的纠纷可以通过借款合同的规定、银行款项的往来加以证明。证据是“真实的古事之足迹”，是事实审理者窥知过去事实的唯一手段。证据材料通过法庭的调查、双方的论辩可作为认定案件事实的依据，此时，证据材料转化为证据。裁判事实是法院据以作出判决的事实。裁判事实不同于客观事实，也不同于当事人所陈述的事实。可以说，客观事实依赖于证据材料，而裁判事实依赖于证据。裁判事实的形成离不开当事人的举证能力，离不开诉讼过程所依凭的规则，离不开代理人或辩护人的论辩的能力，也离不开法官认定事实的能力，是多种因素综合起作用的结果。正因如此，裁判事实也即法官所认定的案件事实可能与真实发生的客观事实相去较远。

就本案而言，郭因伟诉至当地人民法院的诉讼请求是其所主张的事实，但还不是客观事实，也非裁判事实。裁判事实是法官根据原告、被告所提供的证据材料，并通过法庭辩论在法官心中所形成的事实，得基于法官的内心的确证。法官基于如下事实：郭因伟出借人民币伍万元给张明的合同的存在，款项通过中国工商银行转账的方式打入到张明的个人银行账户上的凭证。根据此合同及银行凭证，法官在内心所形成的“张明向郭因伟借款人民币伍万元”才是裁判事实。

14.2 裁判事实的形成是否独立于法律规范？

（一）案例导读

原告张松英于 2015 年 3 月 19 日 15 时 38 分驾驶小轿车途经 330 国道青田路段时，车速每小时达 112 公里，超过该路段所规定的最高时速每小时达 80 公里，被雷达测速仪记下违章情况，因此事张松英被处以行政罚款。张松英对处罚决定不服，诉至法院，请问：法院是如何构建裁判事实的？

（二）相关法律知识

裁判事实依赖于法律规范。如上所说，裁判事实不同于客观事实。客观事实是丰富多彩的，但并不是所有的事实情节、片断都能构成裁判事实的依据。此要看事实在法律上的意义，在法律上没有意义的事实无法成为裁判事实，在法律上有意义的事实称为法律事实，而在法律上没有法律意义的事实虽然也是事实但因其在法律上没有意义从而对裁判事实的形成不起作用。据此，我们要关注的是在法律上有意义的事实，也即法律事实。

在民法上，法律事实是指能引起法律关系发生、变更、消灭的事实，包括行为与事件。法律关系是指社会关系受法律调整所形成的权利、义务关系。通俗地讲，法律关系就是权利与义务关系，但并不是所有的社会关系都受法律的规整，其实还存在法律不宜规整而受道德调整的空间。由此可知，事实要成为法律事实就必须是事实或是能发生权利义务关系，或是使权利义务关系发生变更，或是使现有的权利义务归于消灭。如向银行贷款从而在借款人与银行之间产生权利、义务关系，或到期归还了贷款从而使借款人与银行之间的权利义务归于消灭，此处讲的签订合同、归还款项的行为就是法律事实。法律事实对权利的维护是至关重要的，毕竟，没有权利也就无所谓的权利纠纷与维护。

如何确定在法律上有意义的事实？此涉及法律规范的规定，但法律规范并非对具体的个案情况的规定，而是以类型的方式抽象地加以规定。有的以假定、处理、制裁的模式加以展开，但较为通俗的说法是法律规范＝“构成要件＋法律后果”。

裁判事实依赖于法律规范。裁判事实对法律规范的依赖性是指裁判事实的构建要以法律规范的构成要件为参照。裁判事实要根据构成要件的因素而对现实发生的真实的生活事实进行重组。毕竟法律是治理社会的工具，有其承载的价值。在重构事实之时，价值层面的考量是不可或缺的。当然，此也非单向性地发生。事实上，由于法律规范的抽象性，也需要法律规范面对个案而具体化。

就本案而言，“该路段的最高时速为每小时 80 公里”的规定是认定张松英所驾车的车速每小时达 112 公里是否存在违法事实的依据，也是公安管理部门及人民法院审判作出行政处罚及判决的依据。

14.3 程序法对裁判事实的形成有何限制？

（一）案例导读

2013 年 6 月 4 日某私营企业老板王开强因经营需要向同村的村民王小刚借款，

王小刚于当天从其开户银行取出人民币壹拾伍万元，并用现金方式交付给王开强，由王开强出具了一份借条，内容为："今向王小刚借款人民币壹拾伍万元，借款期限为8个月，于2014年2月4日归还。出具人（借款人）：王开强。时间为2013年6月4日。"王开强当时就将此借条交给了王小刚，并口头约定月利息为1分。后因王开强未能按期还款，王小刚诉至法院，要求被告王开强归还本金及相应的利息及本案的诉讼费用，但不幸丢失了该借条，只是向法院提交了从其开户银行取出人民币壹拾伍万元的凭证。而在开庭审理阶段，被告王开强拒不承认借款的事实。请问：法院该如何构建裁判事实和作出判决？若本案的原告在上诉审时找到了该借条并向二审法院提交了该证据，本案的二审法官该如何作出裁判？

（二）相关法律知识

裁判事实受程序法的限制。典型的体现是证据适格要求上的规定、证明责任分配对认定事实的影响、举证时限的规定等。

1. 证据适格要求上的规定

证据适格或称证据能力，是指证据资料可用来作为证明案件事实的能力或资格。我国奉行的是法定证据制度，证据适格的基本要求是：真实性、相关性、合法性。不是所有的证据材料都能成为认定裁判事实的依据，更不是所有的证据材料都能裁判案件的依据。不具有真实性以及无法查明其真实性的证据材料、与待证的案件事实没有关联的证据材料、通过严重侵害其他同样是受法律保护的权利的方法而收集的证据材料都不是适格的证据。最高人民法院颁布实施的《关于民事诉讼证据的若干规定》第68条规定："以侵害他人合法权益或者违反法律禁止规定的方法取得的证据，不能作为认定案件事实的依据。"

证据真实性要求证据本身为真，只有证据为真才能发挥对事实的证明作用，为法院的判决打下良好的基础。诉讼法上对物证、书证等证据材料都作了相关的规定，如书证要求提交原件或有相关单位加以证实的印章。证据相关性要求证据材料与待证事实之间具有相关度，对待证事实的存否起一定的作用，当然不同的证据材料对待证事实的存在所起的作用可能有强有弱。如书面合同，由于其内含了双方当事人的意思内容，其对待证事实的证明有明显的优越地位。证据合法性的要求是为了有侵害其他同为法律所保护的法益，毕竟真实性的追求对诉讼来说不可或缺，但真实性的追求也非诉讼所追求的唯一目标。在待定的场合下，可能要求牺牲真实性而保护其他法益，此涉及法益之间的权衡问题。

2. 证明责任分配对认定事实的影响

证据裁判主义是指法官依据证据对事实进行认定和作出判断。从现行的诉讼法上看，法官负有审理案件并对案件作出判决的责任，但并没有承担提供证据材料的责任，法官是事实审判者，但非提供证据者。在刑事案件中，负有提供有罪证据的是代表公诉机关的人民检察院或刑事自诉案件的原告。在行政诉讼中则是作出具体行政行为的行政机关，而民事案件则由原告负提供证据的责任。

由于对立的双方就事实的存在与否对其在法律上的处境有重大的影响，双方对事实的存否往往持相反的主张。从诉讼证明的角度来看，在证据裁判主义下，经过双方在法院上的举证、质证为法院的认定事实作准备，但对待证的事实可能出现三种不同的结果：其一是证据确实、充分，案件事实的真伪得以证明；其二是一方所提供的证据的证明力明显地大于对方；其三是事实的存否处于不明状态。

根据什么标准认为事实已达到证明的要求，不需要做进一步的证明，从而法院可以据此加以作出对事实的认定？因刑事诉讼、行政诉讼、民事诉讼所追求的目标的不同有不同的标准。因刑事诉讼关涉到人的生命权、自由权等公民的重大的权益，其证明的标准是最高的，要求达到“排除一切合理怀疑”的证明标准；而民事诉讼所涉及的一般为财产上的要求，故只要达到“盖然性优势”则可。因证明标准的不同，对事实的认定产生了重大的影响。证明责任制度所要解决的主要问题就是，当事实处于真伪不明时，指导法官按所保护法益的程度将事实推定为存在或不存在。

3. 举证时限的规定

举证时限是当事人提出有关证据的期间，超过提出有关证据的时限将导致证据失效的法律后果的制度。2002 年最高人民法院公布实施了《民事诉讼证据的若干规定》，确立了我国的举证时限制度。法律规定举证时限有利于降低诉讼成本，提高诉讼的效益，因为法律所保障的不只是公正，还有效益、安全等其他价值。同时，也是为了防止奇袭证据，使对方猝不及防，破坏了诉讼法上的平等对抗的要求，也导致法院对事实的认定反复无常，损害了法院的公正性形象。

在举证时限原则下，当事人超过所规定的期限提交或披露证据，其所提交或披露的证据不能作为法院裁判的依据。在上诉审程序和再审程序中，法官也不能采信在一审程序中所未披露的证据，世界上许多国家都禁止在上诉审程序中以当事人所披露的新的证据作为改变判决的理由。

根据最高人民法院公布实施了《民事诉讼证据的若干规定》第 41、42、43、

44 条的规定，如果逾期提交的证据属于“新的证据”，则不丧失证据资格，法院仍然应当接受为证据。第 41 条《民事诉讼法》第 125 条第 1 款规定的“新的证据”，是指以下情形：①一审程序中的新的证据包括当事人在一审举证期限届满后新发现的证据；当事人确因客观原因无法在举证期限内提供，经人民法院准许，在延长的期限内仍无法提供的证据。②二审程序中的新的证据包括一审庭审结束后新发现的证据；当事人在一审举证期限届满前申请人民法院调查取证未获准许，二审法院经审查认为应当准许并依当事人申请调取的证据。第 42 条规定当事人在一审程序中提供新的证据的，应当在一审开庭前或者开庭审理时提出。当事人在二审程序中提供新的证据的，应当在二审开庭前或者开庭审理时提出；二审不需要开庭审理的，应当在人民法院指定的期限内提出。第 43 条规定当事人举证期限届满后提供的证据不是新的证据的，人民法院不予采纳。当事人经人民法院准许延期举证，但因客观原因未能在准许的期限内提供，且不审理该证据可能导致裁判明显不公的，其提供的证据可视为新的证据。第 44 条《民事诉讼法》第 179 条第 1 款第（一）项规定的“新的证据”，是指原庭审结束后新发现的证据。当事人在再审程序中提供新的证据的，应当在申请再审时提出。

基于举证时限的规定，超过该时限将不作为证据加以利用，其结果是对裁判事实产生重大的影响，裁判事实存在偏离客观事实的空间。

根据法律的规定，就本案而言，王小刚诉至法院，要求被告王开强归还本金及相应的利息及本案的诉讼费用。但因不幸丢失了该借条，其向法院提交的从其开户银行取出人民币壹拾伍万元的凭证，此无法证明此款是用于出借王开强的。而且在开庭审理阶段，被告王开强拒不承认借款的事实。故在此情况下，法院只能作出借款事实不存在而驳回原告王小刚的诉讼请求。若本案的原告在上诉审时找到了该借条并向二审法院提交了该证据，本案的二审法官根据举证时限的规定，作出“驳回上诉请求、维持原判”的判决。

14.4 法律规范就是法官所实际使用的法律吗？

（一）案例导读

2006 年 4 月 21 日，位于广州市天河区黄埔大道西平云路的广州市商业银行的一台自动取款机（ATM），由于广电通金融电子股份有限公司为其进行系统升级，一度出现故障。在当晚10点左右，24岁的许某某发现，在ATM里取了1000元后，银行卡里才扣掉1元，他尝试性地再取一次钱，结果是一样的。于是许某某多次用同样的方法通过其银行卡从ATM中提取了17.5万元人民币。在被银行发现后，许某某潜逃，一年后在陕西宝鸡车站被警方抓获。

一审法庭上，公诉机关认为许某某犯有金融盗窃罪，且数额巨大；而辩护人认为盗窃罪以秘密窃取为必要，而本案中，商业银行的自动取款机不具秘密性，建议适用民法通则中的不当得利的相关规定处理，而不宜作为犯罪处理。最后一审法院以“盗窃金融机构，数额特别巨大”为由判处许某某无期徒刑，剥夺政治权利终身，并处没收全部个人财产。许某某不服一审判决提起上诉。二审改判为5年有期徒刑。试想一想：同样的事实，同样的法律，为什么一审与二审的判决结果相差如此之大?

（二）相关法律知识

法官断案需依凭裁判法律，此不只是指大陆法系所称的制定法，也指英美法系的判例法，而是根据个案事实而对制定法意义上的法源、基于正义的考量的非正式性的法源的重构。法律发现的过程充满了矛盾，结果也容有可推翻性，但法学的科学性正在于通过揭示法发现的过程而使其结果具可接受性。

在法律适用领域，如果想真正地理解些什么，法律人就得把眼光聚焦于根本的难题。传统的法律适用的三段论认为从前提出发，通过演绎性的推导能得出正确的结论有其存在的必要，但结论的正确性取决于前提的可靠性。前提的正确性尤其重要，甚至在相当程度上，判决的正确性取决于大前提的选择与构建，而这种选择与构建是在与根本疑难相关的法理解中进行的。菲韦格认为“假如法学把它的使命理解为旨在不断地于无穷无尽丰富的情境中寻找当下的公平合理，那么它必须在很大程度上保有这种可能性：重新（即灵活地）对待根本疑难。”

1. 制定法与法律适用中的法

制定法是指实证法，由有权的立法机关通过法定程序制定的法，包括行政机关经授权制定的法律。虽然其也作为法官适用法律的依据，但主要是从立法的角度来强调的。而法律适用中的法是指法官针对具体的个案判决的法律依据意义上的法律，因具体的个案各不相同，对制定法进行了在其限度内的微调，主要是从司法层面上的法律。

对英美法系而言，制定法是法源意义上的法，是法官断案的依据之一，因为在英美法系的国家，虽然有制定法，但因其主要是从判例中抽象出法律的规则，并作为以后审判同类案件的依据，是判例法为主的国家。因此，在英美法系国家，法律适用中的法的范围较为宽泛，既有制定法，又有判例法，而且随着社会价值观念的变迁，在司法实践中不断地产生新的判例法。当然，在以制定法的大陆法系国家而言，为了限制法官的自由裁量权，确保司法权的滥用，从而损害人民的利益，故法律的适用主要限缩在制定法的范围内，当然也并不排除在立法没有作出规定，或随着社会的变迁而使社会的主流价值观发生变化的情况下，或适用立法机关所制定的法律的结果明显地导致不正义的场合，法官也会基于正义的考量而适用制定法之外的法理来断案。

2. 制定法的抽象性与案件的具体性

法律有其自身所欲追求的价值，但毕竟是作为工具的功能对人们的行为起到规范的作用，服务于社会的整体的价值目标的实现。现实中，具体的社会关系复杂而多变，不可能对每一个具体的行为发出一个具体的指令，而是对社会关系中的行为以类型的形式加以归纳，并对每个类别的行为通过设立权利与义务，既确立行为主体的权利的空间，权利主体可在该空间内实施或不实施，并对其实施的效果给予肯定性的法律评价。与此同时，也为行为主体设定其所应承担的义务的界限，并对逾越权利边界，未履行其义务者给予否定性的法律评价。正因为以类型的方式对行为进行归类，法律的抽象性无法消除。同时，不可避免地存在归类过度或不足均有发生的可能。

与制定法的抽象性不同的是，现实生活中发生的纠纷富有丰富性，从发生的时间、地点、行为的过程及后果等来看，没有两个完全相同的案件，存在的只是相似性而不可能是同一性。想要据制定法对具体的个案进行判决，把法律所追求的目标实现于人间，就需要面对个案对制定法进行重构。

3. 制定法的矛盾乃至空缺

制定法是根据不同时期的价值的目标制定的，价值观的变迁会使法律和谐的统一体遭到破坏。部门法根据其内部的价值导向所制定的法律也可能发生冲突，有些法律体现了不同时期的政策的因素，而政策的多变性也加剧了法律的冲突。此要求在发现法规范时，立足于法律的整个体系，面对事实，根据法律的和谐性的要求进行融贯性的解读和组构法律适用中的法。

法官面对手中的案件时，会发现在制定法中找不到相应的法律规范，从而发生法律的空缺。在法学方法论中此称为法的漏洞。造成此原因，可能是立法者的疏忽，毕竟立法者不是神而是人；也可能立法者已考虑到漏洞的存在，但想不出成熟的方案加以规制，有意让司法者根据个案而实施其自由裁量权；也有可能是时过境迁，立法时的价值观与现时的价值观明显的不同，使本来不宜用法律来规制的某一社会行为基于正义性的考量显得有必要用法律来调整。作为裁决社会纠纷的法官不能以法律未规定而不作判决，也不得以法律之间的冲突不知道用哪个规范为由而拒绝审判。法官的职责自应把法律适用于个案以实现法律上的正义，但此乃其职责的一部分而已，其还有通过纠纷的解决维护社会的稳定的职责。

就本案而言，一审法庭以“盗窃金融机构，数额特别巨大”为由判处许某某无期徒刑，剥夺政治权利终身，并处没收全部个人财产。而二审改判为 5 年有期徒刑。为什么同样的事实，运用同样的法律，其结果相差如此之大？此要解决制定法的抽象性与案件的具体性之间的矛盾。制定法以类型化的方式对行为构成犯罪进行提炼，往往未能考虑生活中的不同的情况，如本案中的“盗窃金融机构，数额特别巨大”，在立法上考虑的是一般性的“盗窃”，即出于犯罪者的主观恶意，有预谋地进行，其主观恶性大。而在本案中，并非出于事先的预谋，而是由于自动取款机的故障，其主观恶性较小。在法院决定量刑时，要考虑量刑的情节作出不同的判决。此也要求法官能真正地理解法律的真意，根据法律的精神解释与适用法律，否则受损的是公众的权益，也损及法律的公正性。

14.5　法官在简单案件中是如何将案件事实的要素涵摄于法规范的构成要件的？

（一）案例导读

温州市鹿城区某居住区的一幢小楼的第 2 层住户林某于自家的阳台上放置花盆，2013 年 8 月 10 日，台风来临，并将花盆吹落，此时正好有小区内的居民王某经过阳台下的通道，花盆正好砸到王某的头上，并花去壹万叁仟余元人民币的医疗费。王某多次与林某交涉，林某不愿承担王某的医疗费、误工费等费用。于是王某诉至鹿城区人民法院，要求法院判令林某承担相关的医疗费、误工费等费用。请问：法院是如何将案件事实的要素涵摄于法规范的构成要件的？

（二）相关法律知识

1. 法律发现的处所

法律发现是从司法的维度来看待法律的，解决的是法官断案所需的法律来自何方？或者说，法律至哪里寻找法律？在法学理论上此称为法的渊源，我国的法理学教科书往往从立法的视角将其作为法的表现形式。而在西方国家，从司法的角度把法的渊源解释为是法官据以作出裁判的规范出处。法律规范由“法律构成”＋“法律后果”构成，此处所说的法律规范可以以一个具体的法条加以提炼，也可能通过对多个法条加以提炼而形成，而法律后果是满足法律构成时的立法上的评价。法律构成往往以类型的方式出现，是对社会行为中所包含的典型要素的概括，当然在概括典型要素时，已包含了立法者的评价的思考。

简单案件指现实发生的事件或个案符合法律构成所包含的典型的要素，在德国认为，法律构成涵摄裁判事实，严格地说是裁判事实中的具体要素与法律构成中的要素一一对应。因为法律已对此时的法律适用作出了明确的规定，故称此种情况下案件为简单案件，不需要法律适用者另行对事实作出法律上的评价。

2. 法律发现的方法

在简单的案件中，因为立法者已作出了法律上的评价，只需把法律规范中的法律构成要素与从案件中所重构的要素进行对比，所谓眼光的“往返流转”于事实与规范之间。如果案件中的要素均涵摄于法律构成要素，而且案件中的其他重要的要素事实没有被遗漏，法律适用中的法即不用另行寻找。但裁判之法不同于制定法，是根据事实对制定法的重塑。它受法的语言依赖和事实的约束。

（1）法的语言依赖性使法有解释的必要，并限制了法的解释的空间。制定法由语言来表述，而语言有其过往的历史，时代的变迁会使相同的语言表达通过法律适用者的解释产生不同的意涵。另外，语言作为对某一物、事件、制度等的表述，容有一定的宽度。

（2）裁判之法的抽象性必须面对事实具体化。法律作为对人的行为的指引，不同于对某种场合下对个体的具体的指令，是对类行为的规范，是以抽象的形态出现的。仅有法律的规定，有些法条甚至难以了解其真实的内涵。法的发现须面对事实，在事实材料和拟适用的法律规范之间被重构。一方面使规范面对事实而具体化，另一方面使事实面对规范而向类型靠拢。规范的重要的评价之点都在事实中复现，而事实的基本点都在规范的波段范围内，没有重要之点的遗漏。

就本案而言，《中华人民共和国侵权责任法》第85条规定："建筑物、构筑物或者其他设施及其搁置物、悬挂物发生脱落、坠落造成他人损害，所有人、管理人或者使用人不能证明自己没有过错的，应当承担侵权责任。"此条法律规范的构成要素是"所有人、管理人或者使用人的搁置物、悬挂物发生脱落、坠落"的事实、"发生脱落、坠落造成他人损害"的事实、"所有人、管理人或者使用人不能证明自己没有过错"，其后果是，"所有人、管理人或者使用人应当承担侵权责任。"本案中，林某归入"所有人"；台风来临，并将花盆吹落归入"所有人的搁置物、悬挂物发生坠落"；花盆正好砸到王某的头上，并花去壹万叁仟余元人民币的医疗费归入"发生脱落、坠落造成他人损害"；其后果是"所有人应当承担侵权责任"。即法院判令林某承担相关的医疗费、误工费等费用。

14.6 法官在疑难案件中是如何断案的？

（一）案例导读

"泸州遗产继承纠纷案"。该案被告蒋伦芳与丈夫黄永彬于1963年结婚。1996年，黄永彬认识了原告张学英，并与张学英同居。2001年4月22日，黄永彬患肝癌去世，在办丧事时，张学英当众拿出黄永彬生前的遗嘱，称她与黄永彬是朋友，黄永彬对其财产作出了明确的处理，其中一部分指定由蒋伦芳继承，另一部分总值约6万元的遗产遗赠给她，此遗嘱经公证机关于4月20日公证。遗嘱生效后，蒋伦芳却控制全部遗产。张学英认为，蒋伦芳的行为侵害了她的合法权益，按《继承法》等有关法律规定，请求法院判令蒋给付遗产。

一审法院认为，该遗嘱虽是遗赠人黄永彬的真实意思的表示且形式上合法，但在实质赠与财产的内容上存在违法之处：黄永彬的住房补助金、公积金及一套住房属夫妻共同财产，而黄永彬未经蒋伦芳的同意，单独对夫妻共同财产进行处理，侵犯了蒋伦芳的合法权益，其无权处分部分应属无效。且黄永彬在认识张学英后，长期与张学英非法同居，其行为违反了《婚姻法》有关规定，而黄永彬在此条件下立遗嘱，是一种违反公共秩序、违反法律的行为。法院依据《民法通则》第7条（公序良俗原则）的规定判决，驳回原告张学英获得遗赠财产的诉讼请求。

二审法院认为，应当首先确定遗赠人黄永彬立下书面遗嘱的合法性与有效性。尽管遗赠人所立遗嘱时具备完全行为能力，遗嘱也系其真实意思表示，且形式上合法，但遗嘱的内容却违反法律和社会公共利益。该院认为原审事实清楚，适用法律正确，作出维持一审的判决。请思考：法官是如何处理法规范之间的冲突的？

（二）相关法律知识

1. *法律体系内法规范矛盾中的法律发现——法律解释与法律论证*

（1）法律发现的处所。法律之间发生矛盾，对同一个案件事实有适用两个以上的法律规范，或者法律规范与法律原则之间发生矛盾时，就需在规范之间或规范与原则之间作出选择或某种程序上的妥协。此时，到哪里寻求裁判所依据的法律？此时，如何在“择一适用”或采取“比例性适用”？其法律上的依据是什么？此涉及法律解释的问题，并对选择某种解决问题的方法进行法律上的论证。由于此时，没有明确的法律规范可以使用，只能到法律之外寻求证成的基础。社会道德、经济学、事物的本质、后果的权衡、公正性的寻求等可能都会列入考量的范围，而且是无止境的。也就是要到社会中去寻找形成判决所需的材料，但由于这些法源性的材料来源是基于不同的视角，此是社会多面性的表现，从而形成了基于不同的法源性材料所构建的法律会导致不同的裁判结果，如果此种现象普遍化将导致人们对法官依法裁判的怀疑，对法治的怀疑。因此要对这些材料进行融贯性的整理。

（2）法律发现的方法——解释与论证。

法律解释的必要性。法律解释是服务于审判实务的，而且是针对疑难案件的。简单的案件不需要解释，过度的解释会损及法律的权威，使法律适用者地位的法官处于立法者地位，破坏以法治国原则，而且解释难免会有分歧，过度解释会架空立法者。但在法律发生冲突的情况下，就得对法律进行解释，在法体系内寻找法规范，以构结裁判规范。

法律发现的法内论证。选择某一种解释的理由。解释基于不同的视角会对个案产生不同的结果。论证实质上是论证在多种的解释或决定中之所以选择此种解释或决定的正当性理由。法规范之间的矛盾或是法规范与法原则的矛盾尚属于法律内的评价矛盾，如何在法律内寻求解决之道？判决的作出是否有法律整体目标下的依据？此时的法律的外部证成是否需要法外的理由加以支撑？传统的法律解释理论是萨维尼的四要素解释理论，即语义分析、历史分析、体系分析、目的分析。学界对这四种分析进行了探讨，主流的观点认为语义分析是起点和界限，但对四种解释的顺位问题无法达成一致的看法。实务界也主要从语义解释开始，较为看重历史解释。在萨维尼的学说里，法规范之间的矛盾或是法规范与法原则的矛盾尚未有解决之道。

规则之间冲突的论证。论证就是在存疑的事情上形成确信的推理过程和推理的方法。在规则之间冲突的情况下，采取的是位阶的论证方式，即哪个法律的制定者在立法上的地位更优越，而在同一位阶上的法律冲突，采用的是“后法优于前法”，其所以如此，是因为法律是制定者意志的表达体现的是国家的意志，而权力通过意志加以体现，上级机关在权力结构中处于更高的级别。而后法更具优先适用乃是因为其离现实更近，更符合社会的需要。

规则与原则间冲突的论证。至于规则与原则间的冲突，尽管规则比起原则更为具体，更富有可操作性，但毕竟规则是原则的具体化，是许多的法律原则与目标进行平衡的结果，法律规则背后总有一个乃至多个法律原则的存在。有的学者认为原则比起规则更为抽象，较具模糊性，但其负载有比规则更重要的价值，因此，当规则与原则冲突时，采用“两择一”的方式排除规则的适用，采用原则作为断案的依据。正因为规则是多个原则的实现，在规则与原则发生冲突时，要先把规则还原为相关的原则，在原则之间进行衡量，不再是“两择一”的方式，而是容有不同比例的实现问题。至于原则与原则之间的权衡就不是非此则彼的问题，而是容有权衡的空间，使两者所体现的价值均有不同程度的实现，唯实现的程度得依具体的个案而权衡。

2. 法律空缺时的法发现与论证——法官造法

（1）法律发现的处所

面对个案却没有法律的规定。此乃法外空间，但不能作为没有权利存在的推断，也不意味着法官可以天马行空，对个案进行自由的处置。而要受法律所追求的正义理念的引导，唯此正义理念也是多种价值追求的融合物，到底要实现某种价值或某种价值实现的程度以及其他相关的价值要牺牲到何种程度都没有明确的规定，得依个案的具体情况反复权衡。此际，对法律论证更为复杂，要求更高。

（2）法律发现的方法——论证及限度

法官必须针对个案造法和造法的源头与维度。法律没有规定，但作为国家公权力的法院得履行其职能对纠纷加以解决。法官不能以法律没有规定而拒绝审判，此时，必须针对个案造法。由于法律规定的缺乏，只能在成文法之外寻找法律的依据，法官从法内的权衡超越到了对法外因素的考虑，此际，法官应到何处寻找前提，应如何寻找前提。社会稳定性的考虑、某些特定群体的利益的考虑、后果的考虑等都可能会引入到论证中来，法官个人的主观性的价值追求可能也会对判决的生成起决定的作用。其可能的结论也不会如同法律的规则的适用般的一致性，需要法官致力于正义目标的实现，对无法准确地估量其范围并且潜在的相互冲突的素材以理性化的构建。唯有从正义问题出发，对裁判规范的构件方能获得其存在的意义，而对正义的理解似乎难以达成统一的见解，对所采用的个案适用法律的形成的论证也达不到自然科学般的准确性要求，从而在法发现的环节及关涉因素的考量相当复杂，但也不能因其复杂性而掩盖了法发现过程中的权衡性思考。考夫曼认为传统的法学方法论的涵摄观点使得所有在涵摄之前的一切程度都陷入迷雾混沌不清，所有这个过程都停留在模糊的感觉中，并适切地指出："法律发现过程的科学性不在于把这个过程化约成为包摄的逻辑推论，相反地，它的科学性只在于：澄清这个过程的复杂性，而且合理的反思所有在该过程中不是以形式逻辑得出的一切事物"。

外部证成的标准。对具体个案而言，论证到什么程度才算外部证成达成，从而法官可以作出普遍化可接受的判决？外部证成的标准是什么？裁判规范的形成是重构的结果，外部证成就是要对支持此种重构或解释附加论证。阿克列西认为，内部证成处理的问题是："判断是否从为了证立而引述的前提中逻辑地推导出来；外部证成的对象是这个前提的正确性问题。"此处不同于内部证成，是非演绎的，逻辑在此无用武之地，决定性的是论证的整体。三段论推理的大前提不是根据现行有效的法律，而是根据非法源性的各要素面对事实而权衡的结果。政治的、经济的、伦理的因素均有作为论证的理由而起作用，阿尔尼奥认为"这里的关键是，如何能将一组支持性的前提建造得相融贯。因而'最后的举措'是融贯性的，而非如其在经验陈述意义上为真的符合。"从而将前提的正确性转向可接受性上，并将可接受性称为"对证立的证立"，或如佩岑尼克所主张的"深度证立"。强调论辩的过程的理性参与，并在理想的听众的合意的情况下达成共识，从而将前提的融贯性要求扎根于听众的观念，在社会现实中寻找共同体的价值和价值的根基。由于社会生活中不同的群体的价值标准各不相同，也难以形成对某个案件的价值上的共识。其结果是只能按社会的共同价值观的主观确信来构建。

权衡对证成的影响。当规范与原则之间发生了冲突或原则之间发生了冲突，基于形成裁判的考虑就需要针对个案进行权衡到底是适用规范还是适用原则或原则在何种程度上加以实现。法律规范中没有专门为权衡而设的规则系统，权衡依赖于对给定要素对整体价值所作出的贡献，最终的平衡无法被判准所操控。如果某种权衡的结果要能得到他人的理解与认可，就得附加说明为什么会有如此的权衡。“孤立地看，X可能比Y更重要，但是，在某种情形下，Z能够出现，并且颠倒这一顺序，比如Y＋Z比X重要；而X＋P可能又比Y＋Z重要。”当然，在权衡过程中，仅是重要价值的实现尚未有不足，还需要考虑未能实现的原则所承载的价值的受损的程度，轻度的侵害比中度的侵害更易于为人们所接受，毕竟在个案中未能实现的原则所承载的价值或利益也是法律所应加以保护的。单一性的价值的实现而不顾其他的价值无法达成和谐价值的实现。阿克列西提出了权衡的三个具体步骤：①干涉某一原则的强度；②在抽象层面上以该原则的权衡；③关于所讨论的方法对于该原则的非现实化所意为何的经验假设的可靠性。唯强度、权衡、可靠性测定的可靠性是容有怀疑的，在司法实践中，对相关因素的权衡有方向性的价值，但操作难度大。

可接性的限制和宽容性。在此情况下，只要判决的结果不致引起强度的反感，恐怕都得加以接受。至于是否在克分子之间的造法抑或是自由的裁量就难以说清。只要法官不是怀有私利，从正义性的考量出发，不至于过大的偏离时代的主流价值观，对法官的判决都得加以宽容，毕竟甚至连立法者也不清楚此际法为何物。正如亚历山大·佩岑尼克所说的，“法官可能自然而然地认为裁决是可以得到证成或辩护的，但仍然发现他们自己处在某种无法作出某个令人满意之证成或辩护的立场之中。”

此案是典型的法规之间的冲突，是具体法规范与基本原则之间的冲突，法院以基本法的效力大于一般法及法律原则的优越性为依据，认定黄永彬生前所立遗嘱无效，从而驳回原告张学英获得遗赠财产的诉讼请求。

思考题：

1. 客观事实与裁判事实有何不同？
2. 法官在具体的案件中是如何适用法律的？
3. 疑难案件中，法官的判决有没有唯一的正解？

第十五讲 撰写诉讼文书以维护权利

诉讼文书是在法律事务中由法官、当事人、诉讼参与人按照法定的要求制作的具有法律意义的文书。不同的诉讼文书有其不同的目的，如起诉状的写法，其目的是能够使法院初步了解争议的事实以决定是否属于其所管辖的范围，从而决定是否立案受理。而代理词的目的是要说服法官能接受自己的主张，故对影响法律关系发生、变更、终止的事实要具体而明确，对在法庭上有争议的事实必须加以澄清和说明。

15.1 法律文书的写作有哪些要求?

（一）案例导读

在某高校就读的王某的父亲因与他人发生合同纠纷，对方没有履行其应承担的义务，致使王某的父亲无法实现债权。王某的父亲认为其儿子在大学读书，所学的知识比自己多，想让其儿子写一份法律文书。此事，难倒了其儿子，其儿子不知道如何写法律文书。请思考：法律文书写作的一般要求有哪些?

（二）相关法律知识

1. 法律文书的写作要求

法律文书的写作因诉求的不同而不同，民事诉状重在写明具体的诉讼请求和事实依据，上诉状重在提出一审判决所认定事实或适用法律上的不妥，答辩状重在指出对方所主张的事实缺乏相应的证据支撑。一般而言，法律文书的写作要素包括命题、主题、选材、格式、表达等方面。

首先，法律文书的主题要正确、鲜明。主题也叫“主旨”。要做到主题正确就必须以事实为根据，以法律为准绳。法律文书写作不同于学术论文的写作的自圆其说，只能根据事实在现行法律框架下确定主题。切忌自以为是，把主观意志凌驾于法律之上。例如，理所当然地认为刑事附带民事诉讼可以提出精神损害赔偿请求，或者认为违约纠纷与侵权纠纷同样可以提出精神损害赔偿请求等。

主题鲜明要求作者对文书所反映的问题态度明朗，主张什么？要求什么？绝不能含糊其辞，模棱两可。例如，在民事案件中，基于民事案件的审判权受诉权限制的法律规定，原告的请求必须明确；对于刑事案件中罪与非罪，此罪与彼罪，重罪与轻罪界限的区分等。

其次，法律文书讲求选材得当。只有全面读懂所给材料，才能正确把握案情。在实务中，要全面地收集与案件的定性、请求有关的事实材料，也需有证据材料，而且材料的收集要以对案件事实的重构为中心，当然，事实的重构尚须在法规范的指导之下进行。

再次，法律文书的格式要规范。法律文书的结构“程式化”，即法律文书在结构形式上有相对固定的格式，内容安排上有比较固定的顺序，是长期司法实践中形成的经验结晶。

法律文书的基本结构分为三部分，即首部、正文和尾部。首部一般包括标题和当事人的身份事项等，把案件的性质、与谁发生诉讼等信息告知法院；正文一般包括论点、论据和论证，主张什么？为什么会有如此主张？尾部一般包括签署、日期和附注事项等，告知所诉的法院、诉状的日期等信息。正文部分的结构方式主要有以下两种：

第一种是先提请求，然后阐述事实和理由。

诉讼类和申请书类文书均先提出请求，再阐述事实和理由，包括引用法律依据。例如，《申请执行书》先提出请求法院强制执行的标的物，再陈述事实和理由。在陈述事实和理由部分，通常分为三部分①列举执行依据——法院的判决书或调解书、仲裁裁决书或调解书、行政处罚决定书、经过公证机关赋予强制执行效力的债权文书、支付令等，说明“应履行”生效的法律文书但对方未履行，从而侵害了法律所保护的权益。②陈述被申请人未如期履行生效法律文书所确定的义务，说明“未履行”。③指出被申请人的收入或者可执行的财产所在地，说明“能履行”。

第二种先说事实和理由，然后归纳结论。

检查起诉、抗诉文书和判决、裁定、调解文书采用此结构方式，通常分为三部分——事实、理由、处理结论。

在陈述事实时，最常用的是纵式顺叙结构，即按时间先后顺序记叙，此结构方法省时、省力，常用于比较简单的案件；主次分明、结构突出、详略布局，将典型案件的具体陈述与一般案件的概括叙述相结合，既可避免流水账式的结构松散，文字冗长，又能克服概括叙述不能深入、具体的弊端，常用于一人多罪或者多人多罪的案件。

最后，法律文书的表达要得体。法律文书的表达主要有叙述、议论和说明，因为法律文书作品语体庄重、多用逻辑思维，重在以法服人，而不同于文学作品多用形象思维，重在生动而引人入胜。

2. 法律文书在事实主张与法律要求方面的写作要求

（1）在事实主张方面。对事实的叙述是分析说理的基础。要求写清案情的来龙去脉、发展变化的过程、因果联系及当事人的法律责任。尤其要注意以下几点。

第一，写清事实要素与因果关系。不同性质的案件有不同的要素。例如，刑事案件的事实要素包括犯罪嫌疑人/被告人作案的时间、地点、侵害的客体、动机、目的、情节、手段、后果及证据等，应当能够反映该种犯罪的构成要件；民事案件的事实要素主要包括纠纷的起因、经过和结果；行政案件中的具体行政行为发生的时间、地点、起因、经过、结果等能反映该行为是否合法的要素，必须叙述清楚。

在法律文书中绝不能有因无果、有果无因或者因果脱节、因果模糊，甚至有悖于常理。准确阐述因果关系，对于保证法律文书的质量至关重要。

第二，写清关键情节。关键情节是指决定或影响案件性质、涉及当事人有无法律责任以及问题严重程度等的情节。在刑事案件中，关键情节涉及罪与非罪、此罪与彼罪的认定以及量刑的考量因素；在民事案件中，关键情节涉及案件的定性与责任的承担；在行政案件中，关键情节涉及具体行政行为合法与否。抓住了关键情节就抓住了案情的关键，写清关键情节也就突出了事实部分的重点。

第三，写清争议焦点。在法律实务中，争议焦点至关重要。例如，对于自然人肖像的使用是否属于报道性使用；造成货损是否源于不可抗力以及在发生不可抗力之前是否有违约行为等。由于争议焦点关系到判决结果中的责任承担问题，所以必须写明。

（2）在法律要求方面。理由是法律文书的灵魂，关系到法律文书的成败。理由部分最能体现司法人员包括律师的水平，属于文书写作的难点。因为事实部分尚有给出的证据材料作支撑，理由部分则完全靠自己对法律的理解与阐述。因此，抓住法律就显得更重要。一般阐述理由依据以下步骤：

首先是定性要准确。在定性方面，首先要明确对案件性质的认定，例如，要明确被告的行为属于侵权、违约还是竞合。如果属于侵权，要指明是何种侵权，落实具体名称，例如侵犯健康权、名誉权、肖像权、专利权、注册商标专用权、著作权等，并强调损害后果的严重性，然后确凿、充分地阐述相关证据，令人毋庸置疑。

其次是引用相应的法条。法律文书的任何结论均需“以事实为根据，以法律为准绳”，引用法条不可或缺，但是容易被忽略，将使该文书缺乏法律依据，这是致命缺陷。在引用法条时注意以下两点。

- 引全。既要引用实体法，又要引用程序法。例如，制作关于合同纠纷的反诉时，先引《合同法》第 x 条的规定，再引《民事诉讼法》第 52 条的规定作为提起反诉的法律依据。在实务中，对于诉讼类文书引用程序法要求不严，在司法机关所制作的文书中，则要求非常严格。例如，刑事起诉书必须引用《刑事诉讼法》第 141 条作为起诉的法律依据；抗诉书必须引用《刑事诉讼法》第 181 条作为抗诉的法律依据。
- 引准。当出现法条竞合时，要注意特别法优于普通法，特别法未作规定的，适合普通法的规定。例如，关于产品质量纠纷，应当引《产品质量法》，而不能只引《民法通则》。实务中要求在条、款、项、目中，引至该法条外延最窄之处。例如，一般正当防卫不负刑事责任的，引《刑法》第 20 条第 1 款正当防卫行为过当，应当负刑事责任，但应当减轻或者免除刑事处罚的，引《刑法》第 20 条第 2 款；对于严重危及人身安全的暴力行为正当防卫，造成不法侵害人伤亡，不负刑事责任的，引《刑法》第 20 条第 3 款。

15.2 如何理解民事起诉状?

（一）案例导读

同村村民王明、王五、王才原是好朋友，王明经营小买卖，因资金紧张，于 2014 年 11 月 6 日向王五提出借款人民币 8 万元，王五担心到时无法收回借款，提出了要求家境较好的王才作为担保人。于是王明与王五达成了口头借款协议，王才作为担保人。于当日，王明在收到王五的款项后，出具了借条一份，具体内容为：王明向王五借人民币 8 万元，于 5 个月内归还，月利率为 1.5%，王才作为担保人在借条上签字。因某种原因，王明未能在规定期限内还款，王五为了维护自己的权益，于 2015 年 6 月 2 日向当地基层法院提起诉讼。请回答：王五应如何写一份起诉状?

（二）相关法律知识

民事起诉状是自然人、法人或者其他组织，向人民法院提起，请求人民法院解决其与被告之间的民事权利、义务纠纷时使用的法律文书。

民事起诉状适用于平等主体的自然人、法人或者其他组织相互之间，国家在特定情况下也会作为国家法人成为民事诉讼的主体。此也决定了把公民对政府的具体行政行为的不服而提起的行政诉讼排除在外。民事起诉状只有在自然人、法人或者其他组织的合法权益受到侵害的情况下，为维护自己的合法权益而提起。至于合法的权益的范围到底有多大，得依我国法律的具体规定，如作为法定权益的人身权、财产权等，基于合同而产生的债权也受法律的保护，国外有“合同即法锁”的说法。

民事起诉状的格式。基于提起民事诉讼的主体的不同，其格式也有不同的规定，尤其是诉讼主体的写法不同。其目的是把诉讼主体进行定格，不至于不清楚到底是谁向谁提起诉讼，也便于法院及时而准确地送达诉讼文书。自然人提起民事诉讼的格式如下所示。

民事起诉状

原告：

被告：

诉讼请求

1、

2、

事实与理由

此致

×××人民法院

附：本起诉状副本　　份

起诉人：×××

年　月　日

法人或其他组织提起民事诉讼格式为：

民事起诉状

原告：

原告所在地：

法定代表人（或主要负责人）姓名：　　职务：

被告名称：

所在地址：

法定代表人（或代表人）姓名：　　职务：

诉讼请求

1、

2、

事实与理由

此致

×××人民法院

附：本起诉状副本　　份

起诉人：×××

年　月　日

证据清单

编号	证据名称	份数	页数	原、复印件	证明对象
1、					
2、					
3、					
4、					
5、					

提供人：　　时间：

15.3 民事起诉的条件有哪些？

（一）案例导读

于文正和王椰玉是新民小学的学生，年方 9 岁。2010 年 6 月 8 日，在学校课间操休息时，于文正和王椰玉在教室内手持铅笔追逐、打闹、奔跑，于文正用铅笔回击王椰玉，铅笔尖戳到王椰玉旁边的李立立的眼睛。经医院诊断，李立立眼球受伤，视力急剧下降，为治病，李立立的父母支付医药费 15000 元。李立立的父母以于文正和新民小学侵害了李立立的身体健康权为由诉至法院，要求于文正的父母和新民小学赔偿损失 12 万元。新民小学则以损害系由于文正造成、自己无过错为由拒绝赔偿。于文正的父母则认为新民小学监管不当，对损害的发生也有过错，应当承担赔偿责任。问：本案李立立的损失应当由谁赔偿，为什么？

（二）相关法律知识

根据我国民事诉讼法的规定，民事起诉的条件为：

（1）原告是与本案有直接利害关系的公民、法人和其他组织。此要求提起诉讼的一方（原告）必须是其权益与本案的处理结果有关联。

（2）有明确的被告。此解决的是到底向谁提起诉讼，把被告的身份确定下来，便于法院及时地送达相关的诉讼材料。

（3）有具体的诉讼请求和事实、理由。此一方面使法院便于确定本案的审理的范围。就民事案件而言，法院奉行的是“不告不理”原则，当事人不起诉，法院无权主动依职权提起民事诉讼，所谓审判权受诉权的限制说的就是这个道理；另一方面也便于被告有针对性地对原告的主张及事实依据进行答辩，便于法院做到兼听则明。

（4）属于人民法院受理民事诉讼的范围和受诉人民法院管辖。平等的民事主体间的纠纷并不是全部都由法院进行受理。如劳动争议案件，一般先由当地的劳动争议仲裁机构先进行仲裁，若直接地向法院提起诉讼，法院不会受理；另外，如合同纠纷案件，若事先订有仲裁协议的，法院的管辖权也被排除，此乃尊重当事人的选择。毕竟，民事纠纷为私权的范畴，基于意思自治的原则，公权不宜介入。与此同时，法院有层级之分，我国目前有四级人民法院，即基层人民法院、中级人民法院、高级人民法院和最高人民法院，各级别的人民法院之间有分工与监督指导的关系，根据案件的性质及争议数额的不同，不同的案件由不同层级的法院进行受理。

就本案而言，李立立的损失应当由于文正和新民小学共同承担赔偿责任。新民小学负管理过失责任。而于文正为侵权人，由于其年方 9 岁，其父母存在监护不当之责，由监护人承担监护责任。

15.4 法律对诉讼时效作了何种规定？

（一）案例导读

张某与刘某系朋友，2008 年 10 月 8 日张某因家中买房向刘某借款人民币 2 万元。当时，张某向刘某写有借据，借据上写明在 2009 年 10 月 8 日以前还清。到还款时间，张某未向刘某还款，也未提及此事。因和张某关系很好，刘某也不好意思提及此事。直到 2014 年 2 月，刘某见张某既不还款，也从未提及此事，只好向张某说明他等钱用，希望张某尽快还他。谁料，张某却声称并无此事。刘某大怒，遂将张某诉至区人民法院，要求张某归还借款并支付逾期归还利息。问：本案的诉讼时效应该怎么认定？请用所学的民法知识加以回答。

（二）相关法律知识

诉讼时效是权利人在法定期间内不行使权利而失去诉讼保护的制度。诉讼时效期间是权利人请求法院或仲裁机关保护其民事权利的法定期间。若权利人不在此诉讼时效期限内提起诉讼，将丧失胜诉权。

2017 年 3 月 15 日十二届全国人大五次会议通过了《中华人民共和国民法总则》(简称《民法总则》),《民法总则》自 2017 年 10 月 1 日起施行。该法第 188 条规定，向人民法院请求保护民事权利的诉讼时效期间为 3 年。根据新法优于旧法的原则，一般诉讼时效为 3 年。而特殊诉讼时效期间为 1 年，具体包括：①身体受到伤害要求赔偿的；②出售质量不合格的商品未声明的；③延付或者拒付租金的；④寄存财物被丢失或者损毁的。而最长诉讼时效期间为 20 年，即从权利被侵害之日起超过 20 年的，法院不予保护。“但根据民法总则第 188 条规定，有特殊情况的，人民法院可以根据权利人的申请决定延长。民法总则第 196 条规定，下列请求权不适用诉讼时效的规定：请求停止侵害、排除妨碍、消除危险；不动产物权和登记的动产物权的权利人请求返还财产；请求支付抚养费、赡养费或者扶养费；依法不适用诉讼时效的其他请求权。”诉讼时效期间，均从权利人知道或者应当知道权利被侵害时起计算。

法律对诉讼时效期间作出规定，是出于可能出现的权利人迟迟不行使权利的情况发生，而此对第三人的保护不利，也不利于以后诉讼发生时的证据的收集，同时也表明权利人对权利的不大在乎。

法律对诉讼时效作出规定，意在要求权利人在一定的期限内主张权利，但也存在某种客观的原因，如生病住院等，致使权利人无法在法定的期限内行使其权利。此时，若不给予权利人以保护，对权利人显然不公。基于此，法律也作出了变通的规定，我国的民事诉讼法对诉讼时效期间的中止、中断和延长作出了相应的规定。

在诉讼时效期间的“最后 6 个月”内，因不可抗力或者其他障碍致使权利人不能行使请求权的，诉讼时效期间暂时停止计算。

在诉讼时效期间，当事人提起诉讼；当事人一方提出履行义务的要求；当事人一方同意履行义务，而使已经过的时效期间全归于无效。从中断时起，诉讼时效期间重新计算。

在诉讼时效期间届满后，权利人基于某种正当理由要求法院根据具体情况延长时效期间，经法院审查确认以后决定延长制度。

就本案而言，由于借据上写明在 2009 年 10 月 8 日以前还清。而到了 2009 年 10 月 9 日为诉讼时效的起算日期，直到 2011 年 10 月 8 日为止诉讼时效期。在此期间内主张权利的，受法律的保护。但从本案来看，刘某未在此期间内向张某主张权利，直到 2014 年 2 月，刘某才向张某主张权利。但此时已过诉讼时效。

15.5 如何写民事答辩状？

（一）案例导读

田月习是万民建筑公司的员工。2009 年 2 月 4 日田月习因在工地施工时受伤而住院，于 5 月 20 日出院并于当天作了伤残鉴定。然后，田月习找到万民建筑公司，要求按法律规定给予赔偿。如果按当时法律规定，田月习能获得 12 万元的赔偿，其所提供的证据材料真实，但田月习提出了额外的要求，要求赔偿数额为 18 万元，遭到万民建筑公司拒绝，如果田月习于 2011 年 2 月 1 日提起民事诉讼，如果符合法律规定的诉讼时效期限是 2010 年 5 月 20 日之前。此时，万民建筑公司如何撰写答辩状？

（二）相关法律知识

答辩状是指刑事附带民事案件的被告人或被上诉人和民事、行政案件的被告或被上诉人，针对刑事附带民事自诉状、附带民事起诉状及其上诉状和民事 / 行政起诉状、上诉状，在法定期限内答复、辩驳的法律文书。其格式如下：

刑事附带民事 / 民事 / 行政答辩状

答辩人：

答辩人因＿＿＿＿＿一案（或：答辩人因＿＿＿＿＿对＿＿＿＿＿案所提上诉），提出答辩如下：

此致

人民法院

附：本答辩状副本　　份

答辩人

年　　月　　日

答辩人的基本情况栏需列出的身份事项与起诉状相同，注意在刑事案件中的当事人增写“文化程度”，此涉及被告的认知问题，以利于法院对犯意的判断。答辩状格式较为简单，但要求答辩人在答复和辩驳之后，要正面提出对诉讼事实焦点的见解和主张，这一部分要高度概括，必要时可以分条表述。

答辩人是基于民事诉讼（包括刑事附带民事诉讼）或行政诉讼的原告的主张而作回对原告起诉的回应或反驳。一方面是作为对原告的反驳，否认或部分否认原告的事实主张和法律上的要求，另一方面也使法院能做到兼听则明的效果。由于审理案件有时限上的要求，有反驳的有效性上的要求，故对答辩状也有特别的规定：

（1）答辩状要在法定期间内提交。提交刑事附带民事答辩状和民事答辩状应当在收到起诉状或者上诉之日起 15 日内，提交行政答辩状应当在收到起诉状或者上诉状之日起 10 日内。

（2）答辩状的请求具有法定性。答辩状所能提出的请求根据案件性质不同而异。刑事附带民事答辩状和民事答辩状可以提出如下请求：要求人民法院驳回起诉；要求人民法院否定自诉人 / 原告人 / 原告请求之一或全部；要求与自诉人 / 原告人 / 原告和解；提出反诉请求。而行政答辩状不得提出后两项请求。因为在行政诉讼中，涉及的是国家的公权力的运作的合法性问题，此与民事案件中处于平等地位的当事人之间的纠纷不同，而公权力不可能由双方自行调解处理。另外，作为答辩方的行政机关也不能提起反诉，原因在于行政权的功能所致，不需要求助于法院这一公权力。

（3）答辩的针对性。起诉状属于立论，而答辩状属于驳论，目的是反驳原告方的诉讼主张。答辩人既不能毫无事实根据和法律根据的狡辩，也不能泛泛而谈。而应抓住双方争论的焦点，在涉及权利、义务的关键问题上下功夫，切中要害，一针见血。一审程序中的答辩状，针对的是原告起诉状中的主张是否有事实上和法律上的依据，尤其是其所主张的事实是否有证据加以支撑；二审程序中的上诉答辩状，针对的是对方在上诉状中主张了什么，是对一审法院的事实认定还是对一审法院的法律适用。只有明确了反驳的对象，才能有针对性地开展反驳，做到有的放矢，达到答辩的效果。

15.6 如何撰写上诉状？

（一）案例导读

王月虎与王木子是同村的村民，平时邻里关系紧张，2010 年 2 月 5 日因某事发生打架，王木子被王月虎打伤并住院，于 2 月 26 日出院并于当天作了伤残鉴定。王木子于 2011 年 8 月 1 日向法院提起诉讼，要求王月虎赔偿数额为 8 万元的诉讼请求。如果按当时法律规定，王木子能获得 5 万元的赔偿，其所提供的证据材料真实。一审法院作出判决，要求王月虎对王木子承担赔偿费用 8 万元。

请问：如果作为一审的被告王月虎以诉讼时效已过时，并且赔偿数额过高为由提起上诉，该如何撰写上诉状？

（二）相关法律知识

上诉状，是刑事、民事、行政案件的当事人或者他们的法定代理人，不服一审法院的判决或裁定，在法定的上诉期内，请求上一级法院发回重审或者重新审理该案的法律文书。其格式如下所示：

刑事 / 民事 / 行政上诉状

上诉人

上诉人　　　　一案，于　　年　　月　　日收到　　　人民法院____年____月____日（　　）　　字第　　　号刑事 / 民事 / 行政判决（或裁定）书，现因不服该判决（或裁定）提出上诉。

上诉请求

上诉理由

此致

　　人民法院

附：本上诉状副本　　　份

上诉人

年　　月　　日

1. 上诉状的制作主体问题

刑事、民事、行政案件的当事人对一审法院的判决不服都可以提起上诉。民事和行政案件的原告、被告和有独立请求权的第三人都有权提出上诉，无行为能力的当事人，可由其法定代理人提起上诉。根据《最高人民法院关于执行（中华人民共和国刑事诉讼法）若干问题的解释》的规定，刑事上诉状的制作主体主要包括：自诉人、被告人、附带民事诉讼的当事人和他们的法定代理人。被告人的辩护人和近亲属，在法定期限内经被告人同意，也可以提出上诉；附带民事诉讼的当事人和他们的法定代理人，可以对判决或者裁定中的附带民事部分，提出上诉。在刑事自诉案件中，被害人同时又是自诉人，有权提出上诉。在公诉案件中，被害人不是当事人，无权提出上诉，如果其认为一审判决有错，可以请求人民检察院抗诉。被告人的辩护人、近亲属经被告人同意提出上诉的，应当写明提出上诉的人与被告人的关系，并应当以被告人作为上诉人。

2. 上诉人在诉讼中的身份确定问题

应在上诉人和被上诉人后用括号分别注明其在本诉中的诉讼地位，例如，上诉人（原审被告人/自诉人/刑事附带民事诉讼原告人或被告人/原告/被告/第三人），被上诉人（原审被告人/自诉人/刑事附带民事诉讼原告人或被告人/原告/被告/第三人）。如果上诉人或被上诉人是法人或者其他组织，应当写其名称、所在地址、法定代表人或者代表人的姓名和职务。在刑事案件被告人之后，可以另起一行列辩护人；在刑事自诉人之后，可以另起一行列法定代理人、委托代理人；在民事、行政案件的原告/被告/第三人之后，可以另起一行列法定代理人、委托代理人。

3. 上诉期限的规定

民事和行政案件的上诉期限为：对判决提出上诉的期限为 15 日，对裁定提起上诉的期限为 10 日。第二审人民法院受理的上诉和抗诉案件，必须是在法定期限内提出的。不服刑事判决的上诉和抗诉的期限为 10 日；不服刑事裁定的上诉和抗诉的期限为 5 日。上诉和抗诉的期限，从接到判决书、裁定书的第 2 日起计算。逾期提交的上诉状，不具有法律效力。

4. 可能提出的上诉请求

对于二审法院处理上诉、抗诉案件的结果，我国三大诉讼法有基本相同的规定。以《刑事诉讼法》为例，其第 189 条规定：第二审人民法院对不服第一审判决的上诉、抗诉案件，经过审理后，应当按照下列情形分别处理：

- 原判决认为事实和适用法律正确、量刑适当的，应当裁定驳回上诉或者抗诉，维持原判；
- 原判决认定事实没有错误，但适用法律有错误，或者量刑不当的，应当改判；
- 原判决事实不清楚或者证据不足的，可以在查清事实后改判；也可以裁定撤销原判，发回原审人民法院重新审判。

尤其要注意提出发回重申的情形。《刑事诉讼法》第 191 条规定：第二审人民法院发现第一审人民法院的审理有下列违反法律规定的诉讼程序的情形之一的，应当裁定撤销原判，发回原审人民法院重新审判：违反本法有关公开审判的规定的；违反回避制度的；剥夺或者限制了当事人的法定诉讼权利，可能影响公开审判的；审判组织的组成不合法的；其他违反法律规定的诉讼程序，可能影响公正审判的。具备上述情形之一，上诉请求只能提出“请求二审法院依法撤销原判，发回重审”。

5. 说理要有针对性

要针对原审裁决的错误之处，进行反驳。如果认为一审法院在事实认定方面存在错误，就针对事实认定开展说理；如果是一审法院适用法律存在错误，就要引用正确的法规进行说理；如果是一审法院在程序上存在错误，就要用事实说明法院的做法不符合程序法的要求，从而剥夺了其在一审程序中的权利主张等。可以把原判决书（或裁定书）中错误的原话引出作为“靶子”，也可以概括说明，然后有针对性地陈述理由，予以反驳。

6. 上诉理由的基本思路

上诉理由是上诉状的核心，根据一审判决的情况，上诉理由可进行归类。上诉理由通常回绕一审法院在事实认定、法律适用、程序不公和法官的徇私枉法方面而展开，可着力于一个方面，但若同时存在几个方面，也可同时从几个方面展开。从几个方面展开的情况不常见。上诉理由可以有以下几种：

一审判决认定事实有误。如果原审裁判在事实的认定上有错误，包括某种行为事实根本不存在，或与事实有重大出入等，就要用确凿的证据说明事实真相，全部或部分地否定一审裁判所认定的事实。

一审判决适用法律不当。如果一审判决在认定事实方面没有错误，而是在认定案件性质和适用法律方面有误，就要列举一审判决所适用的法条和本应适用的法条并说明原因。

一审法院在审理过程中违反诉讼程序。如果一审法院在审理案件中存在违反诉讼程序方面的错误，导致审理结果不公正，包括是否应当回避，是否应指定辩护人，审判方式是否公开，审判组织是否合法等，应列举事实和法律依据，指出其错误。

原审法官徇私枉法。如果有证据证明原审法官徇私枉法的情形，可以据此要求撤销原判，发回重审。但是，此条理由应当慎用，以免承担诬告陷害的责任。

15.7 如何撰写民事代理词？

1. 写民事代理词的要求

代理词是作为委托方的受托人在法庭辩论阶段发表的全面表明代理意见的基本诉讼文书。由于代理词是经过了法庭的调查后而撰写的，对案件的基本事实较为了解，尤其是本方的要求及事实性依据是否合理基本清楚，且对对方的要求及事实性依据也基本清楚，此时要围绕争点而展开分析，提出自己方的代理意见，提供法官断案时的参考。它既是对原告起诉和被告答辩的补充发挥，也是对案件要求如何处理的最后意见。

在撰写代理词时，应充分预见到法庭辩论阶段对方当事人或其代理人可能提出的问题、论点和论据，并有针对性地进行准备。要全面分析案情，总结出自己的观点，发表对整个案件的处理意见。原告方的代理词，主要阐明诉讼请求的事实根据、相关的证据材料和法律上的根据，论证原告主张的权利与事实之间的因果性的存在；被告方的代理词在写法上要着重阐明反驳原告起诉的事实和诉讼请求的依据和理由，以求得法院的支持。上诉人委托的律师的代理词在写法上要重点阐明一审法院的判决、裁定全部和部分的事实根据和法律根据；被上诉人委托的律师的代理词则要着重阐明否定或反驳上诉人的上诉主张在事实上和法律上的错误或不当之处。

第一，代理词所主张的观点要明确。

第二，权利主张要有法律上的依据。

第三，材料要充分而可靠。代理词所引用的证据材料必须具有真实性，且与本案具有关联性。

第四，语言要朴实，论证有力。代理词作为一种诉讼文书，讲究朴实无华。

总之，代理词的写作格式方面，首先要写代理人出庭的合法性，表明经过本案的调查情况，表明对本案的基本看法。其次，对本案纠纷的主要情节、形成纠纷的原因以及双方当事人争执的焦点进行分析。也就是说，要说明权利是否存在、诉讼请求是否合理、是否存在事实上的根据。最后，明确代理意见中的中心思想，提出对本案如何处理的要求和建议，供法庭参考。

2. 代理词的范文

代理词的范文包括格式方法的要求、代理的合法性、代理意见等内容，如下是一份代理词的范文，可以作为参考。

民事诉讼代理词

审判长、审判员：

根据《民事诉讼法》的有关规定，本人接受本案原告卢林林的委托，担任本案的诉讼代理人。接受委托后，进行了相关的取证，今天又参加了庭审，对于该案有了较为全面的了解。本代理人认为本案争议的焦点是被告的主体资格问题、借款数额及利息的数额问题。现根据事实和法律，发表如下代理意见，请法庭在判决时能予以考虑：

一、广阳日报报业集团每日送电子商务有限公司金华分公司作为被告的认定问题

1. 事实层面

（1）2009年11月19日的借款收据中的借款人上盖有浙江某报刊发行有限公司（2010年5月改名为广阳日报报业集团每日送电子商务有限公司金华分公司）的印章。

（2）借款收据的下边的借款人处又有浙江某报刊发行有限公司的印章。

（3）借款人处虽有华高孝的签字，而此时（2009年11月19日），华高孝为浙江某报刊发行有限公司的负责人。

（4）借款人的负责人华高孝是拿着单位的营业执照和单位印章前来借款的。

在法庭调查中，被告方代理人提出，华高孝拿着单位印章、营业执照过来，只是为了证明其是有工作单位的，是有还债能力的。按照此说法，只要把印章给原告出示一下就可以了，何必带着营业执照？何必在借款收据的借款人处加盖单位的印章？众所周知，单位印章代表着单位的意志，而作为单位负责人拿着印章并在借款收据的借款人处加盖，其单位的意志是显而易见的。

至于该款项是打入华高孝的个人账户的问题。本代理人认为，既然华高孝是负责人，其要求把款项打入其个人账户，也就不足为奇了。从我国民法的表见代理的法理看，也不能得出被告所主张的抗辩。

2. 法律层面

（1）《民法通则》第43条规定，企业法人对它的法定代表人和其他工作人员的经营活动，承担民事责任。

《民法通则》第44条规定，企业法人分立、合并或者有其他重要事项变更，应当向登记机关办理登记并公告。

企业法人分立、合并，它的权利和义务由变更后的法人享有和承担。

（2）最高人民法院关于贯彻执行《中华人民共和国民法通则》若干问题的意见（试行）第58条规定，企业法人的法定代表人和其他工作人员，以法人名义从事的经营活动，给他人造成经济损失的，企业法人应当承担民事责任。

（3）最高人民法院关于在审理经济合同纠纷案件中具体适用《经济合同法》的若干问题的解答（1987年7月21日法（经）发＜1987＞20号）规定，"一、关于合同签订人未持正式的授权委托书签订合同，其代理资格和权限应当如何认定问题：

《民法通则》第65条第2款规定：'书面委托代理的授权委托书应当载明代理人的姓名或者名称、代理事项、权限和时间，并由委托人签名或者盖章'。对于有些单位授权本单位的业务人员或者委托外单位的人员签订合同，但未给予正式的授权委托书的，合同签订人的代理资格和代理权限应如何认定，须作具体分析：

合同签订人用委托单位的合同专用章或者加盖公章的空白合同书签订合同的，应视为委托单位授予合同签订人代理权。委托单位对合同签订人签订的合同，应当承担责任。"

从上述的事实，结合我国法律的有关规定，本代理人认为，完全可以认定，本案的借款人为浙江某报刊发行有限公司。

二、借款数额及利息的数额问题

1. 借款数额人民币50000元的问题。

（1）有借款收据加以证明。

（2）借款数额人民币50000元。其中5000元为当场支付，另外的45000元由被告方的负责人华高孝指定，原告通过银行转到该单位负责人华高孝的个人账户。

2. 利息的数额问题，主要是利率问题。

事实方面的情况是：

（1）为口头约定，为2分厘。在法庭调查中，由被告方所追加的华高孝对借款的利息是有约定的。不存在被告方所主张的本次借款行为是没有约定利息的借款行为。

（2）作为单位向个人借款系商业行为，按通行的惯例，为有偿行为完全符合通行的做法。

法律层面的规定是：

（1）合同法对口头合同加以保护，没有要求一定要有书面形式。

（2）商业行为，按通行的惯例，为有偿行为。

（3）1991年7月2日最高人民法院审判委员会第502次会议讨论通过的“关于人民法院审理借贷案件的若干意见”第8条规定，“借贷双方对有无约定利率发生争议，又不能证明的，可参照银行同类贷款利率计息。借贷双方对约定的利率发生争议，又不能证明的，可参照本意见第6条规定计息。”

该意见第6条明确规定：民间借贷的利率可以适当高于银行的利率，各地人民法院可根据本地区的实际情况具体掌握，但最高不得超过银行同类贷款利率的4倍。

（4）中国人民银行贷款利率规定的情况。2011年4月6日对借款期限为1～3年的年利率为6.40%；而2011年7月7日对借款期限为1～3年的年利率为6.65%。

本代理人认为，本案在利率的约定发生争议，可参照“关于人民法院审理借贷案件的若干意见”第6条规定，即民间借贷的利率可以适当高于银行的利率，各地人民法院可根据本地区的实际情况具体掌握，但最高不得超过银行同类贷款利率的4倍。

三、本案的保证人周明隆的保证责任问题

对此，从本案的书面证据借款收据中的保证人上签名。从我国担保法等法律规定，负其应负的担保责任。

综上所述，代理人认为，广阳日报报业集团每日送电子商务有限公司金华分公司应当作为本案的被告，原告所主张的诉讼请求有事实上的根据和法律的规定。为了维护当事人的合法权益，请法院依法公正判决，支持原告的诉讼请求。

此致

×××人民法院

代理人：

2012年1月12日

思考题：

1. 如何理解提起民事诉讼的条件？

2. 如何理解诉讼时效制度？

参考文献

[1] 李永军．合同法 [M]．北京：法律出版社，2005.
[2] 李永军．民法总论 [M]．北京：法律出版社，2009.
[3] 崔建远．合同法 [M]．北京：法律出版社，2007.
[4] 马克昌．犯罪通论 [M]．武汉：武汉大学出版社，1999.
[5] 陈子平．刑法总论 [M]．北京：中国政法大学出版社，2009.
[6] 陈兴良．刑法哲学 [M]．北京：中国政法大学出版社，2004.
[7] 孙宪忠．中国物权法原理 [M]．北京：法律出版社，2004.
[8] 王利明．侵权行为法归责原则研究 [M]．北京：中国政法大学出版社，2004.
[9] 周友军．侵权责任法专题讲座 [M]．北京：人民法院出版社，2011.
[10] 赵旭东．新公司法制度设计 [M]．北京：法律出版社，2006.
[11] 赵旭东．新公司法讲义 [M]．北京：人民法院出版社，2005.
[12] 郑尚元．劳动合同法的制度与理念 [M]．北京：中国政法大学出版社，2008.
[13] 王全兴．劳动法 [M]．北京：法律出版社，2008.
[14] 姜明安．行政法与行政诉讼法 [M]．北京：法律出版社，2006.
[15] 卡尔·拉伦茨．法学方法论 [M]．北京：商务印书馆，2003.
[16] 尼尔·麦考密克．修辞与法治 [M]．北京：北京大学出版社，2014.
[17] 哈特．法律的概念 [M]．北京：法律出版社，2011.
[18] 徐孟洲．税法 [M]．北京：中国人民大学出版社，2009.
[19] 陈新开．经济法 [M]．杭州：浙江大学出版社，2010.
[20] 陈新开．税法 [M]．杭州：浙江大学出版社，2014.
[21] 刘明辉．法律文书范例及应试技巧 [M]．北京：人民法院出版社，2010.

《法律与人生》

读者调查表

尊敬的读者：

欢迎您参加读者调查活动，对我们的图书提出真诚的意见，您的建议将是我们创造精品的动力源泉。为方便大家，我们提供了两种填写调查表的方式：

1．您可以登录 http://yydz.phei.com.cn，进入“客户留言”栏目，将您对本书的意见和建议反馈给我们。

2．您可以填写下表后寄给我们（北京市海淀区万寿路 173 信箱电子工业出版社　邮编：100036）。

姓名：________　性别：□ 男　□ 女　年龄：________　职业：________________

电话（寻呼）：________________　E-mail：________________________

传真：________________________　通信地址：________________________

邮编：________________________

1．影响您购买本书的因素（可多选）：

□封面封底　□价格　□内容简介、前言和目录　□书评广告　□出版物名声

□作者名声　□正文内容　□其他 ____________________________

2．您对本书的满意度：

从技术角度　□很满意　□比较满意　□一般　□较不满意　□不满意

从文字角度　□很满意　□比较满意　□一般　□较不满意　□不满意

从排版、封面设计角度　□很满意　□比较满意　□一般　□较不满意

□不满意

3．您最喜欢书中的哪篇（或章、节）？请说明理由。

____

____

4．您最不喜欢书中的哪篇（或章、节）？请说明理由。

____

____

5．您希望本书在哪些方面进行改进？

____

____

6．您感兴趣或希望增加的图书选题有：

____

____

邮寄地址：北京市海淀区万寿路 173 信箱电子工业出版社　贺志洪　收　邮编：100036

编辑电话：（010）88254609　　E-mail：hzh@phei.com.cn